Danny Goldberg

ERINNERUNGEN AN KURT COBAIN

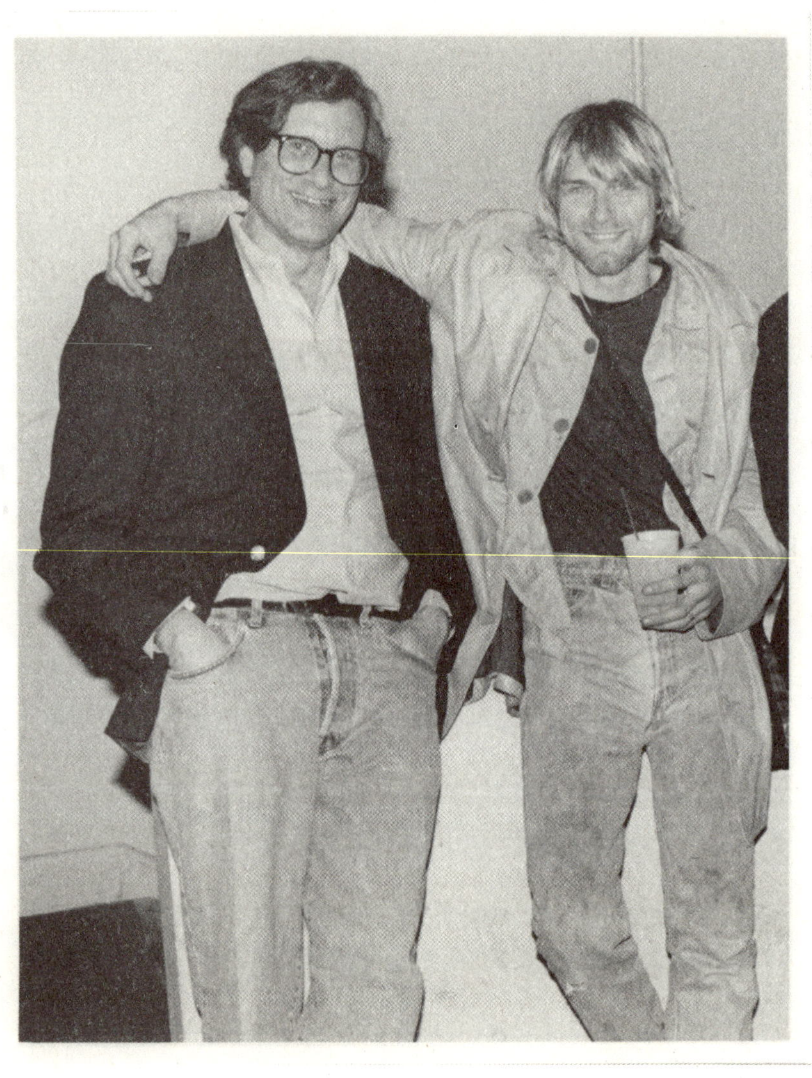

ERINNERUNGEN AN

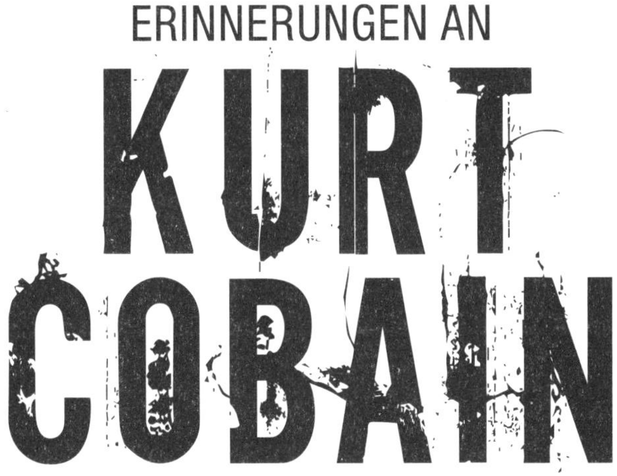

Danny Goldberg

Aus dem Amerikanischen übersetzt von Kirsten Borchardt

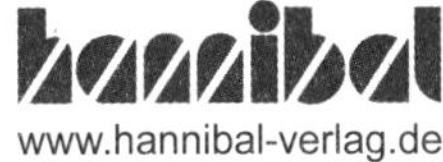

www.hannibal-verlag.de

Danny Goldberg ist Geschäftsführer und Inhaber der Management-Agentur Gold Village Entertainment. Zuvor war er CEO und Gründer von Gold Mountain Entertainment, als Geschäftsführer für Mercury Records und Atlantic Records tätig und leitete als CEO Air America. Er schrieb zahlreiche Beiträge für Zeitungen und Zeitschriften wie die *Los Angeles Times* oder *Billboard* sowie mehrere Bücher, darunter *In Search Of The Lost Chord*, *Bumping Into Geniuses* sowie *How The Left Lost Teen Spirit*. Er lebt in Pound Ridge, New York.

Impressum

Deutsche Erstausgabe 2019

Titel der Originalausgabe von Ecco, einem Imprint von HarperColins Publishers, NY:
„Serving the Servant: Remembering Kurt Cobain"

Druck: FINIDR, s.r.o.
Layout und Satz: Thomas Auer, www.buchsatz.com
Coverabbildung: © Redferns / Fotograf: Michel Linssen
Übersetzung: Kirsten Borchardt
Lektorat und Korrektorat: Hollow Skai

Hannibal Verlag, ein Imprint der KOCH International GmbH, A-6604 Höfen
www.hannibal-verlag.de

ISBN 978-3-85445-662-9
Auch als E-Book erhältlich mit der ISBN 978-3-85445-663-6

Printed in Czech Republic

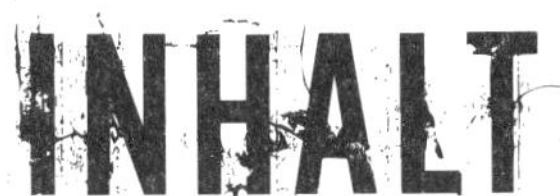

Für meinen Bruder Peter, meine Schwester Rachel und unsere Eltern,
Victor und Mimi Goldberg, die Bücher liebten, Schallplatten und ihre Kinder

EINLEITUNG

Im Herbst 2011, während der kurzen Blütezeit von Occupy Wall Street, besuchte ich eines Nachmittags das Basislager der Bewegung, den Zuccotti Park in New York City. Ich war schon fast wieder auf dem Weg nach draußen, als mich ein kleiner, tätowierter Teenager mit gepiercter Augenbraue schüchtern ansprach und fragte, ob ich mich mit ihm fotografieren lassen würde. Damals besuchten viele Prominente das Occupy-Zeltdorf, und ich wandte ein, dass er mich wahrscheinlich mit irgendjemandem verwechselte, aber er schüttelte den Kopf und beharrte: „Ich weiß, wer Sie sind. Sie haben mit Kurt Cobain gearbeitet."

Unwillkürlich fragte ich mich, ob er überhaupt schon auf der Welt gewesen war, als Kurt sich 17 Jahre zuvor getötet hatte. Was hatte Kurts Musik an sich, dass sie nach so langer Zeit diesen Jugendlichen so berührt hatte? Erfahrungen wie diese Begegnung kennt jeder, der einmal mit Kurt gearbeitet hat. Es ist, als würden seine Anhänger durch die bloße Begegnung mit jemandem, der mit Kurt zu tun hatte, etwas von seinem Geist spüren und sich dann weniger einsam fühlen.

Allerdings ist Kurts Vermächtnis letztlich genau so widersprüchlich, wie er selbst es zu Lebzeiten war. Als ich mit der Arbeit an diesem Buch begann, tippte ich den Namen „Kurt Cobain" in das Suchfeld bei Amazon ein. Neben Postern, Gitarrenplektren, Büchern, Vinyl, Videos und T-Shirts gab es eine „dunkle, ovale, von Kurt Cobain inspirierte Nirvana-Sonnenbrille", einen Fleece-Bettüberwurf mit Kurt-Cobain-Motiv, ein Kurt-Cobain-Taschenfeuerzeug, einen Abdruck von Kurts Führerschein, eine Pillendose aus Edelstahl, auf deren Deckel Kurt beim Gitarrespielen aufgedruckt war, und eine „Kurt Cobain Unplugged Actionfigur". Besonders großartig fand ich einen Autoaufkleber mit der Aufschrift: „Ich führe keine Selbstgespräche, ich rede mit Kurt Cobain". Schade, dass es keinen Sticker gab, laut dem Kurt mit mir gesprochen hätte – den hätte ich sofort gekauft.

Bei der Arbeit an diesem Projekt war mir stets bewusst, dass Kurt mit großem Interesse verfolgt hatte, was über ihn in der Presse stand. Er beklagte sich über Musikjournalisten, die seine Psyche zu analysieren versuchten, und er fand es grässlich, wenn seine Kunst lediglich als gebrochene Spiegelung seiner persönlichen Lebenssituation interpretiert wurde. Dennoch gab er viele hundert Interviews, um das Image, das er für die Band vorsah, so deutlich wie möglich zu transportieren.

Sein künstlerisches Vermächtnis und sein tragischer Selbstmord schufen eine Persönlichkeit, die wie ein Rorschach-Test funktioniert: Wer Kurt kannte, hebt heute meist vor allem jene Aspekte seines Lebens hervor, die das einmal von ihm gefasste Bild stützen. Ich bin da keine Ausnahme. Ich verdanke ihm viel, was meine eigene Karriere betrifft, ich war einer seiner Manager und ein Freund. In meinem Büro betrachte ich oft ein gerahmtes Foto von uns beiden, auf dem er so ein gewisses Funkeln in den Augen hat, dessen Essenz ich mir immer wieder in Erinnerung zu rufen versuche.

Mit der Erinnerung ist es so eine Sache. Viele Details habe ich vergessen. Courtney ging es offenbar ähnlich: Ich hatte mich gerade mit ihr in Verbindung setzen wollen, um meinem Gedächtnis auf die Sprünge zu helfen, als sie, nachdem sie mit dem Schreiben ihrer Memoiren begonnen hatte, sich aus genau dem gleichen Grund bei mir meldete. 25 Jahre sind eine lange Zeit, und wir werden alle nicht jünger. Eines der größten Probleme besteht für mich darin, dass es sich manchmal schwer feststellen lässt, wo die allgemein bekannte Geschichte endet und wo meine persönliche Erinnerung beginnt. So viele Fakten aus Kurts Leben sind inzwischen in Büchern, Filmen, YouTube-Clips, Box-Sets und Artikeln dokumentiert. Im Internet, das zu Kurts Lebzeiten kaum eine Rolle spielte, findet man heute

Seiten mit Set-Listen von fast allen Konzerten, die Nirvana jemals gaben, oft sogar ergänzt um Niederschriften dessen, was die Musiker auf der Bühne zwischen den Songs zueinander sagten.

Einige Ereignisse konnte ich aus meinen Unterlagen rekonstruieren, und davon abgesehen half es mir sehr, mit anderen zu sprechen, mit denen ich in der Zeit meiner Zusammenarbeit mit Kurt zu tun hatte. Wie ich feststellte, hatten viele Leute, die ich deswegen kontaktierte, einerseits große Gedächtnislücken, andererseits einige sehr lebendige, konkrete Erinnerungen, die sie jahrelang als Relikte aus Kurts und ihrem Leben bewahrt hatten. Mir geht es ähnlich; über einigen Stellen meines Gedächtnisses liegt ein vager, impressionistischer Nebel, aber einige Momente stehen mir noch mit beinahe filmischer Klarheit vor Augen. Dennoch sind einige dieser Geschichten durch jahrelanges Weitererzählen inzwischen zu Legenden geworden, und einige Male musste ich feststellen, dass die Lieblingsanekdote eines Bekannten im Widerspruch zu meiner eigenen Erinnerung oder der eines anderen stand.

Abgesehen von dem Eindruck, den er auf Millionen Fans machte, hat Kurt in seinem kurzen Leben Hunderte von Menschen auch persönlich tief berührt. Selbst nach einem Vierteljahrhundert bestehen vielfach noch die alten Gräben – beispielsweise zwischen einigen von Kurts alten Freunden aus den Anfangstagen von Nirvana und Kontakten, die später mit ihm arbeiteten (so wie ich), oder zwischen jenen, die Courtney negativ gegenüberstanden und anderen, die sie mochten (so wie ich). Die meisten, mit denen ich zu meiner Nirvana-Zeit zu tun hatte, waren gern bereit, ihre Erinnerungen an Kurts Leben und seinen Tod zu teilen, aber einige lehnten das auch ab, weil es für sie noch immer zu schmerzhaft war.

Dabei kann ich sie nur zu gut verstehen. In den ersten Jahrzehnten nach seinem Selbstmord mied ich Bücher und Filme über ihn. Erst vor kurzem begann ich, mich intensiv mit jeglichem Material zu beschäftigen, das mir in die Hände fiel. Einige Berichte konzentrieren sich auf die Scheidung seiner Eltern, seine anschließend so unglückliche Kindheit und die Beharrlichkeit, mit der er versuchte, sich im amerikanischen Nordwesten Ende der 1980er Jahre einen Namen zu machen. Kurt selbst hatte mir mehrmals erzählt, wie sehr er sich von seinen Eltern verlassen und wie einsam er sich als Kind gefühlt hatte, aber ich habe den Schilderungen seiner frühen Jahre wenig hinzuzufügen, und ich habe mich bei meiner Recherche nur an Leute gewandt, mit denen ich während meiner Zusammenarbeit mit Kurt in Kontakt stand. Als Kurt und ich uns begegneten, begannen Nirvana schon kurz darauf mit der Arbeit an *Nevermind*, jenem Album, das die Band nach seinem Erscheinen im September 1991 zu internationalen Superstars machte.

Dieses Buch ist eine subjektive Beschreibung der Zeit, in der ich mit ihm verbunden war, dieser letzten dreieinhalb Jahre seines Lebens, als Kurt Cobain die Werke schuf, für die er heute noch bekannt ist. Nach meiner Auffassung umfasst sein künstlerischer Nachlass weit mehr als Nirvanas größte Hits; ich bin fest davon überzeugt, dass ihm ein Platz auf den obersten Rängen der Rock-Hierarchie gebührt. Anderen Musikern gegenüber war er zudem stets sehr großzügig, und seine Rolle als Person des öffentlichen Lebens nahm er ungewöhnlich ernst. Persönlich war er mir gegenüber sehr freundlich, sowohl im direkten Kontakt als auch auf anderen Ebenen, die sich gar nicht in Worte fassen lassen.

Viele aus Kurts direktem Umfeld empfinden heute noch Zorn darüber, dass er Selbstmord beging. Das respektiere ich, aber ich denke anders darüber. Ich vermisse ihn, und ich werde mich ewig fragen, ob ich irgendetwas hätte tun können, um seinen frühen Tod zu verhindern. Aber soweit ich sagen kann, gibt es weder in der Medizin noch in spirituellen Traditionen oder den Werken großer Philosophen eine Erklärung dafür, weswegen manche Menschen ihr eigenes Leben willentlich beenden und andere nicht. Während des bittersüßen Prozesses, mich an sein Leben und sein Werk zu erinnern, bin ich immer stärker zu dem Schluss gelangt, dass sein Selbstmord kein moralisches Versagen darstellte, sondern auf eine psychische Erkrankung zurückzuführen war, die weder er noch jemand in seinem Umfeld erfolgreich behandeln oder heilen konnte. („Erkrankung“ verwende ich hier nicht wie ein Arzt, sondern als Platzhalter für eine Macht, die meiner Meinung nach von niemandem kontrollierbar war.)

Ich zählte nicht zu denen, mit denen Kurt Musik machte, ich teilte auch seine tiefe Verwurzelung im Punk Rock nicht, und wir nahmen auch nie gemeinsam Drogen. Dennoch arbeitete ich mit ihm an dem wichtigsten Kreativ-Projekt seines Lebens, einem Werk der internationalen Popkultur, das den Rock völlig umkrempelte und für viele seiner Fans auch das Männlichkeitsbild neu definierte.

Trotz der elenden Zustände, in denen er in seinen schlimmsten Zeiten lebte, und der grotesken Realität seines Todes erinnere ich mich größtenteils auf eine beinahe romantische Art und Weise an Kurts kreative und idealistische Seite. Es gab mindestens eine Begebenheit, bei der ich diesem Impuls blindlings nachgab und dabei viel zu wenig Rücksicht auf die Trauer und die Empfindungen anderer Freunde nahm. Ich hielt die letzte Trauerrede bei der privaten Beerdigungsfeier, die Courtney organisiert hatte, nachdem sein Leichnam gefunden worden war. In *Nirvana – Die wahre Geschichte* schrieb der britische Rock-Journalist Everett True darüber: „Danny Goldberg hatte bei Kurts Beerdigung eine Rede gehalten, die mir genau vor Augen geführt hatte, wieso der Sänger die Waffen gestreckt hatte. Die Rede hatte nichts mit der Realität oder mit dem Mann, den ich gekannt hatte, zu tun. Er beschrieb Kurt darin als *Engel, der in menschlicher Gestalt auf die Erde kam, der für dieses Leben zu gut war, und das war der Grund, weshalb er nur so kurze Zeit bei uns sein konnte.* So ein ausgemachter Blödsinn! Kurt war so nervig und schlecht gelaunt und angriffslustig und ungezogen und lustig und langweilig wie wir alle."

Kurz, nachdem sein Buch erschien, begegneten Everett und ich uns bei einer Musikbusiness-Konferenz in Australien, und wir stellten fest, dass wir mehr gemeinsam hatten als erwartet, was unsere Gefühle für Kurt betraf. Dennoch ist mir bewusst, dass meine Trauerrede einigen anderen ähnlich übel aufgestoßen war wie ihm.

Ich denke, die verschiedenen Sichtweisen enthalten alle einen Teil der Wahrheit. Kurt war eine mehrfach gespaltene Persönlichkeit. Er litt an Depressionen, er war ein Junkie *und* ein schöpferisches

Genie. Er konnte beißend sarkastisch sein oder in tiefe Verzweiflung verfallen, aber er hatte auch eine ausgesprochen romantische Seite und war sehr überzeugt von der Qualität seines Werks. Kurt war ein bisschen schlampig und chaotisch und hatte sich einen gewissen Blödel-Humor erhalten. Er mochte noch immer denselben Junkfood, den er als Kind gegessen hatte, und er liebte es, den ganzen Tag im Schlafanzug herumzulaufen. Aber seine Gammler-Erscheinung lenkte oft von dem ausgeprägten Intellekt ab, den er besaß.

Mark Kates von Geffen Records, der dort zu den Mitarbeitern zählte, die den engsten Kontakt zu Kurt pflegten, sprach aus, was viele dachten, als er mir mit bewegter Stimme anvertraute: „Zwei Dinge werden bei Kurt oft vergessen. Zum einen, dass er sehr witzig war. Und zum anderen, dass er unglaublich klug war."

Kurt verachtete Menschen, die ihn nicht respektierten, und er konnte schlecht gelaunt und unangenehm sein, wenn er Schmerzen hatte, aber meistens verströmte er eine Freundlichkeit, wie man sie bei Genies oder Stars selten findet. Die meiste Zeit war er, wenn ich das so sagen darf, ein netter Kerl.

Das besagte Foto von Kurt und mir, das ich immer wieder ansehe, entstand am 6. März 1992 bei einem Konzert, das zwei seiner Lieblingsbands, Mudhoney und Eugenius, im Palace in Los Angeles gaben. *Nevermind*, das Album, das Nirvana den großen Durchbruch beschert hatte, war im September 1991 erschienen, und in den fünfeinhalb Monaten, die seitdem vergangen waren, war die Popularität der Band mit einem solchen meteorischen Knall explodiert, wie man ihn in der Musikgeschichte kaum jemals erlebt hatte. Auf einzigartige Weise hatten Nirvana die Energie des Punk und die Anti-Establishment-Haltung der Sex Pistols mit Pop-Melodien verschmolzen, und das genau in dem Augenblick, als sich das Rock-Publikum der ganzen Welt genau nach so etwas sehnte. Kurt gab sich in Interviews oft überkritisch und verglich beispielsweise die Pop-Anteile in seinem Songwriting mit den Bay City Rollers, The Knack oder Cheap Trick, aber ich glaube, in Wahrheit ahmte er vor allem die Beatles nach.

Seit die erste Singleauskopplung aus diesem Album, „Smells Like Teen Spirit", wenige Wochen zuvor erstmals im Radio gespielt worden war, hatte sich für die Band die gesamte Realität auf surreale, abrupte Weise gewandelt. Zu Beginn ihrer Karriere hatten Punk-Ethos und Sparsamkeit ihr Leben beherrscht, und jetzt reisten sie plötzlich nicht mehr im Transporter, sondern mit dem Flugzeug, und sie schliefen in Hotels anstatt bei Freunden auf dem Sofa. Wenn sie jemanden neu kennenlernten, betrachtete der sie als Star und nicht als verkrachte Existenzen.

Vielleicht hatte Bruce Springsteen zwanzig Jahre zuvor etwas ähnliches erlebt, als ihn *Born To Run* auf die Titelseiten von *Time* und *Newsweek* katapultierte und über Nacht berühmt machte, aber selbst beim Boss dauerte es noch einige Jahre, bis er mit *The River* tatsächlich ein Nummer-1-Album verbuchen konnte und ihm „Hungry Heart" den ersten echten Pop-Hit bescherte. Bei Nirvana stellten sich Kritikerlob und Pop-Erfolg zur gleichen Zeit ein, und das war umso bemerkenswerter, da die Band aus der in den USA recht kleinen Punk-Szene stammte, für die sich die amerikanischen Rock-Fans in der Regel nicht besonders interessierten.

Musiker bestimmen ihren kulturellen Einfluss stärker selbst als andere Künstler. Von wenigen Einzelfällen in der Autorenfilmszene abgesehen, sind Schauspieler abhängig von den Drehbüchern anderer. Selbst die größten Filmstars, Schriftsteller und Maler haben nicht die Gelegenheit, Abend für Abend vor Tausenden von Bewunderern zu stehen oder sich so unmittelbar in die Köpfe ihrer Fans zu schleichen, wie es bei einem Hit geschieht. Daher ist der Begriff „Rockstar" von einer besonderen, kraftvollen Qualität. Da Kurt jener seltene Typ Rockstar war, der nicht nur Sex-Appeal oder Unterhaltung verkörperte, sondern noch etwas anderes, betrachteten ihn viele Journalisten und Fans geradezu als Heilsbringer. Es war eine destruktive Sinnestäuschung, die aber auch ihre Vorteile hatte. Kurt war stolz auf das, was die Band erreicht hatte, und es war eine Erleichterung, dass er sich zum ersten Mal in seinem Leben nicht mehr ständig Sorgen um Geld machen musste.

An dem besagten Abend genoss es Kurt, einmal wieder nur Fan zu sein. Mudhoney zählten zu seinen Lieblings-Bands aus Seattle, und er war mit dem Leadsänger, Mark Arm, befreundet. Auch mit Eugene Kelly von Eugenius (die sich früher einmal Captain America genannt hatten, aber von Marvel Comics dazu gezwungen worden waren, ihren Namen zu ändern) verband ihn ein herzliches Verhältnis. Kelly hatte für seine frühere Band, The Vaselines, den Titel „Molly's Lips" geschrieben, den Nirvana auf einer frühen Single gecovert hatten. Noch ein Jahr zuvor hatte Kurt zu Arm und Kelly aufgesehen, aber jetzt war er so etwas wie ihr erfolgreicher kleiner Bruder, der sie großherzig anfeuerte.

Obwohl damals mehrmals am Tag Nirvana-Videos auf MTV liefen, wurde Kurt von den anderen Zuschauern nicht bedrängt. Vielleicht lag es daran, dass er mit seinen einsdreiundsiebzig und der durch Skoliose leicht gebeugten Gestalt in der Menge unterging; außerdem zog er sich noch immer so an wie zu der Zeit, als er völlig pleite gewesen war, und mit seinen zerrissenen Jeans und Chucks fiel er überhaupt nicht auf, zumal er keinen Klüngel von Bewunderern oder gar Bodyguards um sich hatte. Dennoch vermute ich, dass einige Fans ihn durchaus erkannten, aber spürten, dass er seine Ruhe haben wollte, um wie sie die Musik zu genießen.

Kurt hatte gerade einen Entzug hinter sich und war, soweit ich das beurteilen konnte, clean. Seine Augen waren klar, und das war ein enormer Kontrast zu dem deprimierten, verdunkelten, leeren Heroinblick, den ich an ihm wahrgenommen hatte, als ich Nirvana bei ihrem Auftritt in der Fernseh-Show *Saturday Night Live* gesehen hatte. Kurt und Courtney hatten sich beide einer Behandlung unterzogen, und offenbar hatte sie angeschlagen. Zumindest in diesem Moment war er glücklich, da bin ich mir sicher.

In einer Pause standen wir beide unbedrängt in einer Ecke auf der Empore, die Zuschauern mit Gästeliste-Pässen vorbehalten war, und Kurt entdeckte einen Fotografen, legte den Arm um meine Schultern und sagte: „Komm, wir machen ein Foto", als ob er gewusst hätte, dass es ein Augenblick war, den ich nicht vergessen wollte.

Courtney war bereits schwanger und kurz zuvor mit Kurt in eine neue Wohnung in der Alta Loma Terrace in den Hollywood Hills gezogen, und Kurt kam nun kurzfristig der Gedanke, dort nach dem Konzert noch eine Party zu geben. Er hatte viel Spaß an der Vorstellung, einmal so zu tun, als sei er wirklich erwachsen. Die Wohnung war schwer zu finden. Das Haus lag in einem verwinkelten Gebiet von kleinen Gässchen und konnte nur zu Fuß über Treppen oder einen Fahrstuhl erreicht werden. Damals hatte kaum jemand GPS, und Kurt hatte keine Wegbeschreibung gegeben, von daher kamen nur sehr wenig Leute, aber dennoch war die Stimmung großartig. Es war schön zu sehen, dass sich Kurt und Courtney zumindest kurzzeitig wirklich wohl in ihrer Haut fühlten. Diese friedliche Zeit dauerte jedoch nicht lange. Nur eine Woche später gab Courtney der Journalistin Lynn Hirschberg das erste einer Reihe von Interviews für ein Porträt im *Vanity Fair*, das bei seinem Erscheinen die Welt der beiden völlig aus den Angeln hob und dessen negative Auswirkungen noch jahrelang spürbar blieben.

Als Kurt und ich uns kennenlernten, war ich 40 und er 23. Wäre er noch am Leben, wären wir heute beide Männer mittleren Alters, aber damals war ich alt und er jung. Kurt befand sich noch in dem Stadium, in dem sich Rockmusikern in ihren Songs und ihrer Haltung stark davon beeinflusst zeigen, wie man sich als Teenager gefühlt hat. Ich hingegen war ein abgewichster Veteran mit zwanzig Jahren Rockbusiness-Erfahrung, mit einem Kind, einer Hypothek und einem Job in einem großen Unternehmen. Im Jahr zuvor hatte ich bei der Grammy-Verleihung einen echten Höhepunkt meiner bisherigen Karriere erlebt, als mich Bonnie Raitt, die den Preis für das beste Album erhielt, in ihrer Dankesrede erwähnte. Kurts Persönlichkeit hingegen war geprägt von der Punk-Szene des amerikanischen Nordwestens, die dem Establishment mehr als kritisch gegenüberstand und die für konventionelle Showbiz-Rituale wie Preisverleihungen nur Verachtung übrighatte.

Kurt hatte ein feines Gespür dafür, wie er alle Aspekte der Rockmusik miteinander in Einklang bringen konnte. Er schrieb die Musik *und* die Texte für Nirvana. Er war der Leadsänger *und* der Leadgitarrist. (Bei den meisten Rock-Bands teilen sich mehrere Bandmitglieder diese Aufgaben, wie Jagger und Richards bei den Rolling Stones oder Page und Plant bei Led Zeppelin. Abgesehen von Kurt war Jimi Hendrix das einzige Mitglied in einer Superstar-Band, der all das allein übernahm.) Kurt kontrollierte bei der Produktion der Nirvana-Aufnahmen jedes Detail. Er entwarf die Cover selbst, gestaltete sogar viele der Band-T-Shirts und schrieb die Rohfassungen der Drehbücher für die Musikvideos.

Nevermind, jenes Album, das Nirvana den Durchbruch brachte, hat sich inzwischen über 15 Mio. mal verkauft, aber der bloße kommerzielle Erfolg birgt ebenso wenig einen Schlüssel für Kurts Geheimnis wie eine Auflistung seiner musikalischen Fähigkeiten. Er war ein ausgezeichneter Gitarrist, aber beileibe kein Hendrix. Seine Stimme war kein bisschen gekünstelt, sondern hemmungslos und wild und konnte sowohl Verletzlichkeit als auch Kraft transportieren, aber die Rock-Szene hat viele große Sänger hervorgebracht. Auf der Bühne verstand er das Publikum zu fesseln und mitzureißen, aber es gab dennoch andere, dramatischere Frontmänner. Er zählte zu den wenigen Songwritern, die wussten, wie man poppige Songstrukturen mit Hard Rock verbindet, aber das beherrschten auch die Rolling Stones und einige andere Bands. Er war ein besserer Texter, als er selbst zugeben wollte, erreichte aber nicht die Qualität eines Bob Dylan oder Leonard Cohen. Er war ein Moralist, aber kein Kreuzritter.

Kurts Bewunderung für die Beatles schloss auch die holistische Beziehung mit ein, die vor allem John Lennon mit der riesigen Fan-Gemeinde aufgebaut hatte. Mir erschien es, als ob Kurt die gesamte Bandbreite seines öffentlichen Daseins als Kunst betrachtete, jeden Live-Auftritt, jedes Interview und jedes Foto. So kritisch er dem Ruhm generell auch gegenüberstand, so sehr war er dennoch bereit, ihn effektiv zu nutzen. Er zählte zu den wenigen Künstlern in der Rock-Geschichte, der simultan durch verschiedene kulturelle Ausdrucksformen kommunizierte: durch die Energie des Hard Rock, die Integrität des Punk, die ansteckende Vertrautheit von Pop-Songs und den inspirierenden Appeal eines sozialen Bewusstseins. Anfang der Neunziger hatte Kurt zudem jene Rolle inne, die Allen Ginsberg, als er Jahrzehnte zuvor über Bob Dylan sprach, als „die unkonventionelle Fackel der Erleuchtung und Selbstermächtigung“ bezeichnet hatte.

Aber der verklärte Blick, den beispielsweise der Jugendliche zeigte, der mich im Lager von Occupy Wall Street ansprach, ist auf etwas anderes zurückzuführen: Kurt brachte anderen Menschen, vor allem den Außenseitern, eine einzigartige Empathie entgegen. Er konnte den Fans das Gefühl vermitteln, dass es eine Kraft im Universum gab, die sie so akzeptierte, wie sie waren. Sie hatten den Eindruck, als würden sie ihn wirklich kennen – und umgekehrt er sie auch.

Meiner Meinung nach findet sich ein vergleichbares Phänomen nicht im Bereich des Rock, sondern eher in den Romanen von J.D. Salinger, besonders in *Der Fänger im Roggen.* Ähnlich wie in jenem literarischen Klassiker der 1950er Jahre gab Kurts Werk den Underdogs ihre Würde zurück und knackte dabei derart den Code der Massenkultur, dass Millionen sich darin wiederfinden konnten. Die Reagan-Ära, die Kurts Generation und die damalige Indie-Szene maßgeblich prägte, ist schon lange vorbei, aber auch 25 Jahre nach Kurts Tod ist es sein poetisches, ungefiltertes Verständnis für den Schmerz der Jugend, das junge Menschen dazu bringt, Nirvana-T-Shirts zu tragen, weil für sie damit ein gewisses Statement verbunden ist.

Kurt war viel mehr als die Summe seiner Dämonen. Eine Zeichnung in einem seiner Tagebücher trug die Bezeichnung „die vielen Stimmungen des Kurdt Cobain: Baby, Pissy, Bully, Sassy“ – übersetzt in etwa „Baby, Nervensäge, Grobian, Wirbelwind“. (Damals probierte er noch verschiedene Schreibweisen seines Vornamens aus.) In einem Artikel in der Zeitschrift *Spin* zum zehnten Jahrestag von Kurts Tod bezeichnete ihn John Norris als „Punk, Popstar-Helden, Opfer, Junkie, Feministen, Rächer-Nerd, Klugscheißer“.

Kurts langjähriger Bandkollege und Freund Krist Novoselic sagte mir vor kurzem: „Kurt konnte unglaublich nett und der beste

Mensch der Welt sein, dessen Reaktionen mich oft unglaublich berührt haben, aber manchmal war er auch wirklich gemein und hinterhältig."

Auf mich wirkte Kurt manchmal wie ein verwirrter Weiser vom anderen Stern, aber ebenso wie ein sehr fokussierter Kontroll-Freak, ein verletzliches Opfer körperlicher Schmerzen oder gesellschaftlicher Ablehnung, ein doppelzüngiger Junkie, ein liebender Ehemann und Vater oder ein aufmerksamer Freund. Manchmal wechselte er in Sekunden von paranoid zu übernatürlich selbstbewusst, und er wusste durchaus die Werbetrommel für sich selbst zu rühren. Mal war er ein sensibler Außenseiter, ein selbstkritischer Normalo, der stille, aber unbestreitbare Mittelpunkt der Aufmerksamkeit oder ein verzweifelter Kindmann, für den das Leben keine Bedeutung zu haben schien. Kurt vermittelte seine Gefühle oft ohne Worte. Ich erinnere mich noch sehr deutlich an die verschiedenen Gesichter, die er zeigen konnte: gestresst, amüsiert, gelangweilt, genervt, zugewandt und gebend. All das konnte man in seinen durchdringenden, blauen Augen lesen.

Im Laufe der Jahre habe ich mich vor allem mit Kurts Rolle als Künstler beschäftigt. Als er noch klein war, ging seine Familie davon aus, dass er später vielleicht einmal Grafiker werden würde, und er beschäftigte sich bis zu seinem Tod mit Zeichnungen und Skulpturen. „Ich war der beste Künstler von Aberdeen", sagte er mir einmal mit einem schiefen Lächeln, „aber ich glaube, in einer großen Stadt oder draußen in der Welt hätte ich keinen Eindruck hinterlassen. Für dieses Level reichte es bei mir nicht." In der Musik, auf die sich seine Kreativität in erster Linie konzentrierte, sah es anders aus: In diesem Bereich war er außergewöhnlich, und das wusste er. Als ich Kurt kennenlernte, strahlte er die stille Überzeugung aus, dass seine Musik von einer ganz besonderen Güte war, und darin bestärkten ihn sein gesamtes Umfeld und auch andere Musiker.

Vermutlich sind die meisten Leser dieses Buches Nirvana-Fans, aber hin und wieder stoße ich immer noch auf Leute, die nicht begreifen, was an der Band so großartig gewesen sein soll. Geschmäcker sind verschieden, und wir alle fühlen uns auch später im Leben latent zu jenen Dingen hingezogen, die wir schon in der Schulzeit mochten.

Wie groß Kurts Einfluss war, lässt sich quantitativ vielleicht allenfalls mit den Statistiken des Streaming-Dienstes Spotify belegen, der seit 2008 Musik anbietet, als Kurts Tod schon 14 Jahre zurücklag. Hier ist eine Aufstellung der weltweiten Zugriffszahlen seit den Anfangstagen von Spotify auf die beliebtesten Songs von Kurt und seinen Zeitgenossen, aber auch vielen vor und nach Nirvana aktiven Künstlern (die Zahlen stammen aus dem Mai 2018):

Madonna, „Material Girl“	56 Mio.
Prince, „Kiss“	80 Mio.
N.W.A., „Straight Outta Compton“	113 Mio.
Pearl Jam, „Alive“	116 Mio.
Bruce Springsteen, „Dancin’ In The Dark“	126 Mio.
Soundgarden, „Black Hole Sun“	139 Mio.
2Pac, „Ambitionz Az A Ridah“	144 Mio.
U2, „With Or Without You“	210 Mio.
Foo Fighters, „Everlong“	210 Mio.
R.E.M., „Losing My Religion“	229 Mio.
Radiohead, „Creep“	257 Mio.
Dr. Dre, „Still D.R.E.“	275 Mio.
Green Day, „Basket Case“	282 Mio.
Michael Jackson, „Billie Jean“	353 Mio.
Guns N’ Roses, „Sweet Child O’ Mine“	358 Mio.
Nirvana, „Smells Like Teen Spirit“	387 Mio.

Das nur so nebenbei.

Für die amerikanische Originalausgabe dieses Buches habe ich den Titel „Serving The Servant“ gewählt, als Hommage an einen Song, den Kurt für das Album *In Utero* schrieb, nachdem Nirvana plötzlich kommerziell so unglaublich erfolgreich geworden waren. Besonders bekannt ist seine erste Zeile: „Teenage angst has paid off well", die Teenager-Angst hat sich gut bezahlt gemacht – ein Seitenhieb auf den enormen Erfolg von *Nevermind*. Kurt erklärte außerdem, dass der Text teilweise auch ein Versuch war, sich über die Beziehung zu seinem Vater Don klarzuwerden, zu dem er keinen Kontakt mehr hatte (und den ich zum ersten und einzigen Mal bei Kurts Beerdigung traf). Für mich spiegelt der Titel, der wörtlich mit „dem Diener dienen" übersetzt werden kann, wie es war, mit Kurt zu arbeiten – er war der Diener einer Muse, die nur er sehen und hören konnte, aber deren Energie er in eine Sprache übertrug, mit der sich Millionen identifizierten. Meine Aufgabe und die anderer Mitarbeiter war es, ihn im Rahmen unserer Möglichkeiten dabei zu unterstützen.

Erstes Kapitel

GOLD MOUNTAIN ENTERTAINMENT

Kurt und ich begegneten uns zum ersten Mal im November 1990 in Los Angeles. Er und die anderen Mitglieder von Nirvana, Krist Novoselic und Dave Grohl, trafen mich und meinen jüngeren Partner, John Silva, im Büro unserer Agentur Gold Mountain Entertainment auf dem Cahuenga Boulevard West ganz in der Nähe von Universal City.

Die ersten Worte, die ich von Kurt jemals hörte, war ein aus tiefstem Herzen kommendes „auf gar keinen Fall“: Damit beantwortete er meine Frage, ob die Band bei Sub Pop bleiben wollte, dem unterfinanzierten, aber äußerst renommierten Indie-Label aus Seattle. Dort waren ihre ersten Aufnahmen erschienen, so auch ihr Debütalbum *Bleach,* das in der Punk-Szene so hohe Wellen geschlagen hatte, dass nun die großen Plattenfirmen versuchten, die Band von dort wegzulocken.

Bei diesem Gespräch schwieg Kurt zunächst und überließ Krist das Reden. Aber seine entschiedene Antwort gab mir einen ersten Hinweis auf die Dynamik innerhalb der Band. Dave war ein virtuoser Rock-Schlagzeuger, der Nirvana musikalisch auf eine ganz andere Ebene führte. Krist hatte die Band einige Jahre zuvor mit Kurt gegründet und war mit ihm, was Politik und Kultur anging, meist einer Meinung. Die drei machten gemeinsam brillante Musik und waren sich auch darüber einig, dass die Band sowohl in die

Indie- als auch in die Rock-Szene passen könnte, aber Kurt hatte in allem das letzte Wort.

In den frühen Tagen des Rock'n'Roll hatten sich Manager häufig nicht unbedingt durch Kompetenz und Ehrlichkeit ausgezeichnet. Elvis Presleys Manager, Colonel Tom Parker, galt als manipulativer Strippenzieher, der seinen berühmten Klienten ausnutzte und ihn wie ein Kind behandelte, während er sich weit über Gebühr die eigenen Taschen füllte. Der erste Manager der Beatles, Brian Epstein, hatte ein sehr gutes Verhältnis zur Band und war der erste Geschäftsmann, der erkannte, dass er ein ganz besonderes Juwel vor sich hatte, aber rückblickend betrachtet fehlten ihm Fachwissen und Erfahrung, um für ihre Karriere das Optimum an Einkommen und Einfluss herauszuholen.

Später wurde die Bezeichnung „Manager" für die verschiedensten Tätigkeiten benutzt, je nach Dienstleister und Künstler. Bei Schauspielern übernehmen oft die Agenten jene Art von Karriereberatung, die in der Musikszene den Managern obliegt. Booker hingegen kümmern sich nur um die wichtige, aber überschaubare Aufgabe, Auftritte zu arrangieren, und haben nur selten viel mit Plattenfirmen, Musikverlegern oder Medienstrategien zu tun: Darum kümmern sich die Manager. Musikmanager dienen als Bindeglied zwischen den Künstlern und ihren Anwälten und Steuerberatern, aber auch den Bookern, vor allem dann, wenn eine Tournee durch verschiedene Teile der Welt ansteht und es gilt, die Vielzahl von Optionen gegeneinander abzuwägen. Mark Spector, der über mehrere Jahrzehnte Joan Baez als Manager betreute, sagte einmal über den Job: „In dieser Position laufen alle Fäden zusammen, und man trägt die ultimative Verantwortung."

In einigen Fällen fungieren Manager auch als persönliche Berater und Testpublikum für kreative Ideen. Meinen ersten Eindruck von diesem Beruf bekam ich in *Don't Look Back*, einem Dokumentarfilm über Bob Dylan, in dem dessen Manager Albert Grossman dabei zu sehen war, wie er voller Begeisterung höhere Auftrittsgagen für seinen Schützling aushandelte. Für mich als jugendlichen Zuschauer war allerdings noch entscheidender, dass Grossman offensichtlich in die Witze, die Dylan auf Kosten uncooler Zeitgenossen machte, bestens eingeweiht war. (*Don't Look Back* war übrigens einer von Kurts Lieblingsfilmen.)

Anfang der Siebziger arbeitete ich kurze Zeit für Grossman, und später übernahm ich die Promotion für sein Bearsville-Label. Er vermittelte immer noch den Eindruck, als sei er in jede Menge cooler Geheimnisse eingeweiht. Angeblich handelt Dylans Song „Dear Landlord" von ihm, vor allem die Zeile „If you don't underestimate me, I won't underestimate you." (Wenn du mich nicht unterschätzt, unterschätze ich dich auch nicht.) Grossman gelang es, die Macht von Plattenfirmen, Talentagenturen, Konzertpromotern und Medien zugunsten seiner Klienten, zu denen auch Janis Joplin und The Band zählten, zu beschneiden – so war beispielsweise er es, der Columbia Records verbot, Dylans sechs Minuten langes „Like A Rolling Stone" auf das radiofreundliche Format zu kürzen, auf dem die Top-40-Sender in der Regel bestanden. Der Song wurde dennoch ein riesiger Hit.

Ein anderes frühes Vorbild war Andrew Loog Oldham, dessen Name mir zum ersten Mal begegnete, als ich die Liner Notes früher Rolling-Stones-Alben wie *December's Children (And Everybody's)* las. Damals managte Oldham die Stones nicht nur, er produzierte auch ihre Alben. Was war das für ein Typ, fragte ich mich, und wie konnte ich an einen solchen Job herankommen?

Mein Mentor im Musikgeschäft wurde schließlich Led Zeppelins Manager Peter Grant, für den ich mit Anfang zwanzig arbeitete. Grant ging in der Unterstützung seiner Künstler noch einen Schritt weiter als Grossman. Als ehemaliger Profi-Wrestler von 130 Kilo mit derbem Cockney-Akzent wirkte er einschüchternd genug, um seinen Schützlingen ein wesentlich größeres Stück vom musikalischen Kuchen zu sichern, als Künstler je zuvor erhalten hatten. Bis dahin hatten viele Veranstalter den Künstlern 50 Prozent der Nettoeinnahmen ihrer Konzerte gezahlt. Grant bestand auf 90 Prozent, und damit änderte sich das Geschäft von Grund auf. Ich machte mir seine Einstellung schnell zu eigen: Scheiß auf alle anderen. Es zählt allein, was die Band will.

Der Ausdruck „Manager“ führt ein wenig in die Irre, weil er ein wenig so klingt, als hätten wir unseren Klienten etwas zu sagen, dabei ist es genau anders herum. Wir bieten eine Dienstleistung, und der Künstler ist der Boss. Einige Jahre nach Kurts Tod wurden Andrew Loog Oldham und ich Freunde. Wir tauschten uns über unsere Künstler aus und sprachen darüber, wie sich unsere Arbeit in den Sechzigern und in den Neunzigern darstellte. Oldham (der übrigens auch Grossman als eines seiner Vorbilder nennt) orakelte dabei: „Man ist nur dann ein ausgefuchster Manager, wenn man einen Künstler betreut, der einen selbst ebenso weit nach vorn bringt wie umgekehrt.“ Colonel Parkers gibt es heute nur noch sehr wenige.

Auch Kenny Laguna, der seit mehr als 25 Jahren Joan Jett managt, bewundere ich sehr. Für ihn hält unsere Arbeit, wie er mir einmal sagte, immer wieder eigentümliche Höhen und Tiefen bereit: „Es ist ein seltsamer Job. An einem Tag habe ich eine Besprechung mit Senator Schumer, weil Joan an einer Veranstaltung des Außenministeriums mitwirken soll, und am nächsten versuche ich herauszufinden, wie man einen Fleck aus ihrem Orientteppich rausbekommt, weil dort die Katze hingemacht hat.“

Da selbst die besten Künstler oft sehr unsicher sind, neigen Manager dazu, ihre Klienten in Watte zu packen, was manchmal zu kontraproduktiven Beschönigungen führt. In *Shut Up And Sing*, einer Dokumentation über die Dixie Chicks, gibt es eine Szene, in der die Band ihren Manager Simon Renshaw fragt, wie sehr es ihre Karriere beeinträchtigen könnte, dass Sängerin Natalie Maines die Haltung von Präsident George W. Bush zu Beginn des Golfkriegs hart kritisiert und damit viele republikanische, patriotische Fans verprellt hat. Renshaw erklärt ganz gelassen, dass der Aufschrei, wenn überhaupt, nur kurz sein und keine großen Auswirkungen haben würde – ein Irrtum, denn die Anwürfe aus dem rechten Lager verfolgten die Chicks noch das ganze nächste Jahr. Dennoch, ich hätte unter den Umständen genau dasselbe gesagt – schließlich fand das Gespräch unmittelbar vor einem Auftritt statt.

Natürlich gibt es Ausnahmen. Wenn ein Künstler etwas moralisch Untragbares oder Selbstverletzendes tut, dann hat man die Pflicht, ihn davon abzubringen, aber üblicherweise steht man auf der Seite seines Schützlings. Die Manager, denen ich nacheifern wollte, hatten eine idealisierte Version ihrer Klienten in den Köpfen, die sie sowohl dem Künstler selbst als auch dem Rest der Welt vermitteln wollten. Nach dem Konzert eines meiner Klienten fragte mich ein Freund einmal: „Du würdest ihm wahrscheinlich nicht sagen, dass sein Programm zu lang ist, oder?“ Ich erwiderte: „Das würde ich noch nicht einmal mir selbst eingestehen.“

Mitte der Achtziger, als ich Mitte dreißig war, gründete ich meine eigene Agentur Gold Mountain (die englische Übersetzung von Goldberg), und die ersten, für die wir arbeiteten, waren Belinda Carlisle und Bonnie Raitt. 1990 waren wir so gut im Geschäft, dass ich unseren Kader um Künstler erweitern wollte, die ein jüngeres Publikum ansprachen. Mir war nicht entgangen, dass die gegenkulturellen Strömungen in der Musikszene eine immer größere Rolle spielten und längst nicht mehr nur Rock-Kritiker und College-Radiosender interessierten. In den USA nannten wir das immer noch Punk, ein Phänomen, das ich in den Siebzigern zwar wahrgenommen, aber mit dem ich mich nie sehr beschäftigt hatte. Daher heuerte ich John Silva an, der schon mit Ende zwanzig Kritikerlieblinge wie House Of Freaks oder Redd Kross managte. Silva war ein echter Musik-Nerd, der von Fanzines und Vinyl-Singles besessen war. Er kannte viele einflussreiche Persönlichkeiten aus der Punk-Szene, die sich in den Jahren zuvor herausgebildet hatte, und hatte sogar einmal eine Zeitlang mit Jello Biafra, dem legendären Sänger der Dead Kennedys, zusammengewohnt. Davon abgesehen passte Silvas Engagement und sein Ehrgeiz perfekt zu meiner eigenen Arbeitseinstellung.

Nach einigen Monaten unserer Zusammenarbeit übernahmen wir das Management von Sonic Youth, die kurz zuvor bei DGC Records unterschrieben hatten, einem neuen Label-Imprint von Geffen. Die Band hatte zuvor lediglich mit Indie-Plattenfirmen gearbeitet und suchte Unterstützung im Umgang mit den Mechanismen der Musikindustrie, während sie ihr erstes Major-Album *Goo* vorbereitete.

Sonic Youth genossen dank der Alben und EPs, die sie in den vorangegangenen acht Jahren eingespielt hatten, in der Indie-Szene großen Einfluss und Respekt. Ihr Leadgitarrist Thurston Moore, ein jungenhafter, einsfünfundneunzig großer Typ mit scharfem Verstand, war von den ungewöhnlichen Gitarrenstimmungen des Avantgarde-Komponisten Glenn Branca ebenso beeinflusst wie vom Punk Rock. 1981 hatte Moore die Bassistin und Sängerin Kim Gordon geheiratet, die als ehemalige Kunststudentin die Gegenkultur aus ähnlich intellektualisiertem Blickwinkel betrachtete. Der Gitarrist und Sänger Lee Ranaldo und der Drummer Steve Shelley teilten eine Reihe von musikalischen Vorlieben mit ihren Bandkollegen. Sie alle verbanden die subversive Begeisterung für die Punk-Rebellion mit einer Stilsicherheit und Intelligenz, die ihnen überall in der stark zersplitterten Indie-Welt Freunde und Bewunderer eingebracht hatte.

Mir wurde schnell klar, dass Kim und Thurston ihre Finger am Puls einer Musikszene hatten, die mir bisher verschlossen geblieben war, und daher verbrachte ich so viel Zeit wie möglich mit ihnen. Sie sahen sich selbst innerhalb ihrer Gemeinschaft nicht nur als Künstler, sondern auch als Förderer, und sie gaben regelmäßig jungen Bands die Möglichkeit, sie auf Tour zu begleiten und sich dabei einem größeren Publikum zu präsentieren – beispielsweise auch Nirvana. Kurt betrachtete den Gitarristen als einen seiner Mentoren. In seinen Tagebüchern finden sich viele Einträge mit dem Hinweis „Thurston anrufen". Als Silva mich zum ersten Mal auf das Trio aus Seattle aufmerksam gemacht hatte, war ich noch zögerlich gewesen, da es normalerweise sehr zeitintensiv war, neue Künstler aufzubauen, und es dementsprechend lange dauerte, bevor sie uns ein Honorar zahlen konnten. Auf Silvas Drängen hin rief Thurston mich an und schlug vor, dass ich es trotzdem mit Nirvana versuchen sollte, und Gott sei Dank hörte ich auf ihn.

Erst im Juni 1991, drei Monate, bevor *Nevermind* erschien, sah ich Nirvana zum ersten Mal live, bei einem Gig im Vorprogramm von Dinosaur Jr. im Hollywood Palladium. Über die Jahre hatte ich schon unzählige Konzerte gesehen und war daher in der Regel ziemlich abgeklärt, aber dieser Auftritt haute mich um. Zwar waren die meisten Leute wegen des Headliners gekommen, aber Kurt gelang es trotzdem, eine Beziehung zum Publikum aufzubauen, und das, ohne auf die üblichen Klischees zurückzugreifen. Mir erschien es, als sei er in der Lage, seine innersten Gefühle so zu vermitteln, dass sofort ein Gefühl von Intimität entsteht. Bis heute kann ich nicht genau beschreiben, was er tat – nur, wie es sich anfühlte. Es war eine Form der Rock-Magie, wie ich sie noch nie zuvor erlebt hatte. Zwar hatte ich noch keine Vorstellung von dem kommerziellen Tsunami, der uns bevorstand, aber ich wusste eins: Dass ich großes, großes Glück hatte, mit Nirvana arbeiten zu dürfen.

Damals war Gold Mountain eine Management-Agentur mittlerer Größe, die etwa 25 Mitarbeiter beschäftigte und ein paar Dutzend Künstler betreute. Für viele von ihnen leistete ich in erster Linie Organisationsarbeit, aber zu einigen entwickelte ich eine persönliche Beziehung. Und an diesem Abend erkannte ich, dass Kurt für mich eine viel größere Bedeutung haben würde, als ich zuerst geahnt hatte. Als ich nach dem Gig nach Hause fuhr, verglich ich meine aufkeimende Bewunderung für Kurt mit der unbeirrbaren Loyalität, die Peter Grant Jimmy Page entgegengebracht hatte. Ich war begeistert.

In den Jahren nach Kurts Tod hat man mich oft gefragt, wie er denn „wirklich so war". Nun, manchmal gelang es mir allenfalls, ihn wie durch ein dunkles Glas zu betrachten, das nur Teile seiner Persönlichkeit preisgab, während mir andere verschlossen blieben. Es gab Augenblicke, in denen ich unglaublich leicht zu ihm durchdrang, und andere, in denen ich den Eindruck hatte, dass ich aufgrund seiner angespannten Gefühlslage in seiner Gegenwart unglaublich leisetreten musste. Abgesehen von seinem bereits erwähnten, kaleidoskophaften Charakter gab es bei Kurt immer noch eine verborgene Seite, und dort lag zum Teil auch das künstlerische Genie, das er buchstäblich nicht erklären konnte, aber auch eine tiefe Verzweiflung, gespeist aus einem Schmerz, der zu unerträglich war, um nach außen getragen zu werden.

Von Anfang an war der Band, Silva und mir genau bewusst, welches sensible Gleichgewicht die Band bewahren musste, um die bereits bestehende Fangemeinde nicht zu verprellen und dennoch neue Zuhörer zu gewinnen. Wir hatten keine Ahnung, dass es schon bald Millionen sein würden, aber die jüngsten Erfolge von Jane's Addiction und Faith No More hatten deutlich gezeigt, dass es viele hunderttausend Rock-Fans gab, die sich zwar bisher noch nicht sehr mit Punk beschäftigt hatten, sich aber nach etwas sehnten, das musikalisch und kulturell mehr zu bieten hatte als die damals populären Rock- und Metal-Bands mit ihren Latexhosen und toupierten Haaren. Es war ein neues, junges Publikum, das sich zum einen für die Gegenkultur interessierte und zum anderen nach Musik suchte, die eine gewisse emotionale Tiefe mitbrachte.

Eine ganze Reihe kleinerer Entscheidungen, die wir im ersten Jahr trafen, waren darauf ausgerichtet, dieses Gleichgewicht zu erhalten, aber Kurt und ich spürten nur selten das Bedürfnis, das ausführlich zu diskutieren. Wir hatten eine ähnliche Grundeinstellung, die sofort für eine enge Verbundenheit sorgte, und auch wenn Kurt später in Interviews Überlegungen zu diesem Thema gern weiter ausformulierte, vermittelte er mir viele seiner Einstellungen in Halbsätzen, indem mit den Augen rollte, das Gesicht verzog oder lächelte. In einer wirklich guten Beziehung zwischen Künstler und Manager muss nicht alles ausgesprochen werden: Man ist sich über die gemeinsamen Ziele klar und verwendet die gesamte Energie auf ihre Umsetzung.

In seinen Tagebüchern schrieb Kurt: „Laut Punk Rock ist nichts heilig. Für mich aber ist die Kunst heilig." Dennoch machte er mir deutlich, dass er sich dem Punk in vielen Aspekten emotional tief verbunden fühlte; ihm war es wichtig, was die Menschen aus dieser Subkultur von ihm hielten.

In den 1970ern, als die Ramones und ihre Zeitgenossen die erste Punk-Rock-Welle lostraten, hatte ich in New York gelebt und bereits im Musikgeschäft gearbeitet. Ursprünglich hatte ich als Rock-Kritiker angefangen, aber dann schnell gemerkt, dass meine wahren Talente im Bereich Promotion lagen. Damals war ich mit vielen Journalisten befreundet, die von der Punk-Szene rund um das CBGB besessen waren, und mir gefiel zwar die Energie und auch einiges von der Musik, aber ich war mehr daran interessiert, einen Fuß in die Tür der Mainstream-Musikindustrie zu bekommen. Nachdem es mir gelungen war, einen Job bei Led Zeppelins Label Swan Song zu ergattern, kümmerte ich mich nicht mehr groß um Punk.

Jetzt erkannte ich, dass ich in diesem Bereich dringenden Nachholbedarf hatte, denn wenn ich Kurt als Künstler verstehen wollte, dann musste ich den Kontext der Kultur kennen, die ihn als Heranwachsenden inspiriert hatte, der er Anfang zwanzig noch angehörte und von der er jene Werte übernommen hatte, die er in seinem Abschiedsbrief als „Punk Rock 101" bezeichnete.

Zweites Kapitel

PUNK ROCK 101

Dem Journalisten Robert Hilburn sagte Kurt 1993: „Ich litt als Kind schwer an Depressionen. Es gab eine Zeit, da weinte ich mich jede Nacht in den Schlaf. Oder ich versuchte, die Luft anzuhalten, damit mein Kopf explodiert, weil ich dachte, dann würde es ihnen endlich leidtun. Damals dachte ich oft, ich würde nicht einmal einundzwanzig." In Michael Azerrads Buch *Nirvana – Come As You Are* sagt Kurt über seine Kindheit: „Ich dachte immer, ich sei adoptiert, und man hätte mich auf einem Raumschiff gefunden. Ich wusste, dass noch Tausende anderer Alien-Babys hier ausgesetzt worden waren, und inzwischen bin ich auch einigen davon begegnet. Eines Tages werden wir herausfinden, weswegen wir eigentlich hier sind."

Das Gefühl, nicht dazuzugehören, vertiefte sich zusätzlich, da Kurt in der konservativen Holzfällerstadt Aberdeen im US-Bundesstaat Washington aufwuchs, wo er mit seiner sensiblen Künstlerseele schnell zum Außenseiter wurde. Die einzige Band aus Aberdeen, die in der amerikanischen Punk-Szene eine gewisse Beachtung gefunden hatte, waren die Melvins, die persönlich wie auch musikalisch einen nicht zu unterschätzenden Einfluss auf die frühe Karriere von Nirvana darstellten. Damals kamen selten mehr als ein paar hundert Zuschauer zu einem Punk-Gig, und daher war es für die Fans oft leicht, anschließend mit der Band ins Gespräch zu kommen. Der Leadsänger der Melvins, Buzz Osborne (auch bekannt als King Buzzo), machte Krist Novoselic auf die Indie-Band Flipper aufmerksam, und als ich 2018 mit Krist sprach, schwärmte er noch immer von dem Erweckungserlebnis, das er als Teenager beim ersten Hören des Flipper-Albums *Generic* gehabt hatte.

1984, mit sechzehn, sah Kurt sein erstes Melvins-Konzert. Wenig später stellte Buzz ein Punk-Mixtape für Kurt zusammen, auf dem sich auch Songs von Black Flag und Flipper befanden. Kurt war völlig fasziniert, hörte die Cassette monatelang jeden Tag und sang die Texte mit. Dem Musikkritiker John Savage sagte er, dass ihm damals zwar die Musik von Mainstream-Rockern wie Led Zeppelin und Aerosmith teilweise durchaus gefiel, aber dass ihm die Texte größtenteils zu eindimensional waren. „Es war oft total sexistisch, wie darin von ihren Schwänzen und von Sex die Rede war. Das hat mich gelangweilt." Punk hingegen berührte Kurt; diese Songs spiegelten seine eigene Haltung zu gesellschaftlichen und politischen Fragen. Mit großer Erleichterung stellte er fest, dass er zumindest in dieser Hinsicht nicht völlig allein dastand. Es gab eine andere Welt auf *diesem* Planeten, und er war fest entschlossen, dazuzugehören. Wenig später machte Buzz Kurt und Krist miteinander bekannt. Im Jahr darauf spielte der Melvins-Drummer Dale Crover auf den ersten Nirvana-Demos mit. Und noch ein paar Jahre später stellte Buzz den Kontakt zwischen Dave Grohl und Nirvana her.

Punk-Fans lieben ihre Musik mit absoluter Leidenschaft, und eingeweihte Kreise diskutieren mit fast religiösem Eifer darüber, welche Band aus welchen Gründen gut ist und wie sich Punk überhaupt definieren lässt – Fragen, zu denen ich mich mangels tieferer Einblicke nicht äußern kann. Wenn ich hier über die Musik schreibe, die Kurt in seinen Jugendjahren prägte, dann gebe ich lediglich Wissen wieder, das ich mir als Außenstehender aneignen konnte.

Der Punk der Siebziger, die Subkulturen, die in New York und rund um die Sex Pistols in London entstanden, interessierten Kurt nur am Rande. Er und Krist waren auf der Highschool mit der darauffolgenden Punk-Generation in Berührung gekommen, die in den 1980ern in kleinen Nischen in den USA florierte. Es war eine Szene, die ungeachtet ihrer bescheidenen Größe aus leidenschaftlichen Fans bestand, für die es keine Rolle spielte, dass die Protagonisten von der Musikindustrie weitgehend ignoriert wurden.

In den Jahren 1980 und 1981 – einige Jahre, bevor Buzz das besagte Mixtape für Kurt zusammenstellte – brachten Flipper, R.E.M. und Hüsker Dü ihre ersten Singles heraus, Mission Of Burma und Minor Threat veröffentlichten ihre ersten EPs, die Dead Kennedys und die Replacements ihre ersten Alben, Henry Rollins stieß zu Black Flag, und Sonic Youth und die Butthole Surfers wurden gegründet. Die Alben dieser Künstler tauchten in den vielen „Top 50"-Listen auf, die Kurt in seinen Tagebüchern zur Erläuterung von Nirvanas Einflüssen anlegte. Von diesen Bands sprach er gelegentlich mit einer Bewunderung, die an einen Katechismus erinnerte. Im Gegensatz zu den etablierten Rock-Bands, die sich meist schon in den 1960ern oder 1970ern gegründet hatten, betrachteten die Bands der Independent-Szene kommerziellen Erfolg nicht als Maß aller Dinge und standen der populären Musikkultur zwiespältig gegenüber.

Black Flag waren eine der ersten Bands, die Kurt live erlebte, und wie viele ihrer Zeitgenossen spielten sie schnell und laut. Greg Ginn von Black Flag hatte SST Records ins Leben gerufen, um zunächst einmal die Platten seiner eigenen Band zu veröffentlichen, aber im Laufe der Achtziger wurde SST die Heimat vieler anderer Musiker, die Kurt liebte. Ray Farrell arbeitete lange bei SST und wurde schließlich von Geffen Records angeworben, ein Jahr, bevor Nirvana dort unterkamen. Bei ihrem ersten Treffen sagte Kurt wehmütig zu Farrell: „Um auf SST zu erscheinen, hätte ich getötet."

SST-Bands bekamen jedoch keine Auftritte in Clubs, die traditionell eher ein Mainstream-Rock-Publikum anzogen, da sie in den konventionellen Musikmedien, an denen sich die Talent-Einkäufer orientierten, kaum stattfanden. Daher mussten SST und andere Indie-Labels wie das von den Dead Kennedys betriebene Alternative Tentacles andere Veranstaltungsorte ausfindig machen, beispielsweise Versammlungssäle von Veteranenorganisationen, in denen es meistens noch nie ein Konzert gegeben hatte. Im Zuge dessen schufen junge Promoter ein alternatives Netz von Auftrittsorten, das wiederum dazu beitrug, die Subkultur, in der sich Nirvana später einnisteten, weiter zu stärken.

Krist erinnert sich gern an die frühen Nirvana-Tourneen durch diese Clubs. „Für uns lief ja sonst nichts. Wir hatten einen Transporter, und in dem bretterten wir über den Highway. Wir fuhren nach Florida, wir fuhren nach Kanada. Wir waren schweineglücklich. Außerdem bekamen wir auch noch ein paar hundert Dollar jede Nacht, und das war für uns richtig viel Geld."

Kurt ließ sich nicht nur von der Musik, sondern von der gesamten Punk-Kultur inspirieren. Die meisten Künstler, die er toll fand, wurden von den kommerziellen Radiosendern so gut wie nie gespielt, und die Platten wurden von den großen Handelsketten nicht geführt; es gab sie meist nur in kleinen, unabhängigen Plattenläden, die vielen Punk-Fans ein zweites Zuhause wurden. In diesen Geschäften lagen auch billig produzierte Punk-Fanzines aus, die eine ganz bestimmte Ästhetik transportierten und eine Anti-Establishment-Haltung propagierten. Zu den einflussreichsten zählten *Flipside*, das schon seit 1977 erhältlich war, und *Maximum Rocknroll*, das seit 1982 vertrieben wurde. (Die großen Magazine wie der *Rolling Stone* ignorierten die Indie-Szene der Achtziger oder erwähnten sie allenfalls am Rande. Diese Lücke füllte zunächst nur *Creem*, das Kurt als Jugendlicher abonniert hatte, und später auch *Spin*, das 1985 ins Leben gerufen wurde.)

Punk fand davon abgesehen nur noch in einem Medium statt: im College-Radio. Die Airplay-Charts dieser Sender wurden für das *College Media Journal* (*CMJ*) zusammengefasst, das ab 1982 den *New Music Report* veröffentlichte, der für aufstrebende Künstler aus dem Indie- und Punk-Underground sehr wichtig wurde.

In den Achtzigern bildeten sich verschiedene Strömungen in der Szene heraus. „Es war Punk, wenn man seine eigenen Wege ging", sagt Farrell. In ihren Texten orientierten sich viele Künstler am Minimalismus der Ramones, aber nach und nach ließen immer mehr Songwriter breiter gefächerte musikalische Einflüsse und beißende Kritik an Politik und Gesellschaft in ihre Songs einfließen.

Ian MacKaye von Fugazi und Jello Biafra von den Dead Kennedys beeinflussten Kurt in seinen politischen Einstellungen stark.

Die Indie-Bands verband weniger ein einheitlicher musikalischer Stil als vielmehr die gemeinsame Außenseiterrolle. Sonic Youth, die bald zu Mentoren der Szene aufstiegen, standen beispielsweise in ihrer Ästhetik der New Yorker Kunstszene näher als den Sex Pistols. Diese so unterschiedlichen kreativen Geister teilten einen Wertekanon, den Kurt später in den Mainstream-Rock transportierte: Musik zu machen, die einem persönlich etwas bedeutete, die anderen Künstler der Gemeinschaft zu unterstützen und eine Beziehung auf Augenhöhe zum Publikum aufrecht zu erhalten.

Einer der Widersprüche in meiner Beziehung zu Kurt lag darin, dass ich eng mit zwei Phänomenen verbunden war, die Punk grundlegend ablehnte: Hippies und Major-Labels.

Das Wort „Hippie" hatte man zu verschiedenen Zeiten und in verschiedenen Kreisen unterschiedlich interpretiert. Hatte man lange Haare in den Sechzigern noch als Ausdruck von Rebellion betrachtet, waren sie in den Achtzigern Teil der konventionellen Macho-Rock-Uniform geworden, wie sich an den zahlreichen Glam-Metal-Bands zeigte, deren Musiker ihre Mähnen mit viel Haarspray in Form brachten. Es gab sogar Punk-Konzerte, bei denen Männer mit langen Haaren von betrunkenen Zuschauern körperlich angegriffen und als „Hippie" beschimpft wurden.

Einige von Kurts Vorbildern vertraten eine offenere Einstellung. Sie hatten begriffen, dass äußere Symbole schnell veraltet wirken oder vom Mainstream gekapert werden konnten, aber dass die Kunst jeder Generation von einem gewissen Idealismus durchdrungen war, auch die frühe Hippiekultur. Greg Ginn von Black Flag hatte sich mehr als 75 Konzerte von Grateful Dead angesehen, und Ian MacKaye von Fugazi kannte den *Woodstock*-Film in- und auswendig. Mark Arm nahm Bob Dylans „Masters Of War" als Protest gegen den ersten Golfkrieg als Single auf. Mike Watt von den Minutemen zitierte Creedence Clearwater Revival als politische Band (unter anderem wegen des Antikriegssongs „Fortunate Son") und wies darauf hin, dass CCR mit ihren Flanellhemden auch in modischer Hinsicht Vorläufer der Indie-Szene gewesen waren. Vor Nirvana hatten Kurt und Krist in einer CCR-Coverband gespielt. Green River, die Band, in der neben Mark Arm von Mudhoney auch die späteren Pearl-Jam-Mitglieder Stone Gossard und Jeff Ament gespielt hatten, war nach dem gleichnamigen CCR-Album benannt worden.

Kurt identifizierte sich mal mit Hippies, mal mit Hippie-Hassern. Kurz vor der Veröffentlichung von *Nevermind* berichtete ihm John Rosenfelder, ein junger Promoter, den wir alle Rosie nannten, viele der Kiffertypen bei den College-Sendern, die sonst Psychedelic Rock hörten, seien von „Smells Like Teen Spirit" begeistert. Kurt erwiderte abfällig: „Ich hätte gern ein Batikshirt, das mit dem Blut von Jerry Garcia gefärbt wurde." Bei anderen Gelegenheiten erinnerte sich Kurt allerdings ganz nostalgisch daran, wie er an Jimi Hendrix' Grab in Seattle gesessen und Bier getrunken hatte.

Der Song „Territorial Pissings" auf *Nevermind* beginnt mit Textzeilen aus „Get Together", einem Titel aus den Sechzigern, der vor allem in der Version der Youngbloods bekannt wurde. Als wollte er die darin geäußerte Utopie der Hippie-Hymne verspotten, singt Krist mit verzerrter Stimme: „Come on people now/smile on your brother/everybody get together/try to love one another/right now." Viele Rock-Kritiker werteten das Intro als Zeichen dafür, dass Nirvana nichts für die Zeit von Peace & Love übrig hatten.

Krist jedoch sagte mir, dass sie keinesfalls die in dem Song angesprochenen Ideale niedermachen wollten, sondern sich vielmehr bitterlich darüber beklagten, dass die meisten Baby-Boomer sich von ihren hehren Zielen abgewandt hatten, als sie älter und einflussreicher wurden. Den ausführlichsten Kommentar dazu gab Kurt in einem Interview mit der brasilianischen Tageszeitung *O Globo*: „Der Song handelt von Leuten, die zusammenkommen, um etwas Cooles auf die Beine zu stellen, um etwas Neues zu versuchen, und die damit das genaue Gegenteil der Leute sind, die ich in ‚Territorial Pissings' porträtiere. Wir wollten den Typen, der den Song geschrieben hat, nicht beleidigen. Das Konzept, positiv zu denken und einen gesellschaftlichen Wandel herbeizuführen, wurde von den Medien vereinnahmt und der Lächerlichkeit preisgegeben."

Dass Kurt bei vielen frühen Nirvana-Gigs rituell seine Gitarre auf der Bühne zertrümmerte, war nicht misszuverstehen; er parodierte damit ganz offen Pete Townshend von The Who, der das seit 1964 bei Konzerten tat, nachdem seine Band *ihre* Sechziger-Hymne „My Generation" gespielt hatte. Ihr Drummer Keith Moon hatte daraufhin oft auch noch sein Schlagzeug umgestoßen, was Dave Grohl am Ende vieler Auftritte ebenfalls begeistert kopierte.

Die Zerstörung von Instrumenten passte perfekt zum Anarchismus des Punk. Kurts Faszination für die Beatles hingegen war bei den Künstlern der Subkultur, aus der Kurt stammte, eher ungewöhnlich. Wie Thurston Moore mir sagte, sprachen die Nirvana-Musiker oft augenzwinkernd vom „B-Wort", als müsse man sich ein kleines bisschen dafür schämen, die Fab Four zu hören – möglicherweise, weil die Beatles dem kommerziellen Erfolg stets sehr positiv gegenübergestanden hatten.

Nirvanas widersprüchliche Einstellung zur Gegenkultur der Sechziger brachte den britischen Rock-Kritiker Jon Savage zu der Annahme, dass bereits der Name Nirvana „einen sarkastischen Seitenhieb auf die Pietät der Hippies darstellte", obwohl Kurts Erklärung für die Namensgebung tatsächlich respektvoll auf die spirituelle Herkunft des Wortes abhob.

Als Nirvana beim britischen Reading Festival als Headliner auftraten, gab es jede Menge „Fuck Woodstock"-T-Shirts im Publikum. Kurt und Krist erklärten mir allerdings beide, dass sie radikale Sechziger-Aktivisten wie Abbie Hoffman und Timothy Leary bewunderten und es sehr bedauerten, dass ihre eigene Generation keine vergleichbaren Vordenker hervorgebracht hatte. Und während viele Punk-Musiker sich die Köpfe rasierten oder einen Irokesenschnitt trugen, hatten die Jungs von Nirvana Langhaarfrisuren, mit denen sie in Woodstock kaum aufgefallen wären.

Weihnachten 1991 schenkte ich Kurt und Courtney eine gebundene Faksimile-Ausgabe des kompletten *San Francisco Oracle*, der während der 18 Monate seines Erscheinens die wichtigste Hippie-Zeitung der Stadt gewesen war. Wenig später erklärte Kurt in einem Interview, die Haight-Ashbury-Gemeinde hätte schon 1967 erkannt, dass sie ihre Bedeutung verloren hatte – das zeige bereits ein „Tod den Hippies"-Marsch, über den der *Oracle* ausführlich berichtet hatte.

Aus meinem eigenen Babyboomer-Blickwinkel erschien die Punk-Rebellion lediglich wie eine Neuauflage des jugendlichen Aufbegehrens, das *Der Wilde*, der Filmklassiker mit Marlon Brando, bereits in den Fünfzigern formuliert hatte. Als die Hauptfigur Johnny Strabler gefragt wird, wogegen er denn rebelliert, antwortet der in Leder gekleidete Motorrad-Rocker finster: „Was haben Sie denn anzubieten?" Auch in der Punk-Szene gab es Leute, denen ungerichtete Aggression, ein steinzeitliches Stammeszugehörigkeitsgefühl und ein gemeinsamer Musikgeschmack als Identifikationsgrundlage genügte. Dennoch hatten die vielen Strömungen des Punk auch einen spezifischen Subtext. 1980, lange bevor Donald Trump zur Stimme der zornigen, alten, weißen Männer wurde, nahmen Black Flag deren Ängste in dem Song „White Minority" vorweg: „We're gonna be a white minority … we're gonna feel inferitority" – Wir werden eine weiße Minderheit sein … wir werden erleben, was es heißt, unterlegen zu sein.

Von 1981 bis 1989, in Kurts Teenagerzeit, war Ronald Reagan Präsident der USA, und er wurde ähnlich zum Katalysator für die Wut der amerikanischen Punk-Kultur der damaligen Zeit wie die Antikriegsbewegung die Gegenkultur der Sechziger geprägt hatte und die konservative Margaret Thatcher nach ihrer Wahl 1979 die Haltung von The Clash und anderen britischen Punks beeinflusste.

Für die Jugendlichen, die sich für Punk interessierten, war Reagans Hemdsärmeligkeit ein typisches Beispiel der heuchlerischen Falschheit Hollywoods. Die damalige First Lady Nancy Reagan machte eine schlichte „Just say No"-Kampagne gegen Drogen zum Mittelpunkt ihrer nationalen Identität. Während ihr Gatte damit beschäftigt war, zahlreiche Hilfsprogramme für die Ärmsten der Armen einzustampfen, gab Mrs. Reagan 200.000 Dollar für ein neues Porzellanservice im Weißen Haus aus. Hinter Reagan stand eine große Mehrheit der Wähler; es gab in den USA keine breite „Widerstandskultur", die sich gegen die Regierung gerichtet hätte, und daher erschufen sich die Punks ihre eigene. DOA veröffentlichten den Song „Fucked Up Ronnie", die Minutemen nahmen „If Reagan Played Disco" auf, und es gab eine Hardcore-Band, die sich Reagan Youth nannte. 1983 organisierten die Dead Kennedys, die Band von Jello Biafra, eine Rock-Against-Reagan-Tour. Zwei Jahre später beschrieb Thurston Moore das Sonic-Youth-Album *Bad Moon Rising* als „Statement gegen das verlogene Grinsen von Reagans Wiederwahl-Kampagne", die unter dem Motto „Morning in America" stand. 1991, als *Nevermind* erschien, sagte Kurt: „Die Reagan-Jahre haben uns wieder in die Zeit zurückgeworfen, in der sich der durchschnittliche Teenager verloren fühlt und es wenig Hoffnung gibt."

Reagans Vizepräsident und Nachfolger George H.W. Bush führte die USA in den Golfkrieg, von dem viele Punks den Eindruck hatten, dass er in erster Linie dazu diente, die Interessen der Ölunternehmen zu schützen. Kurt und Krist spürten ein Gefühl von Isolation, als sich zeigte, dass 90 Prozent der Bevölkerung den Krieg befürworteten, was an den allgegenwärtigen gelben Schleifen zu erkennen war, die eigentlich die Unterstützung der Truppen symbolisieren sollten, aber von den politischen Scharfmachern gern ganz allgemein als Zustimmung für den Krieg interpretiert wurden.

Noch während Reagans Regierungszeit hatte Tipper Gore, die Ehefrau des damaligen US-Senators Al Gore, gemeinsam mit den Ehefrauen anderer Abgeordneter eine Organisation ins Leben gerufen, die den Zugang Minderjähriger zu Rockmusik mit anstößigen Texten erschweren sollte. Dabei gerieten viele Künstler in die Schusslinie, die Nirvana sehr schätzten. Dem Dead-Kennedys-Album *Frankenchrist* lag ein Poster bei, das das Gemälde *Penis Landscape* des Schweizer Surrealisten H.R. Giger zeigte. („Dieses Bild bringt Reagans Amerika auf den Punkt", sagte Biafra stolz.) Die Staatsanwaltschaft Los Angeles machte das Poster und das dazugehörige Album zum Gegenstand einer Anklage wegen Obszönität, aber die

American Civil Liberties Union, eine Bürgerrechtsorganisation, bei deren südkalifornischem Ableger ich im Stiftungsrat saß, übernahm die Verteidigung und trug den Sieg davon.

Für viele Punks gehörten die etablierte Musikindustrie und die konservative Politik zusammen. Auf meine Frage, welche Bedeutung Ronald Reagan für die Punk-Bewegung der Achtziger gehabt hatte, antwortete Michael Azerrad scherzhaft: „Eine sehr große. Er war ein absoluter Major-Label-Präsident." Als Kurt starb, war auch *ich* ein Teil dieser Musikindustrie, und wie fast mein gesamtes Umfeld verabscheute ich Reagans Politik, aber mir war klar, dass Azerrad mit seinem Spruch die typische Einstellung äußerte, die in Punk-Kreisen vorherrschte. Seine Formulierung rief mir in Erinnerung, welche Gratwanderung Kurt absolviert hatte.

In einem Interview mit dem französischen Magazin *Best*, ein Jahr nach der Veröffentlichung von *Nevermind*, sagte Kurt: „Früher habe ich die Welt immer in *die da oben* und *wir hier unten* aufgeteilt. Seit wir als Teil der Musikindustrie betrachtet werden, ist mir klar geworden, dass es leider nicht so einfach ist. Wir haben bei den großen Unternehmen Leute kennengelernt, die wirklich überzeugte Musik-Fans sind und versuchen, die Dinge voranzutreiben. Aber gleichzeitig verstehe ich auch, dass Underground-Fans glauben, wir hätten uns verkauft. Ich habe früher genauso argumentiert wie sie."

Zwar hatte Kurt bei unserem ersten Treffen keinen Zweifel daran gelassen, dass Nirvana bei einer großen Plattenfirma unterschreiben wollten, aber dennoch war die Strahlkraft der Independent-Labels für seine künstlerische Entwicklung entscheidend gewesen, und er hatte seinen Respekt für die Indie-Kultur nie verloren.

Ohne Labels wie SST (gegründet 1978), Alternative Tentacles (1979), Dischord (1980), Epitaph (1980), Touch And Go (1981), K (1982), Homestead (1983), C/Z (1985), Sub Pop (1988) und Matador (1989) hätte ein Großteil der Musik, die Kurt inspirierte, ihr potenzielles Publikum gar nicht erst erreicht. Als er sich um einen Plattenvertrag bemühte, war es von daher selbstverständlich, dass Kurt seine Demo-Cassetten an die Indie-Labels schickte. Zum einen liebte er die Musik, die dort erschien, zum anderen standen einer Band aus dem Punk-Umfeld damals auch kaum andere Möglichkeiten offen.

Da diese kleinen Firmen finanziell oft mit dem Rücken zur Wand standen und kaum oder gar keine Vorschüsse zahlen konnten, waren sie meist auch nicht in der Lage, Künstler langfristig an sich zu binden. Daher waren die Major Labels nicht nur aus ideologischen Gründen der Klassenfeind, sondern stellten eine reale, existenzielle Bedrohung dar, wenn sie den Indies die vielversprechendsten Bands wegschnappten, die sie zuvor gefördert und überhaupt erst sichtbar gemacht hatten. (Hüsker Dü nahmen beispielsweise ihre ersten drei Alben bei SST auf, um dann 1986 bei Warner Bros. zu unterschreiben.)

Mir war klar, dass es für viele dieser jungen Leute nur eine Möglichkeit gab, um im Musikgeschäft Fuß zu fassen – sie mussten die Leistungen der vorangegangenen Generationen diskreditieren. Musiktrends werden von Jugendlichen gemacht. In der Musik umfasst eine „Generation“ in der Regel etwa vier Jahre, in etwa die Zeit, die man auf der Highschool verbringt. Für clevere, ehrgeizige Anfangszwanziger, die glaubwürdig vermitteln können, dass alle Älteren „es nicht mehr blicken“, ergeben sich immer erfolgversprechende Möglichkeiten. Das hatte ich selbst erlebt, als ich mich Ende der Sechziger bei dem Versuch, im Musikgeschäft Arbeit zu finden, mit meiner Langhaar-Hippie-Frisur erfolgreich von den älteren „Spießern“ abgehoben hatte.

Dennoch verfolgt jeder Künstler seine eigenen Ziele, und der Fundamentalismus der Indie-Gemeinde lag nicht jedem. Als Kurt und ich uns begegneten, war er bereits zu dem Schluss gekommen, dass einige der Grundsätze, die man in der Szene hochhielt, durchaus ihren Sinn hatten, andere hingegen einem umgekehrten Snobismus entsprangen, der einfach blödsinnig war. Wenn es seinen Zwecken diente, wies Kurt gern darauf hin, dass R.E.M., die Stooges, die Ramones, Patti Smith und die Sex Pistols durchaus Platten auf Major-Labels veröffentlicht hatten, ohne dass ihre musikalische Qualität oder ihre Glaubwürdigkeit dadurch Schaden genommen hatte.

Der Leitstern für Nirvana waren Sonic Youth. Thurston Moore schilderte mir 2018 die Beweggründe, die seine Band dazu gebracht hatten, bei Geffen zu unterschreiben. „Uns war aufgefallen, dass sich die Musik von Hüsker Dü nach dem Wechsel zu Warner nicht verändert hatte. Bei den Indies, mit denen wir zu tun hatten – SST Records, Blast First Records oder Neutral Records –, war es so, dass die Buchhaltung, wenn es überhaupt eine gab, oft genug nicht stimmte. Bei Geffen hingegen konnten wir einen Vorschuss bekommen, der es uns ermöglichte, die Miete und die Krankenversicherung zu bezahlen, sich ein bisschen was zu leisten und vielleicht sogar den regulären Job zu knicken. Wir hatten das Gefühl, dass es uns gelingen würde, einen soliden Vertrag auszuhandeln."

Sonic Youth genossen damals ein solches Ansehen, dass sie es sich leisten konnten, die Anwürfe der Indie-Dogmatiker zu ignorieren. Thurston ärgert sich jedoch heute noch darüber, dass die Indie-Label-Ikone Steve Albini, selbst ein Punk-Musiker, damals einen Artikel verfasste, „indem er verschiedene Szenarien schilderte, wie Künstler von einem Major-Label systematisch abgezockt werden. Es war eine rüde Darstellung. Der Artikel endete mit dem Satz: ‚Wenn man ein Schwein fickt, darf man sich nicht wundern, wenn man anschließend Scheiße am Schwanz hat.' Ich schrieb damals einen Leserbrief dazu und bemerkte: ‚Ein wirklich interessantes Bild. Bei diesem Beispiel, wie eine Band von den Majors in den Arsch gefickt wird, hast du nur eins vergessen – nämlich hinzuzusetzen, dass diese Band wirklich ziemlich blöd sein muss.'"

Sie selbst, erklärt Thurston, seien damals zu jedem Business-Meeting gegangen. „Wir wussten genau, worauf wir uns einließen. Wir wussten, wo das Geld herkam und wer was wofür ausgab. Ich hatte nicht das Gefühl, dass wir blauäugig irgendwas unterschrieben, so wie Albini es darstellte. Wir sprachen mit einer Bank. Für uns war das kein Ausverkauf. Wir kauften uns ein."

Aber selbst Thurston war zeitweise hin- und hergerissen zwischen der Indie-Ideologie und dem wahren Leben. Im Dokumentarfilm *1991: The Year That Punk Broke*, der entstand, nachdem Sonic Youth längst bei Geffen unterschrieben hatten, wird er dabei gezeigt, wie er jungen Fans in Deutschland erklärt: „Ich denke, wir sollten den betrügerischen Kapitalismus zerstören, der sich in die Jugendkultur hineinfrisst. Der erste Schritt dabei ist die Zerstörung der Plattenfirmen."

Krist Novoselic war zwei Jahre älter als Kurt, und er ist der einzige, der Nirvanas gesamte Entwicklung von einer kleinen Lokal-Band aus Aberdeen bis zum Welterfolg miterlebte. Krist wusste, wie talentiert und sensibel Kurt war. Vielleicht schon deshalb, weil er ihm mit seiner Körpergröße von fast zwei Metern um einen Kopf überragte, erschien er mir immer wie der große Bruder, den Kurt nie gehabt hatte, nur ohne die typische Rivalität, die oft unter Geschwistern herrscht.

Bei unseren Gesprächen für dieses Buch äußerte Krist wiederholt: „Es ist immer schön, über Kurt zu reden." Krist ist inzwischen über fünfzig, und sein noch verbliebenes Haar wird langsam grau, aber er hat sich eine beinahe kindliche Unschuld und einen großen Idealismus bewahrt, was Musik und Politik betrifft. Auch heute klingt er immer noch bestrebt, seinen alten Bandkollegen zu beschützen. „Manche Leute dachten, Kurt sei faul, weil er keine Lust hatte, bei seinem Job als Hausmeister die Klos zu putzen, aber wenn es um Kunst und Musik ging, hat er stets unglaublich hart gearbeitet."

Kurt zählte zu den wenigen Leadgitarristen, die eine Linkshänder-Gitarre mit normaler Saitenbespannung spielten, von daher hatte er als Musiker wenige Vorbilder. (Was die Musik betraf, hatte er sich fast alles selbst beigebracht; Noten lesen lernte er nie.) Manche Gitarristen wie Duane Allman und David Bowie, die eigentlich Linkshänder waren, spielten trotzdem wie Rechtshänder. Kurt, wie auch Jimi Hendrix, schrieb zwar mit rechts, spielte aber mit links.

Krist erinnert sich, dass Kurt immer damit beschäftigt war, Texte und Musik zu schreiben und zu überarbeiten. Als bildender Künstler war er ähnlich produktiv: „Eines Tages besuchte ich ihn in Aberdeen, und er zeigte mir selbstgezeichnete pornografische Comics, bei denen er einen Hund, Scooby Doo, mitspielen ließ. Sie waren echt gut! Kurt hat immer an Skulpturen, Bildern, Zeichnungen gearbeitet. Er hätte auch zur Kunstakademie gehen können. Er zog schließlich nach Olympia, weil in Aberdeen nichts los war." Courtney ergänzt: „Das war für ihn zwangsläufig. Erst in Olympia kam er mit Menschen in Kontakt, die nicht nur auf die Melvins und Black Sabbath standen, sondern auch noch auf andere Musik."

Olympia liegt achtzig Kilometer östlich von Aberdeen und ist mit seinen rund 50.000 Einwohnern etwas größer als Kurts Heimatstadt. Das dortige Evergreen State College ist eine progressive Hochschule, die auf Noten verzichtet; zu den Absolventen zählen die Underground-Cartoonistin Lynda Barry und der *Simpsons*-Schöpfer Matt Groening ebenso wie Tobi Vail und Kathleen Hanna von Bikini Kill, Carrie Brownstein von Sleater-Kinney, der Sub-Pop-Gründer Bruce Pavitt und Calvin Johnson, der K Records gründete und zudem bei der einflussreichen Lokal-Band Beat Happening sang und Gitarre spielte.

Dass Olympia für den amerikanischen Punk eine so entscheidende Rolle spielte, lag auch am Radiosender des Evergreen-Colleges, KAOS, zu dessen Richtlinien es zählte, dass 80 Prozent der gespielten Songs von Indie-Labels stammen mussten. Hier trafen sich viele der späteren Schlüsselfiguren der Indie-Szene; Johnson und Pavitt hatten beispielsweise eigene Sendungen bei KAOS, bevor sie ihre Labels gründeten. 1987 gaben Nirvana im KAOS-Studio ihren zweiten öffentlichen Auftritt.

K Records gaben einen Newsletter heraus, auf dem das Label-Logo in Menschengestalt dargestellt und mit der Unterzeile versehen war: „Der echte Held kämpft gegen das vielarmige Kapitalismus-Monster und bricht den Bann musikalischer Unterdrückung". Johnson trug maßgeblich dazu bei, die Leinwand der Indie-Rock-Kultur zu verbreitern. Azerrad zufolge war es K zu verdanken, „dass man sich unter Punk nicht länger einen Typen mit Irokesenschnitt und Lederjacke vorstellte, sondern ein nerdiges Mädchen mit Strickjacke.“ Stella Marrs schrieb in der Einleitung von *Love Rock Revolution – K Records And The Rise Of Independent Music*: „An die Stelle des Macho-Rock-Gotts der herrschenden Musikkultur war eine andere Form von Männlichkeit getreten, die sich auch einmal zu weinen traute.“ Damit konnte sich Kurt sehr identifizieren. Schon seit Beginn seiner Karriere war er bestrebt, ein Mann ohne Macho-Allüren zu sein.

Eric Erlandson, der später als Gitarrist zu Hole stieß und eng mit Kurt befreundet war, sagt über Olympia: „Es gab eine echte Underground-Szene, die immer schon Verbindungen nach Washington, D.C., pflegte.“ (Von dort stammten beispielsweise Fugazi, aber auch Dave Grohls erste Band Scream.) „Es war wie ein cooler, kleiner, inzestuöser Club, aber die meisten Leute waren offen und warmherzig. Kurt hinterließ bei den dortigen Musikern sofort einen großen Eindruck.“ Krist sagte über diese Zeit: „Kurt hatte schon jahrelang Songs geschrieben, und daher war er vielen anderen Musikern in seiner diesbezüglichen Entwicklung drei oder vier Jahre voraus. Nirvana fingen zwar als Musiker erst in Olympia und Seattle an, zeitgleich mit vielen anderen Bands, aber als Songwriter war Kurt schon auf einem anderen Level.“

Slim Moon machte 1986 seinen Highschool-Abschluss in Seattle und zählte zu einer Gruppe besessener Melvins-Fans, die zu jedem Konzert reisten, das in halbwegs fahrbarer Entfernung stattfand. Moon: „Die Melvins waren meistens mit einem Transporter mit Tigermuster unterwegs, der ihrem Roadie gehörte, und dieser Roadie war Krist.“ Bei einem dieser Gigs bemerkte Moon auch Kurt zum ersten Mal.

Nach der Schule zog Moon nach Olympia und besuchte das Evergreen College. Zwar gab er sein Studium bald auf, aber er blieb in der Stadt, weil er die Musikszene so großartig fand. Eines Abends gingen Moon und sein Highschool-Freund Dylan Carlson zu einer Party im Dude Ranch, einem Club in East Olympia, und kamen zum ersten Mal mit Kurt ins Gespräch; die gemeinsame Begeisterung für die Band Big Black sorgte sofort für eine gewisse Verbundenheit. Schon damals zeigte sich Kurts einzigartiger Sinn für Ästhetik. „Kurt trug einen sehr auffälligen Trenchcoat“, erinnert sich Moon.

Einige Monate später erlebte Moon bei einer anderen Party zum ersten Mal die neue Band von Kurt und Krist. Dale Crover von den Melvins saß am Schlagzeug. Sie nannten sich – zumindest an diesem Abend – Skid Row. „Damals änderten sie ihren Namen praktisch für jeden Gig", sagt Moon. „Kurt trug Glam-Klamotten, sogar Plateauschuhe, aber es war klar, dass das reine Verarsche war. Vor allem erinnere ich mich daran, dass er kein Gitarrensolo spielte. Er hatte ein digitales Delay-Pedal, und es war ein bisschen so, als ob er *halbe* Gitarrensoli brachte, um klar zu machen, dass er sich über dieses Rock-Klischee lustig machte. Es war bemerkenswert."

Moon, der inzwischen in Olympia kleinere Konzerte veranstaltete, buchte Kurts Band für ihren zweiten Gig. Er gibt zu, dass sein Freund Dylan Carlson „schneller raushatte als ich, dass Kurt ein Genie war". (Kurt war bis zu seinem Tod mit Dylan befreundet, der höchstwahrscheinlich der letzte war, der ihn lebend sah.) Moon hingegen erkannte Kurts Qualitäten erst, als der damals Zwanzigjährige ihm einen Song vorspielte. „Das war so ein echter Ohrwurm, noch mehr als die meisten Sachen, die später dann auf *Bleach* landeten. Das haute mich wirklich um. Dass er mit den verschiedensten Formen spielte. Auf seiner Jeansjacke prangten zwar die Namen seiner ganzen Lieblingsbands, die auf Touch And Go und anderen Indie-Labels erschienen waren, aber er konnte trotzdem einen umwerfenden Killer-Song schreiben."

Schon in dieser Lebensphase nahm Kurt gelegentlich Drogen. „Als ich umziehen musste, fragte ich Kurt, ob er mir helfen konnte. Zwar sagte er, dass er sich nicht gut fühlte, aber als ich einwandte, dass er der einzige meiner Bekannten war, der ein Auto hatte, half er mir beim Einpacken, verschwand kurz draußen, weil er kotzen musste, kam dann aber wieder und zog den ganzen Umzug mit mir durch. Das war so nett von ihm, dass er mich unterstützte, obwohl er sich so scheiße fühlte. Dass er Drogen nahm, war mir gar nicht klar."

Olympia beschreibt Moon als „hartes Pflaster, wenn man als cool gelten wollte. Die Stadt stand in dem Ruf, ziemlich elitär zu sein, und es hieß, dass es dort ziemlich viele Cliquen gäbe. Kurt wollte sofort von den Leuten dort anerkannt werden, und das schaffte er natürlich auch. Die Band war viel zu gut, als dass man sie nicht akzeptiert hätte. Außerdem war er bei Partys echt lustig. Manchmal war er erst ganz still, und dann plötzlich konnte er den ganzen Raum unterhalten."

Olympia war auch das Zentrum der Riot-Grrrl-Bewegung, die gerade, als Kurt dort hingezogen war, in Schwung kam. Die Musikjournalistin Ann Powers, die unter anderem für die in Seattle beheimatete Wochenzeitung *The Rocket* schrieb und inzwischen eine Reihe von Büchern über Rockmusik und Feminismus herausgebracht hat, erklärt: „Riot Grrrl war Punk Rock mit Bewusstsein. Eine der einflussreichsten Bands, Bikini Kill, veröffentlichte ihr Album auf dem von Moon gegründeten Label Kill Rock Stars, dessen Vertrieb über K Records lief. Kurt hatte, als er in Olympia lebte, eine heiße Affäre mit der Bikini-Kill-Schlagzeugerin Tobi Vail." Courtney bestätigt das: „Tobi war die erste Frau, die Kurt wirklich geliebt hat."

Powers führt weiter aus: „Die Erfahrungen, die er in dieser Szene machte, sorgten dafür, dass Nirvana anders tickten als Mudhoney oder Pearl Jam. Er war mittendrin. Er war mit einer Frau zusammen, die feministische Musik machte, alle wichtigen Bücher zu dem Thema las und die Welt unter diesem Blickwinkel betrachtete." Kurt wiederum beeinflusste auch Vail. Sie sagte Everett True, dass sie von Kurt viel über Gesang gelernt hätte, unter anderem, wie man Schreie so einsetzte, als sei die Stimme ein Musikinstrument.

Einen festen Platz in der Kurt-Cobain-Legende nimmt die Geschichte ein, dass Kathleen Hanna, die Leadsängerin von Bikini Kills, an die Wand über seinem Bett die Worte „Kurt smells like teen spirit" schrieb. Sie bezog sich dabei auf das Deodorant, das Vail benutzte, aber Kurts künstlerisches Genie verarbeitete den Ausdruck auf seine ganz eigene Weise in seinem wohl berühmtesten Song. Courtney pflegte zwar, wie allgemein bekannt ist, eine herzliche Abneigung gegen die Musikerinnen von Bikini Kills, die auf Gegenseitigkeit beruhte, aber in unseren Gesprächen 2018 erklärte sie respektvoll: „Ich war zwar nie ein Fan ihrer Musik, aber ihre Kultur fand ich großartig."

Die Riot Grrrls und Courtney Love standen für zwei sehr unterschiedliche Überzeugungen, die Everett True so beschreibt: „Es gab Bands wie die Sex Pistols und The Clash, die überzeugt waren, dass man die Gesellschaft unterwandern, von innen aufbrechen und das System auf den Kopf stellen sollte, und auf der anderen Seite Leute wie Ian MacKaye und Fugazi, die meinten, dass man durch jede Berührung mit dem System korrumpiert würde und besser außerhalb komplett alternative Strukturen schuf. Kurt entschied sich offensichtlich für das Unterwandern. Und er war am Schluss mit Courtney Love zusammen und nicht mit Tobi Vail. Das sagt doch schon alles, oder?"

Das spiegelt sich auch in Kurts Tagebüchern aus der Zeit nach den Aufnahmen von *Nevermind*: „Durch die jüngsten Kontakte zu Angestellten des Kapitalismus-Monsters habe ich festgestellt, dass es eine Handvoll äußerst ehrenwerter und aufrichtiger Musik-Fans gibt, die sich als Feinde getarnt haben, um selbst die Mechanismen des Imperiums zu infiltrieren und um das zu zerstören, was wir als Scheiße erkannt haben."

Dass Kurt schließlich beschloss, Olympia den Rücken zu kehren, führten einige seiner Biografen darauf zurück, dass seine Beziehung zu Vail zerbrach, aber Krist nennt einen anderen Grund. „Er war wesentlich talentierter als die meisten Leute in der Stadt. Eine Menge Leute in der Kreativszene sind reine Poser, die nichts wirklich erschaffen. Kurt hingegen war wirklich ein Künstler."

Mir hatte Kurt oft gesagt, dass die elitäre Haltung dieser Szene ihm auf die Nerven gehe und sie ihn in seinem Ehrgeiz bremse. Eric Erlandson berichtet: „Ich konnte verstehen, was Kurt an Olympia gefiel, aber auch, was ihm nicht gefiel – dass es dort so verbohrt und wertend zuging und überall geklüngelt wurde." Kurt beschwerte sich Azerrad gegenüber: „Ich wünschte mir, die Leute würde nicht alles so beschissen ernst nehmen. Jeder in der Underground-Szene scheint für irgendeine Utopie zu kämpfen. Es gibt unglaublich viele kleine Grüppchen. Wenn es nicht gelingt, eine vereinte Untergrundbewegung zu schaffen, sondern ständig über irgendwelchen Kleinkram gestritten wird, wie will man dann auf breiter Ebene irgendwas bewirken?" Die Punk-Szene in Olympia wollte allerdings auch nichts bewirken. Kurts Talent und seine Sensibilität wurden gefeiert, aber seinen Ehrgeiz ignorierte man.

Courtney Love hatte eine Zeitlang in Olympia gelebt, bevor sie Kurt kennenlernte, und dabei eine noch bitterere Einstellung zu der Szene rund um K Records gewonnen. In ihrem Song „Rock Star" von Holes Album *Live Through This* machte sie sich gallig über die dort herrschende Selbstzufriedenheit lustig: „When I went to school in Olympia / And everyone's the same / We look the same / We talk the same." In der Akustikversion, die sie für die Sendung des legendären BBC-Moderators John Peel aufnahm, fügte sie in sarkastischem Ton hinzu: „I went to school with Calvin."

Sie bezog sich dabei auf Calvin Johnson von K Records, der Kurt auf Künstler wie die Vaselines und Jad Fair aufmerksam gemacht hatte, auf Musik, die nuancierter ausfiel als der harte Sound der lauten Punk-Bands, die ein größtenteils männliches Publikum anzogen. Zwar nahmen Nirvana nie etwas für K auf, aber im September 1990 spielte Kurt in Johnsons Sendung auf KAOS ein paar akustische Songs und coverte mit ihm gemeinsam den Wipers-Song „D-7". (In dieser Sendung gab Kurt zudem bekannt, dass Dave Grohl die Band am Schlagzeug verstärken würde.) 1991, nachdem er aus Olympia weggezogen war und kurz, bevor Nirvana bei Geffen unterschrieben, ließ sich Kurt das K-Records-Logo auf den Unterarm tätowieren. „Es soll mich daran erinnern, ein Kind zu bleiben", sagte er dazu. Er stand mit Johnson noch lange in Briefkontakt, auch nachdem *Nevermind* ein Welterfolg geworden war.

In der Woche, nachdem „Smells Like Teen Spirit" erstmals im Radio gespielt worden war, veranstaltete K die International Pop Underground Convention (IPUC) in Olympia. Das dazugehörige Manifest verkündete unter anderem: „Schleichend weitet das Kapitalismus-Monster seinen Einfluss auf die Köpfe der Jugend in den Industriestaaten aus, und damit ist für die Rocker aus aller Welt die Zeit gekommen, sich zusammenzuschließen und unsere großartige Unabhängigkeit zu feiern. Weil das Kapitalismus-Monster

die kreative Community mit der schwarzen Pest der vertraglichen Knechtschaft infiziert hat. Weil wir die Totengräber sind, die das graue Gespenst des Rockstar-Mythos begraben haben. Wir werden nicht verschwinden … Revolution ist das Ende. Revolution ist der Anfang. Lakaien des Kapitalismus-Monsters haben keinen Zutritt."
Doch andernorts, im Bundesstaat Washington, standen schon neue Indie-Kräfte in den Startlöchern.

Drittes Kapitel

SUB POP

Seattle war nur eine Autostunde von Olympia entfernt und Sub Pop Records hatte zunächst eine ähnliche Ausrichtung verfolgt wie K, aber sich letztlich als wesentlich flexibler erwiesen im Umgang mit dem Musikbusiness. Bruce Pavitt, der ebenfalls in Olympia am Evergreen College gewesen war, hatte zunächst seine Radiosendung auf KAOS und das damit verbundene Fanzine *Subterranean Pop* genannt, den Namen dann aber verkürzt. Nach seinem Umzug nach Seattle gründete er 1988 mit Jonathan Poneman das gleichnamige Label, und die beiden wurden zu Unternehmern, die in letzter Konsequenz mit Ben & Jerry's ebenso viel gemeinsam hatten wie mit K.

Als Motto für den Labelbetrieb wählten die beiden „World Domination", auf Ponemans Visitenkarte stand „Firmenlakai" und auf Pavitts „Firmenmagnat". Sie präsentierten sich gleichzeitig als Geschäftsmänner und Rebellen, die sich selbst nicht ganz ernst nehmen, und diese Pose funktionierte.

Kurt schrieb Sub Pop immer wieder an. Courtney sagte mir: „Er wollte unbedingt dort unterkommen, weil er sich zu Beginn seiner Karriere sehr an Soundgarden orientierte, und die waren zuerst auch bei Sub Pop gewesen." Seine Hartnäckigkeit zahlte sich aus; schon nach kurzer Zeit willigten Poneman und Pavitt ein, Nirvana ein paar Singles für ihr Label aufnehmen zu lassen. Die Band fiel sofort auf, zum einen wegen Kurts Stimme, aber auch wegen seines furchtlosen Körpereinsatzes bei Konzerten, wenn er ohne Rücksicht auf Verluste von den Aufbauten auf die Bühne oder ins Publikum sprang.

Mit seinem Charme nahm Kurt jeden beim Label für sich ein. Jennie Boddy, die Pressefrau von Sub Pop, teilte sich eine Wohnung mit Susie Tennant, die als Radio-Promoterin für Geffen Records arbeitete. (Die Rock-Szene in Seattle zeichnete sich damals vor allem dadurch aus, dass die Leute sich untereinander stärker verbunden fühlten als den Unternehmen, für die sie arbeiteten.) Nach der Veröffentlichung von *Bleach*, als Nirvana so viel auf Tournee unterwegs waren, dass sich für die Musiker keine Wohnung lohnte, übernachteten sie oft, wenn sie in Seattle spielten, bei Boddy auf dem Fußboden. Wie viele seiner alten Weggefährten erinnerte sich auch Boddy gern an die Zeit mit Kurt: „Wenn er bei uns war, dann legte er erst die Greatest Hits von ABBA auf, dann die Partridge Family, und dann spielte er die Vaselines und Beat Happening, und wir hatten dabei wahnsinnig viel Spaß!“ Während andere Grunge-Rocker eher laut und selbstbewusst daherkamen, war Kurt völlig anders. „Er war immer total süß. Echt hypersensibel.“ Tennant berichtet: „Kurt war wirklich supernett, freundlich und echt witzig. Sein Humor war eine verrückte Mischung aus Blödelei, Sarkasmus und messerscharfem Witz.“ Rückblickend fügt Tennant hinzu: „Er war außergewöhnlich einfühlsam und ein loyaler Freund. Davon abgesehen war er sehr belesen und ein wahrer Künstler, sowohl im musikalischen als auch im bildnerischen Bereich. Ich werde ihn vermissen, solange ich lebe.“

Die erste Nirvana-Platte, die bei Sub Pop erschien, war eine Cover-Version von „Love Buzz“, das im Original von der holländischen Band Shocking Blue stammte. „Love Buzz“ war die erste Veröffentlichung im Rahmen des Sub Pop Singles Clubs, eines cleveren Programms, das etwas Geld in die Kassen des notorisch klammen Labels spülen sollte. Die Clubmitglieder zahlten 35 Dollar im Jahr und bekamen dafür pro Monat eine Single zugeschickt. 1990, als es etwa zweitausend Abonnenten gab, wurde der Preis auf 40 Dollar erhöht.

Die frühen Nirvana-Singles fanden so viel Beachtung, dass schon bald ein Album anvisiert wurde.

Thurston Moore hatte Bruce Pavitt kennengelernt, kurz bevor der Sub Pop ins Leben gerufen hatte. Da ihn schon eine der frühen Singles – Mudhoneys „Touch Me I'm Sick" – begeistert hatte, war er besonders offen für die Künstler auf dem Label. Susanne Sasic, die das Cover von „Love Buzz" gestaltet hatte, war zuvor mit Sonic Youth auf Tour gewesen und hatte unterwegs Merchandise-Artikel verkauft. Im Sommer 1989 arbeitete sie bei Pier Platters Records in Hoboken und machte Kim und Thurston den Vorschlag, sich Nirvanas ersten Gig im Maxwell's anzusehen. „Sie sagte mir, Nirvana seien zwar nicht so gut wie Mudhoney", erinnert sich Thurston, „aber trotzdem ziemlich interessant. Und daher gingen wir hin, Susanne, Kim, J. Mascis von Dinosaur Jr. und ich. Es war ein Dienstagabend, und außer uns waren vielleicht noch zwanzig andere Leute da."

Nirvana hatten gerade erst ein paar Töne gespielt, da war Thurston bereits überzeugt: „Die waren phantastisch!" Er trat näher an die Bühne heran. „Am Schluss warf Chad das Schlagzeug um [Grohl stieß erst ein Jahr später zur Band] und Krist Novoselic schleuderte seinen Bass über die Bretter. Dann fing Kurt an, seine Gitarre auf den Boden zu schlagen, und schließlich lag alles in Trümmern. J. und ich guckten uns an und dachten: Oha, hoffentlich haben diese Typen morgen nicht schon wieder ein Konzert, sonst haben die ein echtes Problem. Sie hatten wirklich alles kaputtgeschlagen, aber sie waren einfach toll."

Nach dem Auftritt saßen Thurston, Kim und J. noch ein bisschen mit Nirvana zusammen. „J. erzählte, dass er darüber nachdachte, nach Seattle zu gehen und mit Donna Dresch und ein paar Leuten von den Screaming Trees eine Band zu gründen. Kurt sagte: ‚Mach das nicht, mach lieber bei uns mit!' Das war schon ziemlich gewagt." Schließlich hatten Dinosaur Jr. bereits drei Alben veröffentlicht, und Mascis war in der Indie-Szene wesentlich mehr etabliert als Kurt.

Sub Pop gab selten mehr als 1000 Dollar für die Aufnahmen eines Albums aus. *Bleach* kostete sogar nur 600 Dollar. Wie auch die Sub-Pop-Singles wurde das Album von Jack Endino bei Reciprocal

Recording in Seattle produziert. Die meisten Songs erinnerten in ihrer harten Rock-Intensität an die Melvins oder Mudhoney, aber es gab auch Titel wie „About A Girl", Kurts erstem Nirvana-Song, der eine Pop-Melodie und einen echten Refrain besaß.

Thurston spricht normalerweise in sehr gemessenem, nüchternem Ton, aber er kommt ins Stocken, wenn er sich daran erinnert, welchen Eindruck *Bleach* beim ersten Hören auf ihn machte. „Für mich klang die Platte einfach phantastisch. Es war ein Sound, der dem, was ich damals unbedingt hören wollte, ziemlich nahe kam, und dieses gewisse Etwas zu treffen, das gelang nur ganz wenigen Bands. Es ist in meinem Leben wirklich nicht oft vorgekommen, dass eine Platte all meine Erwartungen erfüllte. Für mich hatte *Bleach* etwas Elementares, Urzeitliches. Das Songwriting baute zwar auf Melodien auf, war aber trotzdem Punk. Es lag eine gewisse Schönheit darin. Ich liebe diese Platte."

Als Sonic Youth später *Goo*, ihr erstes Album für Geffen abmischten, spielte Thurston dem Toningenieur Howie Weinberg bei Masterdisk den Nirvana-Erstling vor und sagte: „Wenn unsere Platte sich so anhören könnte, wäre ich echt glücklich." Weinberg warf ihm einen ungläubigen Blick zu, als er die primitive Aufnahme hörte. Thurston begriff: „Es ging hier nur um den Vibe. Die Technik, die dahinterstand, spielte überhaupt keine Rolle. Es war die Magie der Band, die von dieser Platte ausging, und diese Magie lag größtenteils in Kurts Stimme. Hätte jemand anders bei dieser Band gesungen, dieselben Songs, dann hätte sich das alles nicht so entwickelt. Seine Stimme durchdrang alles."

Sonic Youth boten Nirvana an, bei verschiedenen Gigs an der Westküste im Vorprogramm zu spielen. Thurston erinnert sich: „Sie waren in Las Vegas dabei, in Portland und in Seattle. Als Drummer sprang Dale Crover von den Melvins ein. Sie waren gut, und das Publikum merkte das auch, aber von Nirvana-Fieber konnte noch lange keine Rede sein."

Als entscheidender Schachzug erwies sich die Idee von Sub Pop, den britischen Musikjournalisten Everett True Anfang 1989 nach

Seattle einzufliegen, damit er für die einflussreiche britische Wochenzeitung *New Musical Express* über die Punk-Szene im amerikanischen Nordwesten berichtete. Nirvana hatten damals erst einige Singles veröffentlicht, aber True erkannte ihre Einzigartigkeit sofort und stellte sie in seinem Artikel ausgiebig vor. Es war das erste Mal, dass der Indie Rock, der später Grunge genannt werden sollte, in den internationalen Medien Erwähnung fand.

Kurz nach dem Erscheinen von *Bleach* erkannte Poneman, dass Nirvana auf Tournee jemanden brauchten, der sich um ihren Sound kümmerte, und er vermittelte ihnen den Tontechniker Craig Montgomery, der schon für verschiedene andere Bands des Labels gearbeitet hatte. Montgomery erinnert sich: „Als erstes fiel mir auf, wie eingängig ihre Musik war. Sie hatten tolle Songs und einen Typen, der echt singen konnte, was bei vielen der sogenannten Grunge-Bands nicht der Fall war. Noch bevor ich Nirvana je live gesehen hatte, erzählten mir Leute in Seattle schon, dass er singen konnte wie John Fogerty von Creedence Clearwater Revival. Es war mein Job, eine Verbindung zwischen Kurts Stimme und dem Publikum zu schaffen."

Kurt war von Anfang an begeistert davon, den Toningenieur auf Tour dabei zu haben, und in den nächsten Jahren betreute Montgomery jede Nirvana-Show. „Zu Anfang saßen wir vier in Krists Dodge-Transporter und fuhren von einem Provinz-Punk-Club zum nächsten", berichtet er. Und schon in diesen frühen Tagen, als Nirvanas Fans ausschließlich aus der Punk-Szene stammten und die Band auf ihren Singles noch laut und aggressiv daherkam, waren die ersten Anzeichen dafür zu entdecken, dass Kurts Vision auf die Verschmelzung von Punk und Pop abzielte. Krist zufolge hörten sie nicht nur Punk, sondern auch „Cassetten mit Roy Orbison, den Smithereens oder den Beatles", und Montgomery stellt fest: „Häufig lief bei ihnen kitschige Popmusik."

Der Toningenieur erkannte schnell, dass die Bandmitglieder nicht nur ihren Musikgeschmack teilten, sondern auch denselben Humor. „Bei den Konzerten machten sie sich oft über die gängigen Rock-Klischees lustig. Manchmal tauschten sie dazu nur einen Blick aus, oder es genügte eine kleine Bewegung – aber sie ließen das Publikum immer an diesen Privatwitzen teilhaben.“ In dieses Muster passte auch das Zerschlagen ihrer Instrumente, das gleichzeitig als Hommage und Kritik verstanden werden kann. Montgomery erinnert sich wehmütig an Kurt: „Er war ein lustiger, kluger, schlagfertiger, sarkastischer Typ, mit dem man meistens jede Menge Spaß haben konnte. Manchmal war er natürlich auch still und brauchte Zeit für sich, aber er liebte nichts mehr, als auf der Bühne zu stehen.“

Der Vertrieb der Sub-Pop-Veröffentlichungen lief damals über Caroline Records in New York. Janet Billig (heute Janet Billig-Rich) hatte als Punk-Fan noch während ihres Studiums an der New York University bei Caroline als Promoterin und A&R-Managerin angefangen. Da Sub Pop an der Ostküste kein Büro hatten, kümmerte sie sich um die Bands des Labels, wenn sie in New York spielten. Da sich keiner der Musiker ein Hotel leisten konnte, übernachteten viele in Janets Apartment in der Lower East Side, Ecke Seventh Street und Avenue C. „Die Wohnung hatte nur 45 Quadratmeter, aber es gab ein Hochbett und ein paar Futons, und mit etwas gutem Willen konnte ich dort acht Leute hineinquetschen.“ Von daher war es kein Problem, die drei Nirvana-Musiker sowie den Tonkutscher Montgomery bei ihren ersten New-York-Aufenthalten Anfang 1988 dort unterzubringen.

Janet merkte gleich, dass Kurt eine Sonderstellung innehatte. Da die Gegend nicht die beste war und Kleintransporter häufig aufgebrochen wurden, war es besser, wenn die Bands ihr Equipment über Nacht in der Wohnung unterstellten, und als Nirvana das erste Mal bei ihr übernachteten, mussten auch noch einige Matratzen zum Schlafen besorgt werden. Kurt erklärte ihr mit leichtem Lächeln, dass Krist und Chad Channing, der damalige Nirvana-Drummer, die Schlepperei erledigen würden. „Kurt legte sich auf *mein* Bett und aß ein paar Kekse. Krist und Chad wussten schon, wie das lief – Kurt fasste nicht mit an.“ (Als ich Krist die Geschichte erzählte, verteidigte er Kurt sofort: „Wenn es sein musste, trug er sein ganzes

Equipment durchaus selbst. Wir nannten das immer die gequälte Prozession.“)

Janet ging es ähnlich wie mir einige Jahre später – auch sie erkannte Kurts besonderes Talent in dem Augenblick, als sie Nirvana erstmals live erlebte. Sie war völlig überwältigt von dem Einsatz, den die Band zeigte. „Ich war bei einem Gig in Philadelphia und bei einem weiteren an einem College in Amherst. Danach behaupteten sie jedes Mal, es sei der beschissenste Gig aller Zeiten gewesen. Sie nahmen jede Kleinigkeit auseinander und redeten nur darüber, wie scheiße sie gewesen waren, auch wenn lauter Leute zu ihnen hinter die Bühne kamen und sie abfeiern wollten. Mir erschien jede ihrer Shows sehr emotional und sehr rau, aber sie wollten immer noch besser sein.“

Sie verstand sofort, warum Kurt von der Punk-Gemeinde so verehrt wurde: „Er kam aus dem Nichts und hatte nichts. Deswegen fühlte er sich dem Punk-Ethos auch so verbunden.“ Aber sie merkte auch schon früh: „Kurt war sehr ehrgeizig. Er versuchte, in beiden Welten zuhause zu sein.“ Die College-Sender spielten Nirvana von Anfang an, und das kleine Grüppchen Punk-affiner Kritiker schwärmte so sehr von der Band, dass es nicht lange dauerte, bis Nirvana auch außerhalb der eigenen Szene im amerikanischen Nordwesten eine kleine Fangemeinde aufgebaut hatten.

Da Indie-Labels wie SST oder Sub Pop weniger Geld investieren und sich meist auch keine Anwälte leisten konnten, boten sie den Bands normalerweise keine langfristigen Verträge an. Kurt und Krist hingegen beschlossen Anfang 1989 während der Arbeit an *Bleach*, dass sie eine schriftliche Vereinbarung mit ihrem Label wollten. Bevor er viel über geschäftliche Dinge wusste, symbolisierte ein Papier mit Unterschrift für Kurt offenbar, dass alles mit rechten Dingen zuging. Poneman hatte nicht einmal eine Vorlage für ein solches Dokument, weil ihn noch nie einer seiner Künstler danach gefragt hatte, aber er schusterte schnell etwas zusammen. Damals hatte Kurt das Gefühl, dass ihm ein solcher Vertrag ein größeres Engagement seitens des Labels garantierte, aber wie sich später herausstellte, sollte letztlich Sub Pop in weitaus größerem Maße davon profitieren. Ohne diesen

Vertrag hätten Sub Pop nichts von den vielen Millionen Dollar gesehen, die ihnen Nirvanas Wechsel zu Geffen einbrachte.

Heute bedaure ich, dass ich aufgrund der Rolle, die ich in der Karriere der Band spielte, nicht die Gelegenheit bekam, Poneman und Pavitt etwas besser kennenzulernen. Kurt gönnte ihnen das Geld, das sie letztlich mit Nirvana verdienten, stets von Herzen. (Zum einen verkaufte sich *Bleach*, nachdem Nirvana den kommerziellen Durchbruch geschafft hatten, viele hunderttausend Mal, zum anderen erhielt Sub Pop eine Tantiemenvergütung für *Nevermind*, die sich auf mehrere Millionen Dollar belief, und die Profite aus Nirvanas Aufnahmen gestatteten es den beiden Eignern zudem, die Hälfte ihres Unternehmens 1995 für angeblich 20 Mio. Dollar an Warner zu verkaufen.) Sub Pop veröffentlichten Nirvanas erste Singles und das erste Album. Sie kauften Kurt neue Gitarren, nachdem er sein Equipment auf der Bühne in Stücke geschlagen hatte. Sie vermittelten ihm den Kontakt zu Craig Montgomery, Janet Billig, Everett True und anderen, und gegenüber Journalisten und Musikern äußerte Poneman oft seine Überzeugung, dass Nirvana eines Tags die größte Band auf Sub Pop sein würde.

Allerdings waren die beiden Sub-Pop-Partner gleichzeitig stark dem Geist der Independent-Kultur verhaftet. In der ersten Ausgabe seines Fanzines hatte Pavitt noch geschrieben: „Wenn jemand eine Platte kauft, dann unterstützt er damit nicht nur die Musik, sondern auch die Werte und den Lifestyle des betreffenden Künstlers. Wenn ihr (ja, ihr!) euer Geld den großen Hollywood-Konzernen in den Rachen schmeißt, dann tragt ihr nicht nur dazu bei, dass abgefuckte Kapitalisten bestimmen, was im Radio gespielt wird, sondern ihr befürwortet indirekt, dass sie Macho-Arschloch-Bands promoten, deren Lifestyle aus Kokain, Sexismus, Kohle und noch mehr Kohle besteht. Die Achtziger brauchen neue Sounds, und sie brauchen auch neue Helden." Solche Einstellungen hatten letztlich keinen Einfluss auf die Richtung, in die Kurt seine Karriere trieb, aber für viele andere Künstler waren sie entscheidend. In ihrer Autobiografie *Hunger Makes Me A Modern Girl* schrieb Carrie

Brownstein (deren Band Sleater-Kinney ihre Platten bei Kill Rock Stars veröffentlicht hatte), dass „ausführliche Traktate über den Ausverkauf in Fanzines wie *Punk Planet* oder *Maximum Rocknroll* gang und gäbe“ waren.

Nach einer ersten Europa-Tournee nahmen Nirvana die Demos für „Lithium“, „In Bloom“ und „Polly“ auf, die später zu den herausragenden Songs auf *Nevermind* zählten. Nach dem phänomenalen Erfolg der Platte wiesen einige Kritiker darauf hin, schon weit vorher hätten ältere Indie-Bands wie die Pixies, die Replacements oder Hüsker Dü die Punk-Attitüde mit traditionelleren Refrains und Melodien verquickt, aber für mich trafen diese Vergleiche nie den Kern. Im Gegensatz zu Kurt hatten diese Bands keine Songs geschrieben, aus denen echte Hits wurden, die bei den kommerziellen Sendern ebenso liefen wie im Rock-Radio. Außerdem wiesen Kurts größte Hits Texte mit einem Anspruch und einer emotionalen Tiefe auf, wie man sie auf den Pop-Wellen selten fand. Wie und wann hatte er gelernt, wie man das machte?

Wenn man die Legende einmal beiseitelässt, dann findet sich im Text von Robert Johnsons Blues-Klassiker „Crossroads“ kein einziger Hinweis darauf, dass er an einer Wegkreuzung einen Pakt mit dem Teufel schloss und dabei seine Seele gegen musikalisches Talent eintauschte. Dass sich dieser Mythos so hartnäckig hält und dass er gerne immer wieder heraufbeschworen wird, um die Entwicklung von Ausnahmekünstlern wie Jimi Hendrix oder Bob Dylan zu erklären, hat meiner Meinung nach mehr mit der Unerklärlichkeit von Genie zu tun als mit finsteren okkulten Praktiken.

Es gibt nicht allzu viele Rock-Akkorde. Jedem Texter stehen dieselben Wörter zur Verfügung. Jeder kann sich heute in die gesamte Musikgeschichte einhören. Was das Songwriting betrifft, kann man ein gewisses Maß an handwerklichen Fähigkeiten erlernen, aber wie man mittels eines Songs potenziellen Hörern ihre innersten Gefühle bewusst macht, das ist eine Kunst, für die es kein Lehrbuch gibt.

Manche Leute sind der Überzeugung, dass großer Erfolg im Musikbusiness zum größten Teil von Glück, Timing, Marketing und

Ehrgeiz abhängt. Was Kurt angeht, glaube ich allerdings, dass es sich so ähnlich verhält, wie es Sonny Rollins in der Dokumentation *Chasing Trane* über die Musik von John Coltrane formulierte: „Um auf dieser Ebene Musik zu machen, muss man von … was auch immer berührt worden sein." Der große Rock-Gelehrte meiner Generation war Bob Dylan. Bob Johnston, der die Alben *Highway 61 Revisited* und *Blonde On Blonde* produzierte, sagte über ihn: „Gott hatte ihm nicht etwa die Hand auf die Schulter gelegt, sondern ihm einen richtigen Tritt in den Arsch verpasst. Er konnte einfach nicht anders. Auf ihm liegt der Heilige Geist. Das sieht man mit einem Blick."

Ich bin mir sicher, auch Kurt wurde schon früh von diesem gewissen Etwas berührt, was immer es auch sein mag, und vom Heiligen Geist in den Arsch getreten, und er wusste das. Vermutlich war es auch Krist schon zu Beginn ihrer Freundschaft klar. Allerdings war es eine Sache, insgeheim zu wissen, dass er das Zeug zum Erfolg hatte, und eine völlig andere, diesen Erfolg in einem solchen Ausmaß beinahe über Nacht zu erleben.

Die Demos der neuen Songs wurden von Butch Vig produziert, der in Madison, Wisconsin, lebte und dafür bekannt war, in seinen Smart Studios für kleines Geld Punk-Aufnahmen mit hervorragendem Sound zu realisieren. Kurz zuvor hatte er das Debütalbum der Smashing Pumpkins, *Gish*, betreut, von dem gerade einige hunderttausend Stück über die Ladentische gingen, und er sonnte sich im Nachglühen ihres Erfolgs.

Die Aufgaben eines Produzenten sind unterschiedlich und hängen von den Anforderungen der jeweiligen Künstler ab. Bei Musikrichtungen wie Country, R&B, kommerziellem Pop und Rock entscheiden Produzenten über das Songmaterial und die Arrangements. Sie tragen zum Sound eines Titels oft genauso viel bei wie ein Künstler. Bei Musikern wie jenen von R.E.M., U2 oder Nirvana, die ihre eigenen Songs schreiben, kommt den Produzenten eine weniger einflussreiche Rolle zu, aber sie sind dennoch von entscheidender Wichtigkeit bei der Entstehung eines Albums. Ein Produzent ist verantwortlich für den Sound, und wenn er richtig gut ist, versteht er es auch, den Künstler bei kreativen Entscheidungen zu beraten. Einige, wie Vig, sind zudem auch Tontechniker und sitzen im Studio selbst an den Reglern.

Über *Bleach* hatte Vig noch gesagt, dass er die Platte überwiegend „eindimensional" fand, aber nun war er überwältigt, wie sehr sich Kurts Songwriting in der Zwischenzeit entwickelt hatte. „Er hatte dieses angeborene Pop-Gespür für Melodie und Phrasierung. Manchmal fühlte er sich eingeengt von den Erwartungen, die man an eine Punk-Rock-Band hatte, aber er hatte eine faszinierende Affinität für Melodien und Hooklines."

Bei diesen Sessions erlebte Vig auch zum ersten Mal, unter welchen Stimmungsschwankungen Kurt litt. „Am ersten Tag war er lustig, aufmerksam und gesprächig, schlicht guter Laune. Nachdem wir dann den Sound fürs Schlagzeug eingestellt hatten, hockte er mit gesenktem Kopf in einer Ecke. Ich fragte, ob er irgendwas bräuchte, und er antwortete mir nicht einmal. Krist nahm mich beiseite und meinte: ‚Er ist manchmal so. Dann muss er ein bisschen chillen, bis er wieder aus seinem Loch rauskommt.' Zwanzig Minuten später stand Kurt auf, nahm seine Gitarre, sagte: ‚Legen wir los', und war voll dabei."

Die Band war zunächst davon ausgegangen, dass die Songs auf einem zweiten Sub-Pop-Album erscheinen würden, aber auf ihrer nächsten Tour überdachten sie ihre Situation gründlich und beschlossen abzuwarten. Kurt sagte mir später, dass sie auf Tour immer einen besseren Überblick über ihre Situation gewannen. Montgomery erinnert sich daran, dass sie im Van darüber redeten, wie es weitergehen sollte: „Sie waren sehr unzufrieden damit, dass Sub Pop nicht in der Lage waren, trotz des großen Interesses an *Bleach* dafür zu sorgen, dass die Platte in den Läden erhältlich war." Slim Moon berichtet, dass Kurt sich darüber beschwerte, „dass Mudhoney alles an Zuwendung und Marketing bekommen, was Sub Pop zu bieten hat". Er hatte sich zudem über einen Artikel in der *Los Angeles Times* geärgert, demzufolge Poneman angeblich alle Sub-Pop-Bands als „Holzfäller" bezeichnet hatte. Dem Magazin *Rocket* sagte Kurt: „Es kommt mir vor, als würden wir als die ungebildeten, inzüchtigen Rednecks dargestellt, die keine Ahnung haben, was läuft. Das stimmt überhaupt nicht." Dazu kam, dass laut Krist in Seattle Gerüchte im Umlauf waren, Sub Pop wolle sich an ein Major-Label angliedern, woraufhin die Band beschloss: „Wenn wir sowieso schon Teil dieses Systems werden sollen, dann lieber auf direktem Weg."

Meiner Meinung nach spielte all das für Nirvanas Entschluss, Sub Pop zu verlassen, eine eher untergeordnete Rolle. Ich glaube, dass Kurt sich schon lange die größere Reichweite und die Marketing-Ressourcen einer großen Plattenfirma wünschte, und während der Tournee mit Sonic Youth hatte er sich mit dem Gedanken mehr und mehr angefreundet, nachdem er sich davon hatte überzeugen können, dass ihre Glaubwürdigkeit durch den Vertrag mit Geffen keinerlei Schaden genommen hatte. Außerdem war die Szene in Seattle stark in den Blickpunkt der Medien gerückt, besonders *Bleach* hatte viel Aufmerksamkeit bekommen, und nun wurden Nirvana von den großen Firmen zum Essen eingeladen und umworben. Kurt war fasziniert von den Möglichkeiten, die sich ihnen jetzt boten.

Nirvanas Wechsel zu einem großen Label stieß bei einigen Hardlinern der Indie- und Punk-Szene auf heftige Ablehnung. Möglicherweise war es ein ähnliches Gefühl von Verrat, wie es die christlichen Gemeinden in den Südstaaten empfunden hatten, als Sam Cooke und Ray Charles dem Gospel den Rücken zukehrten, um Rhythm & Blues zu machen, oder die Folk-Puristen in den Sechzigern, als Bob Dylan mit einer elektrischen Gitarre auf die Bühne kam.

Kurt jedenfalls wollte sich nicht davon beirren lassen, den Weg zu gehen, den er schon lange für sich vorgesehen hatte, und er nahm keine Rücksicht auf die Schuldzuweisungen der Indie-Fundamentalisten. Später erklärte er Michael Azerrad: „Es wurde von Bands erwartet, dass sie wie Revolutionäre gegen die Kommerzmaschinerie der Major-Labels kämpften. Ich dachte nur: Wie könnt ihr es wagen, so viel Druck auf mich auszuüben? Das ist doch total bescheuert." Er verfolgte eine ganz andere Mission.

Viertes Kapitel

NEVERMIND

Zwar sollten die Schattenseiten des Starruhms Kurt später schwer zu schaffen machen, aber dennoch bin ich überzeugt, dass er genau das jahrelang akribisch geplant hatte: Erfolg zu seinen eigenen Bedingungen. Die Steilkurve und die Intensität seiner Karriere war kein Zufall. Er hatte entschlossen auf dieses Ziel hingearbeitet.

Im Sommer 1990, ein paar Monate, bevor die Band uns als Manager engagierte, baten Nirvana den Anwalt Allen Mintz aus Los Angeles, ihnen beim Ausloten weiterer Label-Perspektiven zu helfen. Im September erschien auf Sub Pop eine neue Single, „Sliver". Es sollte die letzte Veröffentlichung Nirvanas auf dem Label sein. Wie schon „About A Girl" von *Bleach* hatte auch „Sliver" einen eingängigen Refrain und war ein neuerliches Zeichen dafür, dass Kurt die engen Grenzen des Grunge für den Sound seiner Band unbedingt erweitern wollte.

Anschließend schalteten Nirvana noch einen Gang hoch. Sie ersetzten den Drummer Chad Channing durch Dave Grohl. Und sie beschlossen, dass sie ein ordentliches Management bräuchten, was sie Anfang November 1990 – nur wenige Wochen nach Grohls erstem Gig mit der Band – in das Büro unserer Agentur führte.

Meiner Meinung nach barg Kurts Entscheidung, Sub Pop zu verlassen, keinerlei Nachteile. Zwar war ich grundsätzlich auch der Ansicht, dass man sich gegenüber den treuen Unterstützern aus den Anfangstagen loyal erweisen sollte, aber für wie lange? Und wie viel musste man dafür opfern? Diesem Konflikt sahen sich nicht nur Künstler aus dem Indie-Lager gegenüber, den hatte es auch zuvor bereits gegeben. Es war genau dieselbe Diskussion, die Peter Grant mit jenen Konzertveranstaltern geführt hatte, die Led Zeppelin schon früh Auftritte verschafft hatten und die dann erfolglos darauf pochten, dass ihnen deswegen das Recht zustand, die Band nach ihrem großen Durchbruch für geringere Margen buchen zu können als andere. Kurt blieb bis ans Ende seines Lebens mit Poneman und anderen Sub-Pop-Mitarbeitern befreundet, aber er stellte seine Entscheidung, sich neuen Geschäftspartnern zuzuwenden, nie in Frage.

Natürlich gab es bei den großen Plattenfirmen jede Menge Vollidioten. Bevor wir auf den Plan traten, hatten Nirvana schon einige Treffen mit Branchengrößen hinter sich. Kurt war entsetzt, als ein Promotion-Macho bei Capitol Records Witze darüber machte, dass man sich als Mann mit dem Vergewaltiger im Nirvana-Song „Polly" doch besser identifizieren könnte als mit dem Opfer; zudem vermittelte der Mann den Eindruck, als sei ihm die Tatsache, dass er gerade gute Plätze bei einem Basketballspiel der L.A. Lakers bekommen hatte, insgesamt viel wichtiger als Musik. Allerdings gab es inzwischen bei einigen Major-Labels auch junge Mitarbeiter, die einen ähnlichen kulturellen Hintergrund hatten wie Nirvana, und schließlich ergaben sich für die Band einige interessante Optionen.

In einigen Nirvana-Biografien wird es so dargestellt, als wäre das Label für die Band von Gold Mountain ausgewählt worden. Offenbar waren die Manager des Virgin-Ablegers Charisma der Meinung, Nirvana hätten sich ursprünglich für sie entschieden, bis dann wir auf den Plan traten. Es gab mehrere A&R-Manager, die aus ihren Treffen mit der Band ein gutes Gefühl mitgenommen hatten und dann später enttäuscht waren, dass sie nicht den Zuschlag erhielten.

Allerdings hätten Nirvana auch durchaus erst bei einem Label unterschreiben und sich anschließend ein Management suchen können. Kurt hatte bereits seit längerer Zeit DGC favorisiert, ein Sub-Label von Geffen Records, da Sonic Youth dort so gute Erfahrungen gemacht hatten. Möglicherweise war sogar genau das ein wichtiger Grund, weswegen sich die Band dann auch für uns entschied, denn schließlich arbeiteten wir eng mit dem Unternehmen zusammen.

Silva und ich hätten Nirvana auch ohne weiteres bei einem anderen Label untergebracht. Aber nur wenige Tage nach unserem ersten Treffen kam die Band auf uns zu und bat uns, für sie einen Deal mit DGC abzuschließen.

Geffen Records war 1980 von David Geffen gegründet worden, einer damals schon legendären Figur im Musikgeschäft. Er hatte Laura Nyro, Crosby, Stills & Nash und Joni Mitchell gemanagt und mit Asylum Records schon einmal ein Label betrieben, das er verkaufte, nachdem dort enorm erfolgreiche Alben von Jackson Browne, den Eagles und Linda Ronstadt erschienen waren.

Kurt wusste außerdem, dass das letzte Album von John Lennon und Yoko Ono, *Double Fantasy*, bei Geffen erschienen war. In den Achtzigern hatte der Labelchef seine Geschäftsbereiche auf Musicals (*Dreamgirls* und *Cats*) und Filme (*Lockere Geschäfte* mit Tom Cruise) ausgeweitet. Außerdem war er inzwischen sehr gut darüber informiert, wie man die Wirtschaftskraft von Unterhaltungsfirmen nach Wall-Street-Maßgaben maximieren konnte.

David Geffen umgab eine Aura von Bodenständigkeit und Zugänglichkeit. Er trug im Büro meist Jeans und war dafür bekannt, dass er sich auf Anfragen sehr schnell zurückmeldete, selbst bei Leuten wie mir, die in der Business-Hierarchie weit unter ihm standen. Geffens Büro lag direkt am Sunset Strip, und man kam von der Straße direkt in die heiligen Hallen. Er mochte sich auch noch so sehr mit Dingen beschäftigen, die nichts mit Musik zu tun hatten, am Ende sorgte David Geffen stets dafür, dass sein Label die finanziellen Zielvorgaben erreichte. Er stand dabei in engem Kontakt mit ausgewählten Label-Managern, die ihm treu ergeben waren und von ihm stets nur als „David" sprachen.

Ende 1990 hatte Geffen sein Unternehmen so strukturiert, dass nicht mehr jede Entscheidung über seinen Schreibtisch ging. Ihn beschäftigten andere Dinge: Beispielsweise hatte er den Vertrieb seines Labels vom früheren Partner, Warner Bros., auf MCA umgestellt und dazu seine Geffen-Records-Anteile gegen MCA-Aktien eingetauscht. 1991, als wir gerade wegen Nirvana in Verhandlungen traten, wurde MCA vom japanischen Elektronik-Riesen Masushita gekauft, und durch diese Übernahme wurde David zum ersten Milliardär der Musikbranche. Daher war er nicht selbst involviert, als wir den Vertrag für Nirvana abschlossen. Er trat erst später in Kurts Leben.

Schon bald nach der Gründung von Geffen Records hatte David Eddie Rosenblatt von Warner Bros. Records abgeworben und ihn zum Geschäftsführer des neuen Unternehmens gemacht. Rosenblatt stellte schnell ein Promotion- und Marketing-Team zusammen, das dem Mitarbeiter-Pool seines alten Arbeitgebers durchaus ebenbürtig war. (Genaue Arbeitsbezeichnungen gab es bei Geffen übrigens für niemanden, abgesehen von Rosenblatts Chef-Position.) Er selbst kam eigentlich aus dem Vertrieb, der üblicherweise mehr den Umsatz als die kreative Entwicklung im Blick hatte, aber er war ein künstlerisch interessierter Mensch, dem es leichtfiel, eine Verbindung zu den Musikern aufzubauen. Einem jungen Promotionmanager sagte er einmal: „Filme sind immer dann am besten, wenn sie größer sind als das Leben. Musik hingegen ist immer dann am besten, wenn sie so ist wie das Leben selbst." David beschrieb Rosenblatt so: „Wenn jemand aus Eddies Büro kommt, dann fühlt er sich, als hätte er gerade ein warmes Bad genommen." Und mit einem Funkeln in den Augen setzte er hinzu: „*Ich* bin kein warmes Bad."

Nach der Labelgründung hatte David Geffen persönlich hochkarätige Stars wie John Lennon, Donna Summer und Elton John zu seinem Unternehmen gelockt. Allerdings war ihm schon bald bewusst geworden, dass sein altes, in den Siebzigern entstandenes Netzwerk aus Musikern und Freunden nicht ausreichte, um aufstrebende, kommerziell verwertbare Talente der kommenden Generationen ausfindig zu machen und unter Vertrag zu nehmen, und so hatte er sich darum bemüht, die besten und gewieftesten A&R-Manager im ganzen Rockgeschäft für sich zu verpflichten.

Sonic Youth waren durch Gary Gersh zu DGC gekommen. Gersh war damals 35 und wie ich darum bemüht, dem Musikbusiness seinen eigenen Stempel aufzudrücken. Damals machte es ihm schwer zu schaffen, dass er im Schatten seiner Kollegen stand – Tom Zutaut hatte Guns N' Roses zum Label geholt, die schnell Geffens erfolgreichster Act geworden waren, und John Kalodner hatte das spektakuläre Comeback von Aerosmith eingefädelt. Bevor ich das Management von Sonic Youth übernahm, betreute ich von Gershs Künstlern lediglich Rickie Lee Jones, die damals gerade eine kommerzielle Durststrecke durchlief. Der bekannteste Musiker, mit dem Gersh bei Geffen bis dahin gearbeitet hatte, war Robbie Robertson, der zwar als Mitglied von The Band einen exzellenten Ruf genoss, dessen Soloalben aber nur einen Bruchteil des Umsatzes generierten, den Guns N' Roses oder Aerosmith dem Label einbrachten.

1990 holte Rosenblatt Robert Smith an Bord, mit dem ich schon seit meiner New Yorker Zeit als Rock-Kritiker und PR-Mann befreundet war, und Robert, der vermutlich über eine höhere Bildung verfügte als jeder andere im Musikgeschäft, übernahm die Marketingabteilung bei Geffen. Aber so gebildet und stilsicher die Strippenzieher bei den großen Firmen auch sein mochten, Künstler aus der Indie-Szene hatten oft trotzdem große Zweifel, bevor sie die Lager wechselten.

Indie-Labels hatten in der Regel weniger Fixkosten als die Majors, und daher rechnete es sich für sie manchmal schon, wenn sich ein Album ein paar tausend Mal verkaufte. Bei der Industrie hingegen zählte meist nur der ganz große Hit. Wenn einer der Künstler, die ich managte, zu einem großen Label ging, hatte ich daher vor allem eine große Befürchtung: So begeistert die A&R-Leute auch gewesen sein mochten, während sie ihre Konkurrenten aus dem Feld geschlagen und sich die gerade angesagteste Nachwuchsband geangelt hatten, die vor allem in der Presse gerade abgefeiert wurde – der Erfolg einer Platte hing anschließend vor allem davon ab, wie die Marketingkollegen mit dem Thema umgingen, und denen war es meist völlig wurscht, welche Bands die Kritiker in den Himmel hoben. Sie interessierte viel mehr, ob das Produkt den eng gesteckten Vorgaben der kommerziellen Radiosender entsprach, denn die hatten einen weit größeren Einfluss auf die Verkäufe als die Presse. Die

Programmmacher wiederum waren abhängig von den Quoten und daher selten geneigt, neue, ungewöhnliche Musik zu spielen, die bei den A&R-Leuten so gut einschlug. Daher gerieten Künstler nicht selten zwischen die Fronten der Talentscouts, die sie unter Vertrag genommen hatten, und der viel weniger begeisterten Marketingabteilung, fühlten sich unter Vorspiegelung falscher Tatsachen zum Label gelockt und betrogen. Nicht zuletzt deswegen hassten so viele Bands die großen Labels.

Der Industriegigant, der bisher die größten Erfolge dabei verzeichnet hatte, Indie-Rock-Bands für den Mainstream aufzubereiten, war Warner, der größte Rivale Geffens an der Westküste. Ende der Achtziger hatte man dort eine Reihe von Marketing-Strategen aus dem Indie-Bereich angeheuert, und 1991 standen bei Warner Hochkaräter wie R.E.M., Depeche Mode, Faith No More und Jane's Addiction unter Vertrag, die allesamt bei kleinen Labels angefangen hatten.

Um mithalten zu können, hatte Geffen 1990 DGC ins Leben gerufen und ein kleines Team für Promotion und Verkauf eingestellt. Das Sub-Label hatte nur eine Aufgabe: neue Talente entdecken und zum Erfolg führen. Der Leitwolf war Mark Kates, ein begabter Radio-Promoter aus der Alternative-Szene, der zuvor Indie-Labels wie die Australier von Big Time Records oder die Briten von Beggars Banquet dabei unterstützt hatte, ihre Künstler bei amerikanischen Sendern unterzubringen. Kates kannte Sonic Youth, noch bevor Gersh sie unter Vertrag nahm, und wurde ein paar Jahre später, nach Gershs Weggang, ihr Ansprechpartner; er betreute darüber hinaus auch Nirvana und Hole.

Kates berichtet: „Gersh war derjenige aus der A&R-Abteilung, mit dem ich musikalisch am meisten auf einer Linie lag – unter anderem, weil er John Doe unter Vertrag genommen hatte. Wir wussten, dass die Verpflichtung von Sonic Youth ein wichtiger Schritt sein würde, um das Image unseres Unternehmens aufzupolieren, und sie gaben uns den Tipp, Ray Farrell einzustellen, der bei SST Records mit Punk-Bands wie Mission Of Burma und Flipper gearbeitet hatte."

Farrells hauptsächliche Aufgabe bestand darin, dank seines guten Rufs die Einkäufer der Indie-Plattenläden dazu zu bringen, auch Platten von DGC zu bestellen und prominent zu platzieren.

Für Gersh war es kein Problem, Sonic Youth vertraglich die komplette Kreativkontrolle zuzusichern: Das galt in der Unternehmenskultur bei Geffen als akzeptables Zugeständnis. Schließlich war Robbie Robertson mindestens ein ebenso großer Kontrollfreak wie jeder Punk-Musiker. Damit sich aber der Vertrag lohnte und Geffen sich bei anderen Künstlern, die Gersh für das Label gewinnen wollte, einen guten Ruf erwarb, musste er dafür sorgen, dass sich die Marketingstrategen zumindest für eine gewisse Zeit bei Sonic Youth richtig ins Zeug legten, selbst wenn sie keine Radio-Hits ablieferten. Nicht umsonst hatten Nirvana und Gold Mountain deshalb ein gutes Gefühl, was Gersh betraf, weil DGC Sonic Youth nicht hatte fallen lassen, als *Goo* nur 150.000 Exemplare verkauft hatte – was zwar doppelt so viel war wie bei ihrem vorigen Album, aber kaum nennenswert in den Augen einer Industrie, die Erfolg an goldenen Schallplatten maß, für die noch dreimal so viel Platten hätten über den Tresen gehen müssen. Gersh wusste aber auch, dass Sonic Youth ihm noch in anderer Hinsicht mehr als nützlich waren: Sie waren die perfekte Kompassnadel für neue Indie-Talente. Die Band schien genau über die Musik eines jeden neuen Musikers aus der Alternative-Szene informiert zu sein, noch bevor die A&R-Leute auch nur dessen Namen irgendwo gelesen hatten. Kates erinnert sich: „Kurz nachdem Sonic Youth *Goo* abgeliefert hatten, sagte mir Kim Gordon: ‚Die nächste Band, die ihr signen müsst, ist Nirvana.'" Dafür gab es, wie Gordon mir später sagte, einen Grund: „Wir waren alle ein bisschen in Kurt verknallt."

Allen Mintz war ein aufstrebender Partner in einer der großen Anwaltskanzleien von Los Angeles, und er wusste, wie ein perfekter Deal für einen neuen Künstler bei einem Major-Label aussehen musste. Das Gesamtbudget für das Album, das später den Titel *Nevermind* erhielt, betrug 280.000 Dollar. Nach Abzug von Anwaltskosten und Managementanteilen blieb ungefähr eine Viertelmillion übrig. Die Aufnahmen kosteten schließlich 160.000 Dollar (den Großteil dieser Summe verschlangen die Kosten für den dreimonatigen Aufenthalt in möblierten Apartments in L.A., den die Band nicht nur für die Aufnahmen, sondern auch für ausgiebige Proben nutzte), und damit blieben für jedes Bandmitglied um die 30.000 Dollar für das nächste halbe Jahr – genug, um ein paar alte Schulden zu bezahlen und sich davon zu verpflegen, aber viel mehr auch nicht.

Damit ein bisschen zusätzliches Geld hereinkam, bemühten wir uns um einen Verlags-Deal für die Band. Im Musikgeschäft werden das Copyright an den Songs und die Rechte an den eigentlichen Aufnahmen getrennt gehandelt. Angelockt von denselben Buschtrommeln, die schon die Talentschnüffler der Plattenfirmen nach Seattle gelockt hatten, waren dort inzwischen auch die ersten Kundschafter der Musikverlage aufgekreuzt – beispielsweise Susan Collins, die für Virgin Music arbeitete. Sie war von Nirvana begeistert und spielte schließlich *Bleach* ihrem Geschäftsführer Kaz Utsunomiya vor, dem Sohn eines japanischen Diplomaten, der einen Großteil seiner Kindheit in England verbracht hatte und dort auch ins Musikgeschäft eingestiegen war.

Ende der Achtziger war Kaz Mitte dreißig und lebte in Los Angeles. Er hatte zwar durchaus mitbekommen, dass viele Bands aus Seattle gerade durchstarteten, konnte der Art von Songwriting, die den Grunge dominierte, jedoch eher wenig abgewinnen. Musikverleger verdienen ihr Geld vor allem durch die Tantiemen, die fällig werden, wenn die Songs, an denen sie die Rechte halten, im Radio gespielt, in Filmen oder Werbeclips eingesetzt oder von anderen Musikern gecovert werden. Es gab zwar jede Menge angesagter neuer Bands, die Clubs und kleine Hallen inzwischen mühelos ausverkauften, aber die waren für den Verleger wenig interessant, weil ihr Material außerhalb ihrer direkten Zielgruppe schwer zu vermitteln war. Als Kaz jedoch „About A Girl" hörte, war er bereit, sich mit Nirvana zu treffen, und nachdem ihm Kurt eine Reihe von Songs, die er für *Nevermind* vorgesehen hatte, auf der Akustikgitarre vorgespielt hatte, war er hin und weg: „Kurt war einer der großartigsten Songwriter, die mir je begegnet waren."

Kurts Haltung erinnerte Kaz stark an Joe Strummer von The Clash. „Sie sahen beide aus wie Punks, liebten aber Melodien. Sie waren beide Genies und außerdem die nettesten Menschen, die man sich vorstellen kann. Ohne diese Empfindsamkeit hätten sie keine solchen Songs schreiben können." Und so gab es wie schon bei den Plattenfirmen auch für die Verlagsrechte genügend Interessenten, dass wir einen guten Deal aushandeln konnten. Die Band freute sich über einen Vorschuss von 200.000 Dollar, aber ebenso wichtig war, dass die Rechte an ihrer Musik nach sieben Jahren automatisch wieder an Kurt, Krist und Dave zurückfielen.

Nevermind war kaum erschienen, als auch schon eine Diskussion über die Entwicklung losbrach, die sich in Kurts Songwriting vollzogen hatte. Wann hatte er aufgehört, sich in der Grunge-Welt von Seattle mit Soundgarden zu messen, um stattdessen Songs zu schreiben, die zu den größten Hits seiner Zeit wurden?

Dabei hatte Kurt sich schon vor Beginn der Aufnahmen Sorgen über die Reaktionen gemacht, die das neue Album auslösen würde. Er wollte nicht, dass es so aussah, als ob er plötzlich mit Gewalt kommerziellere Musik machen wollte; ihm war wichtig zu vermitteln, dass das zu der persönlichen Vision gehörte, die er schon eine ganze Weile verfolgte. Nirvanas Soundtechniker Craig Montgomery berichtet, dass Kurt ihn öfter an „About A Girl" und „Sliver" erinnerte, die bereits angedeutet hatten, wie er zu eingängigen Melodien stand. Und auch Kim und Thurston hatte Kurt bereits früh erklärt: „Unsere nächste Platte wird sich eher so anhören wie eure Band und wie ‚About A Girl'." Als er die Songs für *Nevermind* schrieb, hatte Kurt einfach nicht auf das gehört, was alle anderen wollten, sondern auf die Musik, die in seinem Kopf war.

Thurston nahm diese Ankündigung mit gemischten Gefühlen auf: „Eigentlich stand Kurt auf sehr abgefahrene Musik, auf experimentelles Zeug. Er mochte die Butthole Surfers, er mochte Sonic Youth, er mochte Swans." Grundsätzlich zog auch Thurston den „abgefahrenen Scheiß" vor. Aber dann gab Kurt dem Sonic-Youth-Gitarristen eine Cassette mit den Demos zu *Nevermind*, das damals eigentlich noch

Sheep heißen sollte. Und als Thurston das neue Material gehört hatte, war auch er haltlos begeistert über die neue Richtung. Er spielte J. Mascis die Aufnahmen vor, und der war ebenfalls der Meinung, dass Kurt ein in der Rock-Szene äußerst seltenes Gespür für Melodien besaß.

Aber Kurt schrieb nicht nur die Songs. Wie viele Rockstars vor ihm hatte auch er das Bedürfnis, einen Mythos um seine Person zu erschaffen. Als Everett True das erste Interview mit Nirvana geführt hatte, noch vor der Veröffentlichung von *Bleach*, hatte die Band jede Menge Quatsch erfunden, wie der Journalist sagt. Kurt und Krist behaupteten, sie hätten eine Weile in den Wäldern des amerikanischen Nordwestens gelebt, und sponnen eine idiotische Geschichte zurecht, die sie wie dumme Rednecks dastehen ließ. „Mir war schon klar, dass das kompletter Mumpitz war", sagte Everett mir, „aber es war lustig." Da solche Stories der Seattle-Szene auch eine Aura primitiver amerikanischer Exotik verliehen, die bei den britischen Lesern des *NME* gut ankam, spielte Everett das Spiel begeistert mit.

Als Nirvana im folgenden Jahr in Großbritannien auf Tour gingen, tat Kurt so, als sei er richtig sauer über diese karikierende Darstellung, auch wenn die Band sie selbst erschaffen hatte. Nun präsentierte er sich Journalisten gegenüber als ungeschliffener, aber durchaus intellektueller und gebildeter Punk-Sänger, der über die Presse-Klischees nur den Kopf schütteln konnte. Abseits des Medienzirkus nahmen sie Everett aber nichts davon übel. Er war backstage stets willkommen und wurde nach und nach zu einem echten Freund.

Mit dem DGC-Vertrag in der Tasche setzten sich Nirvana nun mit Gersh zusammen, um die Aufnahmen des ersten Albums für ein Major-Label zu planen. Bei manchen Künstlern war der A&R-Manager auch als Kreativ-Organisator gefragt und kümmerte sich um technische Details der Aufnahmen, um Arrangements und Material, manchmal verstieg man sich dabei sogar zu der großartigen Behauptung, dass man „eine Platte machte", aber bei Rockstars, die ihre Songs selbst schrieben, war weniger Einsatz gefragt. Dennoch entwickelten Gersh und Kurt eine tiefe, persönliche Beziehung. In

Kurts Tagebüchern findet sich ein Foto seines Vaters, das aus einem alten Schul-Jahrbuch stammt, und darunter hatte Kurt geschrieben „alter Dad“, während unter dem Foto von Gersh, das daneben klebte, die Zeile „neuer Dad“ prangte.

Gemeinsam gingen Band und Label eine Liste möglicher Produzenten durch, die schon kommerziellere Werke abgeliefert hatten als Nirvanas bisherige Mitstreiter, aber angesichts der Qualität der Demos war ich nicht überrascht, dass die Band letztlich beschloss, an Butch Vig festzuhalten. Wie Vig berichtet, hatten Nirvana zudem, als sie ins Studio kamen, bereits eine ganz genaue Vorstellung davon, wie das Album klingen sollte. (Während der nächsten zehn Jahre etablierte sich Butch Vig übrigens nicht nur als brillanter Produzent, sondern hatte auch mit seiner Band Garbage Erfolg, aber er gibt gerne zu, dass *Nevermind* ein entscheidender Meilenstein für ihn war, der seiner Karriere enormen Auftrieb gab.)

Mit einem Teil des Geldes aus dem Plattenvertrag mieteten wir Kurt, Krist und Dave möblierte Apartments in Toluca Hills, fünf Autominuten von unserem Büro entfernt. Die Band Europe und das HipHop-Duo Kid 'n Play waren zur gleichen Zeit dort untergebracht, aber für Nirvana lag die größte Faszination dieses Arrangements im kostenlosen Frühstücksbuffet. Nach dem Essen probten sie in einem nahegelegenen Studio – drei Monate lang jeden Tag, stundenlang.

Andy Bollen, Schlagzeuger der schottischen Band Captain America, die Nirvana als Vorgruppe auf der UK-Tour zu *Nevermind* begleitete, schildert, wie Kurt ihm ihre Arbeitsweise beschrieb: „Jeder lernt seine Parts so gut wie möglich, dann wird geprobt, und jeder konzentriert sich auf seine Einsätze. Als wir anfingen, haben wir jeden Tag geprobt. Ohne Ende. Bevor wir für die Aufnahmen zu *Nevermind* ins Studio gingen, haben wir uns eingeschlossen und geprobt, bis jeder seine Parts im Schlaf hätte spielen können. Da waren wir einfach gnadenlos mit uns.“

Krist bestätigt das: „Wir haben unaufhörlich geprobt. Wir hatten einfach Spaß dabei, und das war ein Gefühl, das wir später immer wieder heraufbeschwören konnten. Auch, als dann eine Weile alles ziemlich beschissen lief, hatten wir trotzdem Spaß dabei, miteinander Musik zu machen. Wir schoben alles, was uns belastete, beiseite, legten los und wussten gleich wieder: ‚Oh yeah! *Deswegen* machen wir das alles!'"

Zwar war Kurt unbestritten der Chef, aber ohne seine beiden Partner wären Nirvana nie Nirvana gewesen. Krist war nicht nur Kurts Freund, er verstand auch ganz genau, welche Ästhetik er verfolgte. Dave war der jüngste der drei Musiker – bei den Aufnahmen zu *Nevermind* war er erst 22. Als Schlagzeuger war er aber bereits auf der Höhe seiner Schaffenskraft. In dieser Zeit entstand auch eine enge Freundschaft zwischen ihm und Kurt, da die beiden sich monatelang ein Apartment teilten. In einem Interview, das DGC zu Promotionzwecken aufgenommen hatte, sagte Kurt über Dave: „Er ist der ausgeglichenste Typ, den ich kenne, und er spielt besser als jeder andere Schlagzeuger, der mir je untergekommen ist. Selbst, wenn ich John Bonham wieder zum Leben erwecken könnte, würde ich lieber mit Dave arbeiten." Im Gegensatz zu den früheren Nirvana-Drummern konnte Dave auch den Begleitgesang übernehmen.

Die Songs der neuen Platte wurden in sechzehn Tagen im Sound City in Van Nuys aufgenommen, einem legendären Studio, an dessen Wänden die gerahmten goldenen Schallplatten von Stars wie Neil Young, Tom Petty And The Heartbreakers oder Fleetwood Mac prangten. (Jahre später kaufte Dave das Mischpult, das Neve Electronics 8028 aus dem Studio A, in dem Nirvana gearbeitet hatten, und produzierte einen Dokumentarfilm über das Sound City.)

Das Sound City bedeutete zunächst eine gewaltige Umstellung für Nirvana; sie hatten noch nie in einem Umfeld gearbeitet, in dem Musik für den Mainstream produziert wurde. Auf sie wirkte es surreal, dass sie Lenny Kravitz manchmal beim Lunch sitzen sahen, wenn sie an einem Diner in der Nähe vorbeikamen. Später erfuhren sie, dass Ozzy Osbourne im angrenzenden Studio arbeitete. Die meisten Punks hatten aller Ideologie zum Trotz eine große Schwäche für Black Sabbath, und Kurt und Dave malten sich „OZZY" auf die

Finger, in Anlehnung an die „LOVE"- und „HATE"-Tätowierungen, die Ozzys Hände zierten, aber sie trauten sich nie, ihren Metal-Helden wirklich anzusprechen.

All das lenkte die Band aber kein bisschen davon ab, mit größter Intensität genau die Platte einzuspielen, die sie sich vorgestellt hatte. Abgesehen von wenigen Overdubs entstand der größte Teil von *Nevermind* „live" im Studio. Vig hatte schnell begriffen, dass er die Bänder am besten einfach laufen ließ. Normalerweise hält sich der Leadsänger bei den Aufnahmen stimmlich zunächst zurück und lässt die Band erst einmal die Begleitung einspielen, um anschließend bei den Overdubs so richtig loszulegen. Kurt hielt sich allerdings nie mit halbherzigem Gesang auf, was dazu führte, dass seine Stimme schnell angegriffen war und sich häufig die ersten Takes, die Vig mitgeschnitten hatte, als die besten herausstellten.

Während der Sessions zog Kurt sich immer mal wieder in sich selbst zurück. Einige Jahre nach seinem Tod sagte Dave einem Reporter: „Er konnte unglaublich warmherzig und lustig sein und sich dann plötzlich ganz in seinen Gedanken verlieren. Ich glaube nicht, dass wir anderen wirklich begriffen, was da in seinem Kopf vor sich ging."

Vig zufolge war es nie vorherzusehen, „wann sich diese schwarze Wolke über ihn senkte. An manchen Tagen geschah das gar nicht, an anderen war er zwei, drei Mal in einer absolut finsteren Stimmung. Es kam auch vor, dass er ohne weitere Erklärung das Studio verließ und eine halbe oder eine Stunde spazieren ging. Das einzige, was wir dann wussten, war, dass er irgendwann wiederkommen würde."

In solchen Augenblicken kämpfte Kurt vermutlich mit einem Anflug von Depression, aber ich glaube, dass er manchmal auch voll und ganz von kreativen Prozessen in Anspruch genommen wurde. Kurt drängte die Band dazu, etwas ganz Neues auszuprobieren, Metal, Punk und Pop in einer bisher noch nie dagewesenen Weise zu verquicken und dabei gleichzeitig ein Gefühl von Intimität herzustellen. So eng er sich mit Krist und Dave verbunden fühlte und so gut er auch mit Butch Vig zurechtkam – Kurt war der einzige, der eine genau ausgeklügelte Vision vom Sound der Platte hatte.

Bei den ersten Aufnahmen von „Lithium" hatte er beispielsweise das Gefühl, dass Dave zu schnell spielte. Das frustrierte ihn derart, dass er seine Gitarre zertrümmerte und Vig eine andere für ihn besorgen musste, was nicht ganz so einfach war, da sie schließlich für Linkshänder geeignet sein musste. Um die entstandene Spannung abzubauen, improvisierte die Band ein bisschen, was später als Bonustrack „Endless, Nameless" auf der Platte landete.

Am nächsten Tag nahmen sie „Lithium" noch einmal in Angriff, und auf Kurts Anregung hin bestand Vig darauf, einen sogenannten Clicktrack mitlaufen zu lassen, bei dem ein Metronom den Takt vorgibt. In einem Interview anlässlich des zwanzigsten Jahrestages der Albumveröffentlichung sagte Dave, das sei „wie ein Stich ins Herz" gewesen, aber er räumte ein, dass das Endergebnis die Entscheidung rechtfertigte.

Ähnlich wie Thurston es schon über *Bleach* gesagt hatte, war auch Vig davon überzeugt, dass sich ein großer Teil der speziellen Energie von *Nevermind* aus Kurts Gesang speiste. „Seine Stimme war so zerbrechlich und verletzlich. Da hätten fünfzig andere Sänger diese Titel einsingen können, die Aufnahmen hätten keine solche emotionale Kraft gehabt. Seine Stimme besaß eine ganz einzigartige Färbung. Sie transportierte Wut und Verletzlichkeit und Angst und Zorn und Verwirrung, manchmal alles zusammen in einer einzigen Songzeile."

Anfang 1992 war *Nevermind* eines der größten Alben der Rock-Geschichte geworden, und die Kritik der Punk-Puristen ließ nicht lange auf sich warten: Die geschliffene Produktion, so behaupteten zumindest einige, hätte das, was die Band früher einmal ausgemacht hatte, komplett zerstört. Selbst Kurt ließ sich gelegentlich zu der Aussage hinreißen, die Produktion der Platte habe Nirvana irgendwie verändert. Einmal, in einem Augenblick der Anspannung, zog Kurt sogar einen Vergleich mit dem Sound der Glam-Metaller Poison, was aus dem Mund eines Punk-Rockers vermutlich die größte Beleidigung darstellte. Ich gab nicht allzu viel auf solche Äußerungen, denn ich war überzeugt, *Kurt* wusste, dass er genau das Album abgeliefert hatte, das ihm vorgeschwebt hatte. Dass *Nevermind* allerdings derart durchstartete und dementsprechend engagiert und auf breiter Front diskutiert wurde, sorgte allerdings doch dafür, dass er die Platte aus einem anderen Blickwinkel betrachtete als noch zur Zeit der Aufnahmen.

Vig erklärt: „Es hat mich ziemlich verletzt, als ich lesen musste, das Album sei zu glatt. Verglichen mit den Songs, die sonst im Radio liefen, oder was? Es war ein ungeschliffener, frischer Wind! Die Platte ist ganz schlicht. Manchmal spielte Kurt zusätzlich eine zweite Gitarrenspur ein, oder Dave steuerte Harmoniegesang bei, aber das war's. Es gab keinerlei elektronische Spielereien. Ich habe sogar nur 16 der 24 Spuren benutzt, die wir zur Verfügung gehabt hätten. Wenn überhaupt, dann ist es unterproduziert." Vig ist dennoch klar, wieso die Band in bestimmten Situationen so tun musste, als ob sie sich von dem Album distanzierte. „Wie will man sonst seine Punk-Credibility aufrechterhalten, wenn man gerade zehn Millionen Platten verkauft hat?"

Wenn es um seine Texte ging, spielte Kurt ihre Bedeutung meist herunter. Er sagte, er hätte kleine Gedichtfragmente gesammelt und sie in letzter Minute zusammengesetzt, manchmal behauptete er sogar, dass er selbst nicht wusste, was sie bedeuten sollten. Ich glaubte ihm kein Wort davon. Wenn ich bei Kurt vorbeischaute, lagen stets mehrere Notizbücher in seiner Nähe. Er überarbeitete seine Texte mit derselben Intensität, die er auch auf die Aufnahmen der Musik verwandte. Ihn ärgerte wohl die Vorstellung, dass er eine poetische Kunstform mal eben auf die Schnelle erklären könnte. Wenn er einen Journalisten sympathisch fand, konnte es allerdings sein, dass er doch etwas mehr ins Detail ging. In *Classic Rock Albums: Nevermind* verrät Kurt: „Ich mag Texte, die anders sind, so ein bisschen schräg, die ein bestimmtes Bild erzeugen. So ähnlich geht es mir auch bei bildender Kunst." Er war ein Impressionist, der wusste, dass der Klang der einzelnen Wörter ebenso wichtig war wie ihre eigentliche Bedeutung, und er nutzte seine Texte ebenso oft, um Gefühle zu erzeugen, wie auch, um eine lineare Geschichte zu erzählen.

Für viele Nirvana-Fans hatte „Smells Like Teen Spirit" eine ähnlich bahnbrechende Bedeutung wie Allen Gingsbergs „Howl" für die

Beat-Generation oder Bob Dylans „Like A Rolling Stone" für meine Altersgenossen. Kurt liebte die Parodie, die Weird Al Yankovic von seinem berühmtesten Song abgeliefert hatte, aber ich hatte den Eindruck, dass viele Musik-Fans mit althergebrachten Hörgewohnheiten nicht recht kapierten, was Weird Al eigentlich sagen wollte, wenn er den Song in selbstgerechtem Ton mit den Worten einleitete: „What is this song all about? Can't figure any lyrics out." Meiner Meinung nach schlüpft Weird Al in die Rolle eines traditionellen Rock-Fans, der Nirvana an sich überhaupt nicht begreift, während die Anhänger der Band ohne weiteres kapierten, worum es ging, wenn Kurt sang: „With the lights out it's less dangerous / here we are now, entertain us." Der Song macht ja gerade deswegen so viel Spaß und wirkt so befreiend, weil er die Möglichkeit bietet, sich von jenen Leuten abzuheben, die auf eine Weise in der Mainstream-Kultur gefangen sind, dass sie solche Feinheiten nicht kapieren; zudem gibt er einem dann noch das Gefühl, dass man nicht ganz allein gegen den Strom schwimmt. Vielleicht fiel es meiner Generation schwer, die Worte zu verstehen, aber junge Nirvana-Fans konnten sie schnell mitsingen. Es war der Text, der diesen Song zu einer Hymne machte.

Gary Gersh wollte unbedingt vermeiden, dass die Band den Eindruck bekam, ihre Plattenfirma wolle sie kontrollieren, und daher blieb er dem Studio während der Aufnahmen größtenteils fern. Da *Nevermind* Vigs erste Produktion für ein Major-Label war, machte ihn das jedoch nervös, und irgendwann fragten er und Dave meinen Kollegen John Silva: „Ist das nicht irgendwie komisch, dass niemand vom Label hier vorbeischaut?" Silva lachte nur: „Ihr solltet heilfroh darüber sein!"

Ist die Platte erst einmal fertig aufgenommen, folgt als nächstes das Abmischen. Hier wird die Lautstärke der einzelnen Spuren ausbalanciert, und dieser Prozess trägt entscheidend dazu bei, wie gut oder schlecht eine Platte klingt. Der Mix erfordert eine andere ästhetische Perspektive als die Aufnahme. Vig hatte *Nevermind* zunächst einmal, so wie er das bei anderen Alben auch schon getan hatte, selbst abgemischt.

Nachdem er allen Beteiligten während der Aufnahmen freie Hand gelassen hatte, bestellte Gersh nun die Band, Silva und mich in sein Büro. Dort eröffnete er uns – in einem sehr respektvollen Ton, der deutlich machte, dass die Band ganz klar das letzte Wort in dieser Sache haben sollte –, dass ihm der fertige Mix viel zu dumpf vorkam und nicht die Power vermittelte, die eigentlich in der Band steckte. Alle Augen richteten sich auf Kurt, und der hatte sich offenbar schon dasselbe gedacht, denn er willigte mit leiser Stimme ein, man könnte ja jemand anderen ausprobieren, solange die Option erhalten blieb, wieder zu Vig zurückzukehren, wenn ihm der neue Mix nicht gefiel. Gersh wusste, dass Kurt den geschliffenen Sound kommerzieller Rock-Alben hasste, und daher brachte er Andy Wallace ins Spiel, der vor allem für seine Arbeit mit der Heavy-Metal-Band Slayer bekannt war. Dessen Remix ließ den Gesang klarer hervortreten und verstärkte gleichzeitig das Schlagzeug, und Kurt erklärte prompt, er sei mit dem Ergebnis sehr zufrieden.

Die richtige Reihenfolge der einzelnen Tracks zu finden, fällt vielen Musikern schwer und dauert oft erstaunlich lange. Nicht so bei Nirvana. Krist erinnert sich, dass sich Kurt, kurz nachdem der endgültige Mix abgenickt worden war, eines Nachmittags bei Geffen „fünf Minuten lang über die Abfolge Gedanken machte, und das war's." Meine eigene Philosophie für die ideale Titelfolge war ganz einfach – der beste Song musste immer ganz an den Anfang, denn wer damals zum Plattenkaufen in einen Laden ging, ließ sich dort ein Album zum Testhören auflegen, und die Kaufentscheidung stand und fiel mit dem ersten Track. Oft genug hatte ich mit Künstlern zu tun gehabt, die zu viel über den ganzen Prozess nachdachten und diese schlichte Regel nicht beachteten. Aber zu meiner Erleichterung wählte Kurt „Smells Like Teen Spirit" als ersten Song. Wirklich überrascht war ich allerdings nicht: Kurt mochte einen Hang zur Selbstzerstörung haben, aber nicht, wenn es um seine Musik ging.

Nachdem das Album an sich also so gut wie fertig war, bekamen Kurt, Krist und Dave auch mehr mit ihrem neuen Label zu tun. Das Team bei Geffen war den Umgang mit temperamentvollen Künstlern gewohnt; Inger Lorre von den Nymphs hatte erst kurz zuvor auf Tom Zutauts Schreibtisch gepinkelt, weil sie das Gefühl hatte, dass er ihr nicht den nötigen Respekt entgegenbrachte. Verglichen damit waren die Jungs von Nirvana recht angenehm und pflegeleicht im Umgang. Sie waren davon abgesehen auch erleichtert: Die Mitarbeiter bei Geffen waren viel entspannter und zugewandter, als sie erwartet hatten.

Mit dem ehemaligen SST-Mitarbeiter Ray Farrell verstand sich Kurt am besten; Farrell war ein Schallplattensammler, und die beiden redeten stundenlang über obskure Songs. Einmal trafen sie sich bei Kurt zuhause, und Farrell stöberte in den Platten, die auf dem Boden standen, weil Kurt noch nicht dazu gekommen war, sich ein paar Regale anzuschaffen. Dabei stieß er auf gleich vier eingeschweißte Exemplare von *The Chipmunks Sing The Beatles Hits* aus dem Jahr 1964, auf dem frühe Beatles-Songs mit den piepsigen Stimmen der Zeichentrickfiguren eingesungen worden waren. Als Farrell erzählte, dass auch er diese Platte als Kind geliebt hatte, schenkte Kurt ihm ein Exemplar.

Robin Sloan (heute, nach ihrer Heirat, Robin Seibert), die sich um die Videos und das Artwork kümmerte, erinnert sich: „Kurt war immer sehr nett; er fragte, wie es mir ging, und sagte bitte und danke, was ich bei Leuten, die so talentiert und erfolgreich waren wie er, nur sehr selten erlebt hatte."

Während der Aufnahmen von *Nevermind* berichtete Silva, dass Kurt ihn gebeten hatte, eine dieser Buchstabentafeln für ihn zu besorgen, wie Augenärzte sie zur Bestimmung der Sehstärke verwenden, da er diese Art von Grafik eventuell für ein Plattencover nutzen wollte. Ich hatte Drucke dieser Art schon in Posterläden gesehen und war davon wenig begeistert, da ich mir nicht vorstellen konnte, dass eine solche Idee die aufregende, moderne Ästhetik transportieren konnte, die ich von Nirvana erwartete.

Offenbar gab Silva das an Kurt weiter, denn bald darauf passte mich der Sänger im Flur vor meinem Büro ab und sprach mich darauf an. Als ich ihm meine Bedenken schilderte, wirkte er nicht etwa beleidigt, sondern eher neugierig. Auch wenn er am Mikrofon schrie und brüllte, abseits der Bühne sprach Kurt stets sehr leise. Ob ich ihm sagen könne, in welchen Läden ich solche Poster gesehen hatte, fragte er mich (Konnte ich nicht.) Er schenkte mir ein irritiertes Lächeln, als dächte er gerade darüber nach, ob es sich lohne, seinen Gedankengang für einen normalen Sterblichen wie mich in möglichst schlichte Worte zu fassen. Aber dann bedankte er sich lediglich aufrichtig bei mir. Als ich ihn besser kennen lernte, begriff ich, dass andere Menschen zwar oft erst begriffen, wie Kurt in ästhetischer Hinsicht tickte, wenn sich seine Ideen in seiner Arbeit manifestierten, dass er selbst aber stets wirklich daran interessiert war, neue Perspektiven aufgezeigt zu bekommen, die abseits seiner eigenen Denkweise lagen.

Ohne weitere Erklärungen verabschiedete sich Kurt letztlich doch von der Idee mit der Sehtest-Tafel. Eine Weile dachte er daran, das Album *Sheep* zu nennen und auf dem Cover ein ganzes Feld voller Wohnmobile abzubilden – bis er sich schließlich für *Nevermind* entschied, und für das inzwischen legendäre Foto des schwimmenden Babys, das nach einem an einer Angelschnur hängenden Dollarschein greift. Das Konzept für das Cover war ihm offenbar eingefallen, nachdem er und Dave einen Dokumentarfilm über Wassergeburten gesehen hatten.

Umgesetzt wurde dieses Design von Robert Fisher, dem Art Director von Geffen, der auch die Cover der Singles gestaltete. „Kurt war so ein netter Kerl. Er tauchte mit seinem Notizbuch im Büro auf, sehr zurückhaltend und nachdenklich“, erinnert er sich. Fisher entdeckte ein passendes Foto in einem Katalog, aber der Rechteinhaber verlangte eine unverschämte Summe, und daher beauftragte Fisher den Fotografen Kirk Weddle, ein anderes Baby abzulichten. Der Dollarschein und der Angelhaken wurden per Photoshop eingefügt.

Die Presseabteilung bat Nirvana um eine kurze Bandbiografie zur Aussendung an die Medienvertreter, und die drei beschlossen, eine völlig phantastische Vergangenheit zu konstruieren, ähnlich wie die Geschichten, mit denen sie Everett True bei den ersten Interviews unterhalten hatten. Krist und Kurt gaben vor, sich im Aberdeen Institute Of Arts And Crafts kennengelernt zu haben, das es wohlgemerkt gar nicht gab. Das PR-Team wusste, dass die Biografie reine Erfindung war, spielte aber mit. Das übliche Prozedere von Plattenfirmen zu unterlaufen war schließlich für das Image einer Punk-Band genau richtig. Es passte zu der Idee, das System von innen zu unterwandern, wenn auch auf amüsante und harmlose Weise.

Anfang der Neunzigerjahre war MTV das wohl einflussreichste Medium für die Musikbranche. Kurt wusste genau, wie ihr Video zur ersten Major-Single aussehen sollte, und bei einem Meeting mit der gesamten Layout-Abteilung von Geffen stellte er sein Konzept für den Clip zu „Smells Like Teen Spirit" vor. Robin Sloan erinnert sich: „Er war so schüchtern und sprach so leise. Ganz offensichtlich hatte er noch nie in einem solchen Meeting mit so vielen wichtigen Leuten gesessen. So leise er auch war, er sagte mit fester Stimme: ‚Es muss aussehen wie eine Motivationsveranstaltung vor einem großen Sport-Event an der Schule, die aber richtig daneben geht.' Alle waren sofort fasziniert. Zwar war ich wesentlich älter als er, aber ich wusste noch genau, dass ich mich auf der Highschool genauso gefühlt hatte – wie eine Ausgestoßene, der die Welt der Football-Teams und Cheerleader völlig fremd war." Einige Tage darauf schrieb Kurt eine Drehbuchskizze für sie nieder. Sloan hatte bereits für verschiedene Major-Labels gearbeitet und keinerlei Probleme damit, Künstler zu bremsen, wenn sie sich ihrer Meinung nach verrannten, aber sie staunte über Kurts klaren Kreativblick. In ihren zwanzig Berufsjahren hatte sie meistens mit Künstlern zu tun gehabt, die entweder gar nicht wussten, wie sie sich visuell darstellen wollten, oder die sich in Allgemeinplätzen verloren. „Was Kurt von allen unterschied, mit denen ich vorher gearbeitet habe, war die Tatsache, dass er immer eine zentrale Idee hatte." Er wusste genau, was er wollte.

Nirvana mussten sich als neue Band mit einem Budget von nicht einmal 50.000 Dollar begnügen, einer damals sehr bescheidenen Summe. Als Regisseur schlug Sloan den noch recht unbekannten Sam Bayer vor. Bayer hatte zwar noch nie selbst ein Video gedreht, aber er hatte kurz zuvor für einen renommierten Regisseur Zusatzmaterial aufgenommen, dessen visuelle Ausrichtung Sloan gut gefiel. Kurt war einverstanden.

Ich schaute mit meiner damals ein Jahr alten Tochter Katie beim Dreh vorbei, und die Band war entspannt und guter Laune. Die Jugendlichen, die sich bereiterklärt hatten, als Schüler aufzutreten, waren schon seit Stunden am Set, hatten mittlerweile etwas geraucht oder sich anderweitig zugedröhnt und wurden mit jedem Take lauter und ausfallender. Bayer machte sich bereits Sorgen um die Kulissen, aber die Band fand den Hauch von Chaos großartig, der die Szene jetzt umwehte.

Sloan erinnert sich: „Ein paar Kids sind beim Dreh richtig ausgeflippt. Glücklicherweise behielt Sam die Nerven und ließ die Kameras einfach laufen. Nichts davon war vorher geplant. Die Beleuchtung, für die er sich entschieden hatte, verlieh den Bildern eine bestechende Schönheit, die das zornige Feeling der Musik konterkarierte, und die daraus resultierende Spannung sorgte für ein faszinierendes Ergebnis. Die Energie, die von der Band ausging, war außerdem unglaublich."

Probleme gab es dennoch, da Kurt mit dem ersten Schnitt, den Bayer angefertigt hatte, überhaupt nichts anfangen konnte. Der Regisseur hatte versucht, den Hausmeister der Schule in die Mitte der Geschichte zu rücken, nicht die Jugendlichen und die missglückte Motivationsveranstaltung, die Kurt als zentrales Motiv vorgesehen hatte. Sloan erinnert sich daran, wie sie Kurt von einem Münztelefon in einem Restaurant aus anrief: „Er war so unglücklich, aber er hatte sich so aufgeregt, dass er nicht mit Sam über die ganze Sache reden konnte. Ich musste einen Editor finden, mit dem Kurt arbeiten konnte. Das spätere Video folgte in seinem Schnitt ganz und gar Kurts Vorstellungen."

Rückblickend finde ich es faszinierend, dass Sloan damals bereit war, Kurt so bedingungslos zu vertrauen. Es zeigt, welche Überzeugungskraft seiner Aura innewohnte, selbst bevor Nirvana so erfolgreich wurden. Sie schwärmt: „Kurt wusste genau, was er tat, visuell gesehen – so etwas hatte ich noch nicht erlebt."

Inzwischen hatten die beiden Sub-Pop-Betreiber den Punk Rock aus dem amerikanischen Nordwesten zu einer Marke stilisiert und die Medien dazu gebracht, das Ganze „Grunge“ zu nennen, ein Begriff, der am Ende eine Mischung aus Punk und Metal bezeichnete. Im Juni 1991, drei Monate, bevor *Nevermind* erschien, veröffentlichte Sub Pop eine Compilation mit dem Titel *The Grunge Years*, die mit dem Nirvana-Titel „Dive“ begann und ansonsten Songs von Bands wie den Screaming Trees, L7, Tad, den Afghan Whigs und Mudhoney enthielt.

Nun war Kurt zwar mit vielen Musikerkollegen aus Seattle gut befreundet, aber die Vorstellung, dass Nirvana lediglich als Teil eines neuen Trends betrachtet werden sollte, schmeckte ihm überhaupt nicht. Ungefähr zur gleichen Zeit fragte Cameron Crowe bei uns an, ob er einen Nirvana-Song für den Soundtrack seines neuen Films *Singles* verwenden dürfte, dessen Geschichte in der Rock-Szene von Seattle angesiedelt war. Bevor Crowe sich als Drehbuchautor und Regisseur einen Namen machte, war er ein Wunderkind des Musikjournalismus gewesen; als ich noch als Pressemanager für Led Zeppelin arbeitete, hatte Crowe, damals noch nicht einmal zwanzig, die Band für die *Los Angeles Times* und den *Rolling Stone* interviewt. Zwar war ich überzeugt, dass er besser als jeder andere in der Lage sein würde, die Szene angemessen darzustellen, aber Kurt lehnte sofort ab, Musik dafür freizugeben: Er wollte nicht, dass Nirvana mit all den anderen Seattle-Bands in einen Topf geworfen wurden, nicht einmal mit denen, die er gut fand. So etwas wie *Grunge Years* wollte er nicht noch einmal erleben. Noch bevor „Smells Like Teen Spirit“ die Welt im Sturm eroberte, hatte Kurt schon eine klare Vorstellung davon, welcher Platz Nirvana im Rock'n'Roll-Kosmos zukam.

Während der Aufnahmen von *Nevermind* hatte sich die Band weiterentwickelt. Bei Sonic Youth waren alle vier Bandmitglieder in etwa gleichberechtigt, aber Thurston hatte bereits gemerkt, dass die Dynamik bei Nirvana anders aussah. „In dem Alter, mit Anfang zwanzig, ist man noch ein bisschen unreif, und Jungs reden entweder miteinander oder eben auch nicht. Sie alle waren viel selbstbewusster geworden." Thurston spürte aber auch, dass Krist und Dave zunehmend das Gefühl hatten, dass sich zwischen ihnen und Kurt ein Graben auftat. „Der Typ macht die ganze kreative Arbeit, und wir spielen die Musik. Mehr aber auch nicht."

Trotz dieser Arbeitsteilung war für Kurt die Kameraderie der Band auf Tournee gerade in emotionaler Hinsicht sehr wichtig. Thurston berichtet: „Ich weiß noch, wie wir auf Tour mit Neil Young in der Arena von Seattle spielten und die Jungs in der Garderobe waren. Kurt hatte sich mit irgendeinem grünen Zeug, das ihm die Stirn herunterlief, die Haare gefärbt. Krist war reichlich angetrunken und flippte backstage ziemlich aus, was Kurt mit einem echten Mona-Lisa-Lächeln beobachtete."

Im August 1991, noch bevor das gerade fertiggestellte Album veröffentlicht wurde, begleiteten Nirvana Sonic Youth auf einer kurzen, aus zehn Gigs bestehenden Europa-Tournee. Dinosaur Jr., Babes In Toyland und Gumball waren ebenfalls mit von der Partie. Nirvana sicherten sich außerdem einen Nachmittagsauftritt beim legendären Reading Festival. Später sagte mir Kurt einmal, dass diese Wochen zu den glücklichsten seines Lebens zählten.

Sonic Youth hatten erkannt, dass sich ein kultureller Wendepunkt andeutete, und sie beauftragten den Filmemacher Dave Markey, die Tour zu dokumentieren; der Film erhielt später den Titel *1991: The Year Punk Broke*. „Wir spürten, dass messbar mehr Leute auf die Musik ansprachen, die Bands wie wir machten", erklärt Thurston. „Der Titel war ein Wortspiel: Das Jahr, in dem Punk seinen Durchbruch feierte, oder auch, das Jahr, in dem Punk pleite ging. MTV Europe spielte deutlich mehr Punk, und auch in der Mode machte sich das bemerkbar. Mötley Crüe coverten einen Song von den Sex Pistols."

Der erste Gig der Tour fand im irischen Cork statt. Thurston hatte Nirvana bis dahin noch nicht mit Dave am Schlagzeug erlebt und erinnert sich: „Der erste Song haute mich um. Grohl schlug auf seine Drums ein und ergänzte Kurts Gesang wunderschön mit seiner Begleitstimme. Aber sie waren auch völlig entfesselt, sie schlugen das

Publikum total in ihren Bann. Bei allen Konzerten dieser Tour waren sie schlicht unglaublich. Rückblickend würde ich sagen, dass wir die Band auf ihrem absoluten Höhepunkt erlebten."

Markey sagte 2011 in einem Interview für *Spin*: „Für mich war Reading der entscheidende Moment. Nirvana spielten mittags gegen zwei, und zum Abschluss brachten sie ‚Endless, Nameless' in voller Länge. Dabei sprang Kurt ins Publikum, und Thurston kam raus und hielt ihn fest. Dass er ihn aus der Menge zog, war geradezu perfekt. Er und Kim waren sozusagen Ersatzeltern für Kurt. Auf dem Weg zu einem Festival in Deutschland wurden Nirvana an der Grenze aufgehalten und verpassten ihren Auftritt. Aber Thurston ging zu allen Bands, die noch spielten, und bat sie, ihre Sets um zehn Minuten zu kürzen, damit Nirvana doch noch auf die Bühne konnten."

Thurston sagt über diese Zeit: „Kurt konnte manchmal trübsinnig und still sein, aber er hatte genau denselben perversen Humor wie wir alle. Wir gingen in Plattenläden oder in Second-Hand-Shops, und wir lachten über dieselben Sachen." Backstage, sagt Thurston, „saß Kurt oft einfach nur auf einem Stuhl oder schlich ein bisschen durch die Gegend. Aber er war ganz bestimmt guter Dinge! Wir hatten alle so viel Spaß, und er war mittendrin und hatte daran teil. Wir hatten genug Catering! Das ist ja das Schöne, wenn man in einer Band ist – dass man mit etwas Glück an den Punkt kommt, an dem man in der Garderobe etwas zu essen hingestellt bekommt. Ohne dass man sich darüber Sorgen machen muss, wer das bezahlt. Man spielt seine Songs, und die Leute fahren drauf ab, weil sie neu und aufregend sind. Es waren herrliche Jahre, ganz phantastisch. Die Jungs von Nirvana wirkten überhaupt nicht gestresst. Sie gingen auf die Bühne, als ob sie in irgendeinem Keller auftraten, dabei standen vor der Bühne fünftausend Leute."

Einige Monate später, als das Video zu „Smells Like Teen Spirit" fertig editiert war, erzählte mir Silva, dass der geschasste Bayer viel Wert darauf gelegt hatte, unbedingt noch die Einstellung hrauszuschneiden, in der Kurt direkt in die Kamera blickt. Es sah aus, als würde sich der Rock-Sänger, den er darstellte, direkt an das Publikum wenden, was der Regisseur offenbar für uncool hielt. Kurt hatte jedoch bereits beschlossen, diese Szene unbedingt kurz vor Schluss in voller Länge zu verwenden. Silva und ich waren beide sehr gespannt, wie weit Kurt wohl noch gehen wollte.

Fünftes Kapitel

DIE DINGE EINFACH LAUFEN LASSEN

In der Musikszene von Seattle war man sich bereits bewusst, dass große Dinge ihre Schatten vorauswarfen. Jennie Boddy hörte die Songs von *Nevermind* zum ersten Mal zusammen mit Susie Tennant bei einem Nirvana-Gig im OK Hotel, einem Club in Seattle, und sie erinnert sich: „Sie spielten ‚Teen Spirit' und ‚Lithium', und uns allen klappte die Kinnlade runter. Susie hyperventilierte schon fast, so gut waren sie. Selbst die Typen, die im Moshpit herumsprangen, bekamen das mit."

Ein paar Monate später sah Jennie die Band in einem Club namens Off Ramp. „In der Zwischenzeit war Grohl zu ihnen gestoßen, und mit ihm klangen die neuen Songs noch phantastischer. Die Band spielte ein komplettes Set, dann schloss der Club um zwei Uhr früh. Alle Leute gingen raus, und dann gingen wir wieder rein, und die Band spielte noch mal ein paar Stunden. Kurt war überglücklich."

Im Januar, als *Nevermind* den ersten Platz der amerikanischen Albumcharts erreichte, wurde der Geffen-Geschäftsführer Eddie Rosenblatt von der *New York Times* nach der Marketingstrategie des Labels für die Band gefragt, und er antwortete bescheiden: „Die Dinge einfach laufen lassen und die Füße stillhalten." „Smells Like Teen Spirit" hatte eine solche Energie, dass der Titel praktisch ein Selbstläufer war – ganz ohne Frage wäre er für jedes Label und mit jedem Team zum Mega-Hit geworden. Dennoch hatten die Band und DGC viel Zeit und Kraft darauf verwendet, Nirvanas Major-Label-Karriere auf ganz besondere Art anzuschieben.

Mit dem neuen Album hoffte die Band, möglichst viele neue Hörer zu gewinnen, aber gleichzeitig wollte sie unbedingt ihre Glaubwürdigkeit erhalten, die ihnen eine treue Fangemeinde eingebracht hatte.

Ein großer Teil des Misstrauens, das Künstler gegenüber Plattenfirmen und Medien hegten, hatte damit zu tun, dass sich die Rock-Szene in viele stark voneinander abgegrenzte Lager aufspaltete. Es war eine ganz besondere Erfahrung, wenn man einen Musiker gut fand, den außer ein paar Freunden sonst niemand kannte, und das Gefühl des Besonderen litt unweigerlich, wenn dieser Musiker plötzlich erfolgreich wurde und die Typen in der Schule, die man immer schon gehasst hatte, plötzlich seine Songs summten. Kurt wollte im Grunde einen Erfolg, den er mit allen Facetten seines inneren Teenagers akzeptieren konnte. Er identifizierte sich sehr mit Außenseitern, deren Selbstwertgefühl stark davon abhing, zu einer kleinen Subkultur zu gehören, aber er fand es auch schön, Teil eines großen Publikums zu sein und gemeinsam mit vielen anderen einen hymnischen Refrain oder ein kraftvolles Riff zu feiern.

Das wichtigste Marketing-Instrument der damaligen Zeit war das Radio: Musik zu *hören* war schlicht viel überzeugender, als nur über sie zu *lesen*. Viele der College-Sender, die ihre Playlists für die *CMJ*-Charts meldeten, hatten Nirvana von Anfang an unterstützt und „Sliver" oder auch Tracks von *Bleach* gespielt. Um die Punk-Rock-Fans der Band zu erreichen, war es unerlässlich, mit den jungen College-DJs in Verbindung zu bleiben: sie waren der zunächst wichtigste Multiplikator für *Nevermind*.

So waren auch die Jugendlichen, die im Video zu „Smells Like Teen Spirit" mitgewirkt hatten, über einen College-Sender angeworben worden, KXLU, eine Station aus dem Umfeld der Loyola Marymount University in der Nähe des Flughafens von Los Angeles, die sich allein über ihre Hörer und ohne Werbeeinnahmen finanzierte.

KXLU fand man ganz links auf der Skala an den Radiogeräten, und wenn ich den Sender einschaltete, bekam ich stets das Gefühl, als würde ich in aufregende Geheimnisse eingeweiht. Dort konnte man Indie-Rock hören, wie er sonst nirgendwo im Süden Kaliforniens über den Äther ging. Um deutlich zu machen, dass sie ihre Wurzeln nicht vergessen hatten, entschieden sich Nirvana, „Smells Like Teen Spirit" einen Tag, bevor alle übrigen Sender die Single erhielten, exklusiv bei KXLU zu präsentieren.

Der junge Promoter John Rosenfelder, den alle Rosie nannten, fuhr mit Kurt zum Sender, Krist und Dave saßen mit der Promo-Assistentin Sharona White im Auto. Rosie erinnert sich, dass „die Band sich, als wir auf dem Freeway 405 unterwegs waren, aus Spaß von einem Wagen zum anderen mit Essen warf". Nirvana gaben dann ihr erstes Radio-Interview zu *Nevermind* und luden die Hörer ein, am nächsten Tag beim Videodreh für „Smells Like Teen Spirit" mitzumachen.

Aber so wichtig es ihnen war, den Kontakt zu den Punk- und Indie-Fans nicht abreißen zu lassen, so war es doch einer der Gründe für den Wechsel zu einem Major-Label gewesen, auch die kommerziellen Radiosender zu knacken. Die waren in den USA nach Formaten eingeteilt, die speziell auf bestimmte demografische Gruppen ausgerichtet waren. Die Pop- und Top-40-Sender richteten sich vor allem an Kinder und Jugendliche und an ein insgesamt eher weibliches Publikum. Die verschiedenen „Rock"-Formate hingegen wandten sich an vorwiegend männliche, ältere Teenager und junge Leute im College-Alter. Eine ganze Industrie aus Programmplanern und Beratern lebte davon, angeblich narrensichere Erfolgsformeln für die ideale Musikzusammenstellung aufzustellen, die dann die besten Einschaltquoten für die angepeilte Zielgruppe im Sendegebiet garantieren sollten.

In der Abhängigkeit von den kommerziellen Radiosendern lag eine der größten Schwierigkeiten, die sich den großen Plattenfirmen stellten. Die Promoter konnten noch so überzeugend und enthusiastisch sein – sie blieben doch immer Bittsteller bei den Programmverantwortlichen, die ihrerseits die Launen der Hörer im Blick behalten mussten. Selbst dann, wenn ein Radiomacher ein echter Musikfreak war, durfte er die Hörerumfragen nicht ignorieren. Wer zwei oder drei Quartale hintereinander schlechte Quoten lieferte, konnte sich meist nach einem neuen Job umsehen. Schließlich zahlten die Werbekunden nach Tarifen, die auf der Basis dieser Quoten errechnet wurden, und erfolgsverwöhnte Radiostationen neigten dazu, in vorauseilendem Gehorsam jegliche Songs zu meiden, bei denen auch nur ansatzweise zu befürchten stand, dass die Hörer umschalten könnten, weil der Sound zu ungewöhnlich war. Den Werbekunden war es egal, ob sie mit ihren Produkten leidenschaftliche Fans erreichten, die sich ihre Lieblings-Bands auch live ansahen, oder Hörer, die das Radio nur als Hintergrundbeschallung nutzten und oft nicht einmal wussten, wie die Band hieß, deren Platte gerade gespielt wurde – entscheidend war die Gesamtzahl. Für die Künstler und uns, ihre Interessenvertreter, entstand daher der Eindruck, als ob ausgerechnet die am wenigsten interessierten Musikhörer den größten Einfluss auf die gespielten Titel ausübten.

Die Bedeutung der Hörerumfragen war der hauptsächliche Grund, weshalb die erfolgreichsten Rock-Sender in den meisten Regionen der USA vor allem Bands spielten, die melodische Pop-Songs lieferten. Auf diesem Gebiet brillierten vor allem Glam-Metaller wie Poison und Skid Row, deren Beliebtheit durch die vielen MTV-Einsätze noch gesteigert wurde. Tatsächlich hatten viele MTV-Programmmacher beim Formatradio angefangen und waren daher von genau diesen Umfragen geprägt, auch wenn einige nach und nach begriffen, dass sie sich eine vielseitigere und umfangreichere Playlist leisten konnten, da MTV – im Gegensatz zu den Radiosendern – so gut wie keine Konkurrenz hatte.

Dort, wo der Markt Platz für mehrere Radioprogramme bot, gab es meist zwei oder drei Rock-Sender, die in erster Linie um die Gunst der männlichen Hörer zwischen 18 und 35 buhlten. Einige davon konzentrierten sich auf Heavy Metal à la Ozzy Osbourne oder Pantera. Guns N' Roses, inzwischen die größte Rock-Band in den

USA, beherrschten sowohl die kommerziellen Rock-Sender und die Metal-Wellen, und „Sweet Child O' Mine" gelang sogar das Kunststück, sich beim Pop-Radio durchzusetzen und dort zum echten Hit zu werden.

Während Rosie bei den College-Sendern die Punk-Credibility Nirvanas besonders hervorhob, betonte er bei den Programmchefs der kommerziellen Stationen, dass Nirvana in die Kategorie „Alternative Metal" gehörten, in der sich außerdem Bands wie Jane's Addiction und Faith No More tummelten, die mit ihren jüngsten Veröffentlichungen in beiden Formaten Berücksichtigung fanden. Um sich ein größeres Publikum zu erschließen, waren Nirvana auch durchaus damit einverstanden, dass sie vom Label ein solches Etikett verpasst bekamen. Kurt wollte dennoch nicht zu viele Interviews bei den Metal-Sendern geben – es war in Ordnung, wenn man seine Musik dort gut fand, aber er wollte auf keinen Fall den Eindruck erwecken, sich bei ihnen anzubiedern.

Noch vor der Veröffentlichung von *Nevermind* war Mark Kates mit John Silva bei einem Spiel der Dodgers gewesen, und auf der Fahrt dorthin hatte mein Partner dem DGC-Manager im Auto eine Cassette mit dem Mix vorgespielt, den Andy Wallace von dem Album angefertigt hatte. „Die Platte hatte einen richtig fetten Sound", erinnert sich Kates, „und mir wurde klar, dass wir es damit wahrscheinlich auch bei KNAC, einem in L.A. ansässigen Metal-Sender, probieren konnten – und dass es dann vielleicht sogar ein Gold-Album werden würde." Dazu musste sich eine Platte in den Neunzigern 500.000 Mal verkaufen. Rosie erinnert sich, dass Gary Gersh, als er den Mitarbeitern bei DGC *Nevermind* zum ersten Mal vorspielte, die Lautsprecher voll aufdrehte, um den Promotern klar zu machen, dass sie sich neben den College- und den Indie-Rock-Stationen auch um die Metal-Sender kümmern sollten.

Zu dieser Zeit begann man beim Label allmählich zu ahnen, dass Nirvana vielleicht viel größer werden würden als Sonic Youth. Das war nicht nur in kommerzieller Hinsicht bedeutsam, sondern ließ auch die Vermutung zu, dass *Nevermind* eine seltene Verschmelzung verschiedener Kulturen ermöglichen könnte, denn in der Regel bildeten Punks und Metal-Fans zwei verfeindete Lager.

Die kommerzielle Kategorie, die für Nirvana zunächst am besten zu passen schien, war „Alternative Rock". Sender wie der renommierte KROQ in Los Angeles mieden Metal wie die Pest und konzentrierten sich auf die gängigsten Sachen aus dem College-Radioprogramm. KROQ trug stark dazu bei, dass Bands wie Depeche Mode, The Smiths und The Cure, die bei den Mainstream-Sendern nicht beachtet wurden, im Süden Kaliforniens ein beachtliches Publikum fanden.

Als die meisten CMJ-Sender in den USA „Smells Like Teen Spirit" einen Tag nach der Premiere bei KXLU ins Programm nahmen, wunderte uns das nicht weiter. Aber dass der Track sofort auch auf die Playlist einiger Alternative-Rock-Stationen mit besonders großem Sendegebiet kam, das war schon eine ziemlich große Sache. Zwar versuchten Kurt, Krist und Dave so zu tun, als würden sie den ganzen Musikbusiness-Hype mit ironischem Abstand betrachten, insgeheim fanden sie es aber doch sehr aufregend, dass ihre Musik auch von jenen großen Sendern gespielt wurde, die sie und ihre Freunde selbst oft hörten.

Als Silva und ich in der darauffolgenden Woche zu einem Marketing-Meeting bei DGC erschienen, schwebte Mark Kates auf Wolke sieben. Normalerweise lief es so, dass ein kommerzieller Sender eine neue Single ein- oder zweimal am Abend spielte und erst einmal die Reaktionen abwartete, um sie dann gegebenenfalls nach und nach öfter einzusetzen. Für „Smells Like Teen Spirit" riefen aber schon von Anfang zahlreiche Hörer an, um sich den Track zu wünschen. Das geschah so oft, dass mehrere bedeutende Sender die Platte nur nach wenigen Tagen in die so genannte „heavy rotation" nahmen. Der ehemalige SST-Mann Ray Farrell hatte erfahren, dass viele Indie-Plattenläden schon Listen mit Vorbestellungen für das Album führten, obwohl das erst in einigen Wochen erscheinen sollte. So etwas kam damals nur sehr selten vor, und bei einer Band, die bisher nur ein einziges Album bei einem kleinen Label vorgelegt hatte, war das mehr als ungewöhnlich. Kates, der sich zu Beginn seiner Arbeit für DGC gefragt hatte, ob er je mit so erfolgreichen Künstlern wie The Cure oder Depeche Mode arbeiten würde, sah sich plötzlich mit einer Band konfrontiert, die noch viel größer zu werden versprach.

Krist weist stolz darauf hin, dass es für *Nevermind* kaum Werbung oder groß angelegte Marketing-Aktionen gab. „Im Internet hat man ja später viel darüber diskutiert, was Trends, die künstlich durch Marketing entwickelt werden, von solchen unterscheidet, die Fans ganz allein entdecken und aufbauen. Wir gehörten jedenfalls in die letztere Kategorie."

Eine Woche, nachdem die Single im Radio gespielt wurde, bekam Silva einen Anruf von Bob Lawton, dem Booking-Agenten von Sonic Youth, der am Abend zuvor bei einem Guns-N'-Roses-Konzert in New York gewesen war. Vor dem Gig, als alle noch auf die Band warteten, lief Musik, und als „Smells Like Teen Spirit" kam, jubelten die Zuschauer schon begeistert, als sie nur das Intro hörten. „Wir waren wie vom Donner gerührt. In New York gab es noch nicht einmal einen kommerziellen Alternative-Rock-Sender, aber offenbar hatten einige Fans den Song auf WDRE gehört, der von Long Island aus sendete. Dass ein Song aber nach so kurzer Zeit schon einen solchen Wiedererkennungswert hatte, war ausgesprochen ungewöhnlich. Davon abgesehen hatten wir nicht erwartet, dass Leute, die Guns N' Roses mochten, sich auch für Nirvana interessieren würden."

Trotz dieser vielversprechenden Signale betrachteten die meisten Geffen-Mitarbeiter Nirvana dennoch als Exoten, die zwar viel Presse bekommen, aber nicht gerade überwältigende Verkaufszahlen erzielen würden. Um das zu ändern, bat uns das DGC-Team, einen Gig im Roxy zu organisieren, einem der klassischen Rock-Clubs auf dem Sunset Strip, direkt gegenüber der Geffen-Büros. Die Geffen-Mitarbeiter, die mit Alternative Rock nicht viel am Hut hatten, sollten Nirvana einmal live erleben und sich mit eigenen Augen von der einzigartigen Power der Band überzeugen. Es war Mitte August

1991, kurz nachdem Nirvana das Video zu „Teen Spirit" gedreht hatten, und fast alle Beschäftigten tauchten tatsächlich auf.

Bei den Gesprächen, die ich Jahrzehnte später führte, bezeichneten viele von ihnen dieses Konzert übereinstimmend als einen der Höhepunkte ihrer Karriere. Das Roxy fasst 500 Zuschauer, und es war gerammelt voll – größtenteils mit Leuten aus dem Musikgeschäft, aber es waren auch Fans und andere Musiker da. (Rosie erinnert sich noch gut daran, wie der Sänger der Metal-Band Warrior Soul bei „Breed" richtig wild Pogo tanzte.) Nirvana waren so gut wie nie, knackig und kraftvoll. Anschließend machte sich Kurt typischerweise wieder einmal Sorgen, der ganze Gig sei scheiße gewesen, weil ihm eine Saite gerissen war. Natürlich versicherte ich ihm sofort, es sei ein großartiger Auftritt gewesen, und dieses Mal tat ich das nicht nur als ihr Manager, sondern aus voller Überzeugung.

Als ich anschließend mit einigen Label-Mitarbeitern über den Sunset Boulevard schlenderte, schwärmte Robin Sloan: „Mir kommt es vor, als hätte ich gerade The Who 1964 in London gesehen." Robert Smith sah mich nachdenklich an und sagte dann: „Ich glaube, wir haben hier vielleicht eine goldene Schallplatte am Start."

Am Veröffentlichungstag von *Nevermind* wollte die Band unbedingt in Seattle sein. Rosie staunte, wie sich Nirvana bei den Promo-Terminen ins Zeug legten. „Susie Tennant und ich begleiteten die Band zu KCMU und KISW, und die drei erwiesen sich bei den Interviews als echte Profis. Sie waren pünktlich, und sie waren witzig." Am großen Tag waren ein Auftritt im Plattenladen Peaches und eine Record-Release-Party vorgesehen. Vorher schauten Nirvana, um etwas Abstand zu bekommen, noch bei Susie Tennant zuhause vorbei, die ihre Wohnung auch als Büro nutzte. „Ich hatte ein schmales, längliches Wohnzimmer, und die Jungs bauten aus den vielen Geffen-CDs, die überall standen und lagen, eine Domino-Reihe quer durch den ganzen Raum. Dave und Kurt zogen sich jeweils eins meiner Kleider an. Dann sprangen sie mitten in die aufgestellten CDs." Bei Tennant hing auch eine Goldene Schallplatte des Teenie-Pop-Brüder-Duos Nelson, die das erste Hit-Album für DGC eingespielt hatten. Kurt nahm einen von Tennants Lippenstiften und beschmierte die Auszeichnung damit.

In dem Plattenladen war es später so voll, dass die Fans eine Menschentraube bildeten, die bis auf die Straße reichte. Nirvana spielten live. „Es war eine phantastische Show", erinnert sich Tennant, „bei der die meisten Fans die neuen Songs zum ersten Mal zu hören bekamen." Kurt hatte sich an diesem Tag noch etwas anderes vorgenommen: „Er bestand darauf, dass ein paar Riot-Grrrl-Fanzines im Peaches auslagen und dort verkauft wurden. Auch an diesem Tag, an dem es um Nirvana gehen und die Band gefeiert werden sollte, dachte Kurt an seine alten Freunde."

Jennie Boddy erinnert sich, dass Kurt aus dem Fenster des Geschäfts blickte und draußen Bruce Pavitt von Sub Pop entdeckte, der, den Kopf in den Händen, auf dem Kantstein saß und auf ein Taxi wartete. Kurt brüllte mit bittersüßer Freundlichkeit zu ihm hinunter: „Da sitzt ja unser Daddy! Wir sind jetzt flügge und fliegen aus dem Nest!"

Nach der Veröffentlichung von *Nevermind* erschien es eine Weile, als könnte die Band nichts falschmachen, selbst dann nicht, wenn sie sich gründlich danebenbenahm. In der Garderobe eines Clubs in Pittsburgh zündeten die drei ein Sofa an, ohne dass man sie dafür zur Rechenschaft zog. Rosie erinnert sich: „Ich hatte trotzdem das Gefühl, dass Kurt alles, was lief, genau im Blick hatte, als ob er schon jahrelang darüber nachgedacht hätte, wie beispielsweise ein Poster aussehen sollte. Die drei schienen sehr gut miteinander auszukommen, aber wenn es beispielsweise darum ging, ob man bei einem Interview ernst oder lustig rüberkommen wollte, dann gab Kurt den Ton an. Wenn mit Essen geworfen wurde, dann war er der erste, der ein Stück Pizza in der Hand hatte." (Tatsächlich berichteten mir mehrere Leute von solchen *food fights*, aber ich erlebte nie einen mit. Das war wohl der Vor- oder auch der Nachteil, wenn man 17 Jahre älter war als Kurt.)

Bedenkt man, dass Kurt und Axl Rose schon bald eine herzliche Abneigung füreinander entwickelten, war es reine Ironie, dass Rose noch kurz vor der *Nevermind*-Veröffentlichung reichlich Reklame für Nirvana machte, ohne die Band zuvor persönlich kennengelernt zu haben. Im Video zu „Don't Cry" ist er beispielsweise mit einer Nirvana-Mütze zu sehen. Unerwartete, aber ausgesprochen hilfreiche Unterstützung kam vom legendären Vanilla-Fudge-Drummer Carmine Appice, der in Metal-Kreisen einen exzellenten Ruf genoss. Seine neue Band, Blue Murder, stand bei Geffen unter Vertrag, und Appice war so beeindruckt von der *Nevermind*-Vorabpressung, die er bekommen hatte, dass er in seiner Schlagzeug-Kolumne im Musikmagazin *Circus* in höchsten Tönen von Dave Grohls Können schwärmte.

Kurz vor Weihnachten liefen sieben Nirvana-Songs in der Rotation von KNAC, dem Metal-Sender von Los Angeles. Rosie erinnert sich: „Der Programmchef von Z-Rock, einem überregionalen Metal-Radio, das in Dallas beheimatet war, machte sich zu Anfang Sorgen, ob eher bodenständige Pickup-Fahrer, die sonst auf Van Halen standen, etwas mit Nirvana würden anfangen können." Wie sich später herausstellte, wurde „Smells Like Teen Spirit" zum meistgespielten Song in der Geschichte von Z-Rock.

Rosie war zwar damals erst Anfang zwanzig, aber trotzdem ein Promoter vom alten Schlag, der nicht immer nachvollziehen konnte, mit welchen Widersprüchen sich Nirvana herumschlugen. Kurt fand es einerseits großartig, dass Headbanger *seine* Riffs auf der Luftgitarre nachspielten. Er war stolz darauf, dass er richtig rockte. Aber andererseits wusste er auch, dass Metal-Fans überwiegend männlich waren und bei Themen wie Gleichberechtigung und im Umgang mit Homosexualität völlig andere Einstellungen vertraten als er. Eines Tages, als Nirvana zufällig bei Geffen im Büro waren, kam Rosie spontan auf die Idee, den Chefredakteur der Metalseiten bei *CMJ* ein Telefoninterview mit Kurt machen zu lassen, und drückte dem Sänger ohne lange Vorrede den Hörer in die Hand. „Kurt verstummte geradezu, und Silva sagte später, ich hätte ihn völlig überfahren", berichtete Rosie später. Nach diesem Fauxpas hielt man ihn eine Weile von Kurt fern.

Hin und wieder gelang es gestandenen Rock-Bands, Titel zu veröffentlichen, die sowohl von den Rock- wie auch von den Pop-Wellen gespielt wurden; in der Regel handelte es sich dabei um eingängige Balladen wie „Every Rose Has Its Thorn“ von Poison. Als Gersh, Silva und ich überlegt hatten, ob es einen solchen Song auf *Nevermind* geben mochte, hatten wir allenfalls auf „Come As You Are“ gesetzt, das nicht ganz so eckig und krachig war wie der Rest und ein paar hübsche Melodiebögen aufwies. Die Reaktion auf „Smells Like Teen Spirit“ übertraf dann aber unsere höchsten Erwartungen. Und im Musikgeschäft beherzigt man den Grundsatz: Wenn es etwas gibt, was die Leute richtig mögen, dann tut man gut daran, all seine Bemühungen auf genau dieses Produkt zu konzentrieren.

Ich fragte den Pop-Promoter von Geffen, ob er es für sinnvoll hielt, den Song bei den etwas aufgeschlosseneren Pop-Sendern vorzustellen, woraufhin er mir von oben herab erklärte, dass auf den Pop-Wellen tanzbare Titel wie die Hits von Paula Abdul liefen und alles mit krachigen Gitarren von vorn herein nicht in Frage kam. Ich konnte ihn nicht einmal dazu bringen, dass er es wenigstens bei den Top-40-Sendern in Seattle versuchte. Die Lage änderte sich jedoch wenig später grundlegend – dank Leslie Fram, der Programmchefin von Power 99, einem Pop-Sender aus Atlanta. Sie hatte bemerkt, dass Alternative Rock in den Plattenläden vor Ort immer stärker nachgefragt wurde, und suchte aktiv nach der richtigen Single, um die Flexibilität der Top-40-Hörer von Atlanta zu testen. Sie erinnert sich: „Als ich ‚Smells Like Teen Spirit‘ zum ersten Mal hörte, war ich überwältigt.“ Und tatsächlich lief der Song so gut, dass sie und ihre Kollegen beschlossen, das Format des Senders grundlegend zu überarbeiten, ihm einen wesentlich stärker von Alternative Rock geprägten Zuschnitt zu geben und den Sender in 99X umzubenennen. Und nachdem damit ein Programmchef den Titel offiziell zum Pop-Song erhoben hatte, waren auch die eingefahrenen Pop-Promoter bei Geffen plötzlich überzeugt, dass sich ein Vorstoß in den Pop-Bereich lohnte. Es schadete natürlich auch nicht, dass viele andere Pop-Sender das Format von 99X übernahmen. „Smells

Like Teen Spirit" wurde ein Pop-Hit und stieg bis auf den 6. Platz der Billboard Hot 100 Charts.

Die Akzeptanz im Pop-Radio machte aus Nirvana ein einzigartiges Phänomen. Egal, ob man sonst eher Punk, gängigeren Alternative Rock, Metal, Mainstream Rock oder Pop hörte, Nirvana kamen bei allen gut an. Genau das war von Anfang an Kurts Vision gewesen. In den Listen der besten Alben, die er in seinen Tagebüchern pflegte, waren ABBA schließlich ebenso regelmäßig vertreten wie Black Sabbath, R.E.M. oder Black Flag.

Die amerikanische Musikkultur wurde damals sehr stark von MTV beeinflusst. Ende 1992 erklärte Kurt in einem Interview mit einem argentinischen Journalisten: „In den USA ist MTV so etwas wie Gott, es ist unglaublich mächtig. Jeder guckt sich das an und hört dort Musik." Scott Litt, der die erfolgreichsten Alben von R.E.M. produziert hatte und der als Toningenieur an verschiedenen Nirvana-Projekten mitwirkte, unter anderem an *MTV Unplugged*, sagte dazu: „MTV war so wichtig, dass man dem Sender nichts abschlug. Es war wie das Pop-Radio der Fünfzigerjahre. Wenn man da nicht mitspielte, dann gute Nacht."

Amy Finnerty hatte Ende 1989 bei MTV angefangen und sich wenig später mit Janet Billig angefreundet, die sie kurz nach der Veröffentlichung von *Bleach* in den Pyramid Club auf der Lower East Side zu einem Nirvana-Gig mitgenommen hatte. „Es war eine phantastische Show. Zwar ging es erst weit nach Mitternacht los, und es waren höchstens noch zwanzig oder dreißig Leute da, aber Kurt hat trotzdem am Schluss seine Gitarre zertrümmert." Als sie Janet anschließend nach Hause begleitete, lernte sie die Band auch gleich persönlich kennen.

Einige Monate später, als Nirvana für ein Treffen mit Columbia Records nach New York geflogen worden waren, sah sie Kurt zufällig bei einem Konzert und sprach ihn an. Er war völlig überwältigt: „Ich kann gar nicht glauben, dass du noch weißt, wer ich bin, ich spiele doch bloß in einer kleinen, blöden Band." Kurt und Krist zogen Amy damit auf, dass sie für einen Branchenriesen wie MTV arbeitete, und taten so, als wollten sie ihre Bierbecher über ihr ausschütten, aber sie machten nur Spaß.

Im Sommer 1991 war die inzwischen 22-jährige Finnerty noch immer stark mit der Punk-Subkultur verbunden, die auch Kurt geprägt hatte. Die Entscheider bei MTV hingegen waren allesamt mindestens zehn Jahre älter und hatten mit dieser Szene nichts am Hut. Mit dem Feuereifer der Jugend konnte Finnerty jedoch ihre Chefs davon überzeugen, dass sie an dem alles entscheidenden „Music Meeting" teilnehmen durfte, an dem man jeden Montag aufs Neue festlegte, welche Songs wann und wie oft gespielt wurden. „Ich stand zwar noch ziemlich weit unten auf der Leiter, aber sie begriffen, dass ich als einzige zu der Altersgruppe gehörte, für die sie eigentlich Programm machten. Alle anderen waren schon seit mehr als zehn Jahren da und glaubten, die Kids interessierten sich ernsthaft noch für Künstler wie Phil Collins."

Die Promoter der Plattenfirmen, die sich auf Alternative Rock spezialisiert hatten, merkten schnell, dass sie bei MTV eine neue Verbündete hatten. Im Spätsommer lud Mark Kates Finnerty zu einer Listening Party ein, bei der Geffen in den Electric Lady Studios das neue Album von Guns N' Roses vorstellen wollte, und er versprach, ihr anschließend eine Vorab-Cassette von *Nevermind* zu geben. „Ich hatte zwar gar nichts gegen Guns N' Roses, aber die Platte war ein Doppelalbum, und die Party schien ewig zu dauern. Die ganze Zeit über dachte ich: Hoffentlich ist es gleich zu Ende, damit ich endlich diese Nirvana-Cassette kriege! Ich hörte sie gleich auf dem Rückweg auf meinem Walkman, und ich wusste augenblicklich, dass dieses Album ein Riesenerfolg werden würde."

Neue Musikvideos wurden normalerweise zum Freitag zu MTV geschickt, damit die Programmchefs am Wochenende über die jeweiligen Clips nachdenken konnten. An dem Freitag, als „Smells Like Teen Spirit" eintraf, waren die Smashing Pumpkins gerade in Finnertys Büro, da sie am Abend zuvor bei ihr übernachtet hatten. „Wir sahen sofort, wie unglaublich dieser Clip war", sagt sie. Als sie Billy Corgan und seine Mitstreiter anschließend herumführte und anderen Mitarbeitern vorstellte, lief in jedem Büro das neue Video von dieser „unbekannten, coolen Band". Am Ende des Tages, erinnert sich Finnerty, herrschte spürbare Aufregung im ganzen Haus, und sie sagt: „Leute, die ich gar nicht kannte, tauchten in meinem Büro auf, um sich diesen Titel anzusehen."

Vor dem Music Meeting am folgenden Montag traf sich Finnerty privat mit ihrem Chef, Abbey Konowitch, und setzte sich dafür ein, das Nirvana-Video unverzüglich in die Heavy Rotation aufzunehmen. „Ich sagte, wenn ich falsch läge und die Platte kein Hit würde, dann könnten sie mich aus dem Music Meeting rausschmeißen. Ich habe tatsächlich meinen Job dafür aufs Spiel gesetzt." Konowitch war beeindruckt von der Leidenschaft, mit der Finnerty ihre Sache vertrat, wies aber darauf hin, dass in dieser Woche nur ein neues Video in die Heavy Rotation aufgenommen werden konnte, und MTV hatte auch einen neuen Clip von Guns N' Roses bekommen, der zuerst berücksichtigt werden musste, weil die Band bei den Zuschauern bereits enorm beliebt war. Aber er versprach, dass Nirvana dann gleich in der Folgewoche aufrücken würde.

Am 29. September, ein paar Tage nach der Veröffentlichung von *Nevermind*, hatte das Video auf MTV in der Alternative-Sendung *120 Minutes* Premiere und kam danach in die Medium Rotation. Genauso war es ein Jahr zuvor bei „Kool Thing" von Sonic Youth gewesen, und nach ein paar Wochen hatte der Sender den Titel dann ganz fallenlassen. Da ich hier dasselbe Muster fürchtete, bedrängte ich die Leute bei Geffen, unbedingt bei MTV noch einmal nachzusetzen, um das Aufrücken in die Heavy Rotation sicherzustellen. Ich hatte keine Ahnung, dass das dank Finnerty schon beschlossene Sache war.

„Binnen weniger Wochen änderte sich mein ganzes Leben", erinnert sich Finnerty. Dank ihrem Gespür brachte man ihr beim Sender ab diesem Zeitpunkt großen Respekt entgegen, und sie blieb während der ganzen Bandkarriere dort der Ansprechpartner für Nirvana. MTV spielte eine entscheidende Rolle dabei, die Band einem breiten Publikum vorzustellen, aber nachdem Nirvana zu Stars geworden waren, brachten sie dem Sender umgekehrt auch viele Zuschauer, und so profitierten beide Seiten von der Zusammenarbeit. Kurt fand es furchtbar nervig, wenn er von MTV gedrängt wurde, in bestimmten Shows aufzutreten oder sich an irgendwelchen Aktionen zu beteiligen, aber es war ihm andererseits auch unglaublich wichtig, dass der Sender ihn nicht ignorierte. Schließlich schaltete er MTV selbst oft ein, und er wollte, dass Nirvana dort verstärkt zu sehen waren; gleichzeitig hasste er es, dass ihm diese Medienpräsenz so wichtig war.

Kurt bestand darauf, noch drei andere Videos für das *Nevermind*-Album zu drehen, und gab MTV kaum jemals einen Korb, wenn die Band zu einer Sendung eingeladen wurde. In der Heavy-Metal-Show *Headbangers Ball* erschien Kurt in einem kanariengelben Abendkleid mit riesigem Kragen. Als der Moderator Riki Rachtman ihn fragte, wieso, erklärte Kurt verschmitzt: „Das ist doch ein Ball hier, oder nicht?" Zwanzig Jahre später veröffentlichte MTV auf seiner Webseite ein Interview mit Rachtman, der darin verärgert erklärte, Kurt in der Sendung ein paar Antworten zu entlocken, sei „wie Zähneziehen" gewesen, und Kurt hätte die ganze Zeit den Anschein erweckt, als wäre er am liebsten woanders. Aber indem er sich in einer Metal-Sendung als schlecht gelaunter Punk gebärdete, konnte Kurt einerseits das Metal-Spiel mitspielen und sich gleichzeitig verweigern. Er wollte die alten und die neuen Fans wissen lassen, dass er nichts von der Macho-Haltung im Metal hielt, es aber trotzdem gut fand, wenn seine Videos in einer Sendung wie *Headbanger's Ball* gespielt wurden. Finnerty und ihre Chefs bei MTV teilten Rachtmans Ärger nicht; sie begriffen, wieso Kurt so handelte.

Als Kates und Smith die Möglichkeit in Betracht gezogen hatten, dass *Nevermind* irgendwann mit einer Goldenen Schallplatte ausgezeichnet würde, hatten sie frühestens nach einem Jahr harter Arbeit damit gerechnet. Sicher, die Show im Roxy hatte für viel Begeisterung gesorgt, aber dennoch hatte man das Album zunächst einmal in einer Auflage von 50.000 Stück pressen lassen – das war zwar mehr als bei *Bleach*, aber auch nicht gerade ein Zeichen dafür, dass man mit einem bahnbrechenden Erfolg rechnete. Die erste Lieferung war jedoch fast sofort ausverkauft, und die Läden bestellten in großer Stückzahl nach. Schon am 12. Oktober stand fest, dass *Nevermind* dank 500.000 verkauften Exemplaren Gold erhalten würde, nur 18 Tage nach seiner Veröffentlichung. „Alle in Seattle waren absolut begeistert“, erinnert sich Boddy. „Wenn *Nevermind* ausgezeichnet wurde, war das auch eine Auszeichnung für uns. Es war, als hätte unser Team gewonnen!“ Kurt, Krist und Dave waren genauso aufgeregt, aber die Dinge entwickelten sich in einer Geschwindigkeit, dass es fast unwirklich erschien. Ich hatte den Eindruck, dass die Band versuchte, ihren „Erfolg“ so weit wie möglich zu ignorieren.

Mir war eine solche Zurückhaltung fremd. Im Gegenteil, ich hatte mir einen Song ausgedacht, den ich mir selbst im Auto vorsang: „Ich habe die größte Band, die größte Band im ganzen Land.“ Jimmy Iovine, der im vorangegangenen Jahr mit seinen Partnern Interscope Records gegründet hatte, war jemand, den ich schon immer gern beeindrucken wollte. Als wir eines Tages miteinander telefonierten, erklärte ich ihm: „Ich glaube wirklich, dass diese Band größer wird als jedes Projekt, mit dem ich je zuvor zu tun hatte.“ Iovine widersprach dem nicht und ergänzte: „Sie erinnern mich ein bisschen an The Police.“ Keine Ahnung, woher ich die Chuzpe nahm, aber ich erwiderte daraufhin: „Das wird ein größeres Ding als The Police.“ Egal, wie optimistisch ich den Erfolg von *Nevermind* auch eingeschätzt hatte, die Platte übertraf meine Erwartungen immer wieder aufs Neue.

Während die kommerziellen Radiosender und MTV das breite Publikum bedienten, hielten sich die Kult-Fans an die Presse. Bei einem der letzten New-York-Trips der Band, bevor *Nevermind* erschien, hatte Janet Billig Kurt zum Madison Square Garden mitgenommen, wo Metallica ihr neues Album auf einer gigantischen Listening Party präsentierten. Kurt mochte Metallica und genoss den Abend sehr, aber er grübelte auch darüber nach, wie er verhindern konnte, dass die Presse das neue Nirvana-Album in der Luft zerriss. Wieder einmal kam er auf „About A Girl“ zurück und wies Billig darauf hin, dass er immer schon melodische Songs geschrieben hatte. Er wollte den Leuten klarmachen, dass er sich trotz des Wechsels zu einem Major-Label nicht verändert hatte, und er wusste, dass Janet als Pressefrau regelmäßig mit den meisten Journalisten in Kontakt stand, die über die Indie-Szene berichteten – er hoffte, dass Janet seine Erklärung an sie weitergab. Sie erinnert sich: „Kurt las alles. Er versuchte sich ständig an dem Spagat zwischen der Indie-Szene und dem Rock-Mainstream, und er gelang ihm auch."

Wie sich schon bald erwies, waren Kurts Sorgen völlig unbegründet. Die meisten Journalisten, die sich mit der Punk-Szene identifizierten, erkannten durchaus an, dass Nirvana eine Platte gemacht hatten, die ihre eigene Vorstellung von Rockmusik erweiterte, und betrachteten *Nevermind* als Triumph der Punk-Subkultur, die sie so lange schon unterstützt hatten. Es war auch eine große Genugtuung für die Rock-Community von Seattle. Boddy erinnert sich: „Die Kritiken waren überschwänglich, selbst in *Maximum Rocknroll* und *Flipside.* Sie hatten nicht den Eindruck, dass Nirvana sich verkauft hatten. Als Pressepromoterin von Sub Pop kann ich versichern, dass das *niemand* tat."

Währenddessen versuchte ich im Mainstream-Bereich alle Hebel in Bewegung zu setzen. Mit Bob Guccione Jr. war ich schon befreundet, seit er 1985 *Spin* ins Leben gerufen hatte. Wie auch ich stand er als Geschäftsmann etwas abseits der Punk-Szene, die er als unterversorgte Klientel für sein Magazin ausgemacht hatte. Bei einem gemeinsamen Mittagessen im Spätsommer erklärte er mir, dass er Soundgarden, die damals noch beliebteste Rock-Band aus Seattle, als Titelthema für die Ausgabe zum Jahresende vorgesehen hatte. Kühn erklärte ich Bob, dass zu dieser Zeit die beliebteste Rock-Band längst eine andere sein würde, nämlich Nirvana. Gucciones jüngere Mitarbeiter waren offenbar derselben Meinung, und es dauerte nicht lange, bis *Spin* Lauren Spencer den Auftrag gab, die erste große Nirvana-Titelstory in einer überregionalen Zeitschrift zu verfassen.

Ende September hatte Kurt einen ersten Eindruck davon bekommen, in welchem Tempo die Entwicklung der Dinge jetzt voranschritt. Daher wünschte er sich für das *Spin*-Cover einen anderen Look als noch auf den Pressefotos, die erst wenige Wochen zuvor von DGC gemacht worden waren. Am Tag vor der Fotosession hatte die Band einen Termin beim Sender WOZQ in Northampton. Dort fragte Kurt eine junge Mitarbeiterin, ob sie ihm die Haare blau färben würde – und so erschien er dann später auf der Titelseite.

Viele ältere Rock-Kritiker, die zuletzt schon fast der Meinung gewesen waren, Rock sei inzwischen nur noch eine etwas lautere Version seichter Popmusik, sahen in *Nevermind* die Rückkehr des amerikanischen Rock'n'Roll mit Botschaft und Bedeutung. Zuletzt war es R.E.M. gelungen, sich mit tiefergehenden Themen zu beschäftigen und dennoch ein breites Publikum für sich zu begeistern, aber auch sie waren inzwischen schon gut zehn Jahre im Geschäft, dementsprechend war der Großteil ihrer Fans inzwischen im College-Alter oder älter. Guns N' Roses hatten dem Teenager-Rock wieder einen ordentlichen Schuss Adrenalin verpasst, aber ihnen fehlte dabei der kulturelle Tiefgang. *Nevermind* schien dem Rock'n'Roll die Relevanz zurückzugeben, die die Kritiker schon verloren gewähnt hatten. Während die Musikpresse Pop eher skeptisch gegenüberstand und für besonders populäre Künstler eher Verachtung übrig hatte, las umgekehrt auch nur ein kleiner Teil des breiten Publikums die Musikzeitschriften. *Nevermind* war eines der seltenen Alben, die einerseits hohe Chartpositionen belegten und andererseits den ersten Platz im renommierten Pazz & Jop Poll der *Village Voice* erreichten, der am Jahresende nach den Top-Ten-Listen einiger hundert amerikanischer Rock-Kritiker ausgelobt wurde.

Kurt erzählte allen, die es hören wollten, dass er sich nichts mehr gewünscht hatte, als dass Nirvana so groß würden wie die Pixies. Ich glaube, dass er dabei nicht ganz ehrlich war, und dass er sich der Frage, wie er mit dem Erfolg umgehen würde, wenn er erst einmal da war, mit derselben Intensität gewidmet hatte, die er sonst auf die Bandproben verwandte. Er mag seine eigenen Dämonen gehabt haben und teilweise von einzelnen Aspekten des Ruhms überfordert gewesen sein, aber als *Künstler* war Kurt ungewöhnlich gut vorbereitet und schien stets ein paar Schritte vorauszuplanen.

So wie es ihm gelungen war, die engen Grenzen der Radioformate zu sprengen, so machte er sich nun daran, die Schubladen zu sprengen, die in den Printmedien gang und gäbe waren. „Man hält mich ja wohl für einen launischen Typ, und offenbar gibt es nur zwei Arten männlicher Sänger, da macht man es sich ziemlich einfach", maulte er. „Entweder ist man ein mürrischer Visionär wie Michael Stipe oder ein hirnloser, partybegeisterter Metal-Shouter wie Sammy Hagar." Kurt jedoch hatte für sich beschlossen: Wenn er einmal berühmt sein würde, dann wollte er beide Rollen spielen.

Silva und die Band fanden es wichtig, dass Nirvana auf der Tournee, die nun folgen sollte, zunächst noch einmal überall in den kleinen Clubs spielen sollten, die sie auch früher schon frequentiert hatten, um die Beziehung zu ihren alten Fans zu stärken. Da „Smells Like Teen Spirit" in kurzer Zeit so enorm durchgestartet war, gingen die Tickets natürlich in Rekordzeit weg, und die Shows waren schnellstens ausverkauft – und das, obwohl die Tour schon Mitte September begann, eine Woche, bevor *Nevermind* erschien. „Es war der Wahnsinn", erinnert sich der Soundtechniker Craig Montgomery. „Bei jedem Gig standen mehr Leute draußen, als drinnen vor der Bühne." Wer ein Ticket ergattert hatte, wurde Zeuge legendärer Konzerte, die nach dem kometenhaften Erfolg des Albums ein Hauch von Rock-Geschichte umwehte, und das Publikum war oft genug kaum noch zu bändigen.

In Saint Louis gingen die Sicherheitskräfte hart gegen einige Kids vor, die zur Bühne drängten. Kurt versuchte anfangs, die Ordner zu beruhigen, was bei lauter Musik nie einfach war, und schließlich unterbrach er die Show und lud ein paar Zuschauer auf die Bühne ein, während Krist dem Publikum ganz ernsthaft erklärte, dass „Anarchie nur dann funktioniert, wenn wir alle bereit sind, Verantwortung zu übernehmen".

In Los Angeles, wo Geffen Records beheimatet und auch viele Medien ansässig waren, wollten wir mehr Leuten Gelegenheit geben, die Band live zu erleben. Am 27. Oktober spielten Nirvana daher im Palace Theatre, das mit seinen 2.200 Plätzen die größte Halle war, in dem die Band bisher aufgetreten war, und auch diese Show war schnell ausverkauft. Es war ein großartiger Auftritt, so wie alle auf der Tour. Anschließend kam Eddie Rosenblatt backstage zu mir und sagte, er sei mit Axl Rose da, der selbst auch gern in die Garderobe kommen und Kurt begrüßen wollte. Als ich Kurt darauf ansprach, zog der eine Grimasse und erklärte, dass er wirklich überhaupt keine Lust hatte, den Guns-N'-Roses-Sänger zu treffen. Um den Geffen-Geschäftsführer nicht in eine peinliche Lage zu bringen, schlug ich Kurt vor, dass ich Rosenblatt ein paar Backstage-Pässe geben würde, wir uns aber aus der Garderobe verkrümeln könnten, bevor er auftauchte. Kurt nickte. Also ging ich nach draußen, gab Rosenblatt die Pässe und bat ihn, mit Rose fünf Minuten zu warten, weil Nirvana sich gerade umzögen. Dann ging ich wieder rein, schnappte mir Kurt und verschwand mit ihm durch die Hintertür. Rosenblatt sprach mich später nie auf diese Sache an, also hatte unsere Scharade wohl geklappt, aber ich vermute, dass Axl Rose diese Nummer nicht so lustig fand.

Kurt und ich standen später auf dem Flur noch eine ganze Weile in einer Ecke und unterhielten uns. Die vielen Schnorrer aus dem Musikgeschäft, die nur wegen Freikarten oder kostenlosen Drinks hier waren, ahnten nicht einmal ansatzweise, dass der zierliche Typ, an dem sie gerade vorbeigingen, der noch immer ganz verschwitzte Sänger war, der gerade eine unglaublich beeindruckende Performance abgeliefert hatte. Kurt nutzte den Moment, um mir zu sagen, dass er etwas besorgt sei, weil viele der jüngsten Artikel die Sexismus-Kritik in seinen Texten so sehr in den Mittelpunkt gerückt hatten; er fragte sich, ob er dadurch vielleicht zu ernsthaft oder humorlos wirkte. Zwar bewunderte er politisch engagierte Punk-Bands wie Fugazi oder die Dead Kennedys, aber er wollte nicht, dass Nirvana in eine ähnlich enge Schublade gesteckt wurden.

Gespräche mit Künstlern, denen nicht gefiel, wie sie in den Medien dargestellt wurden, fand ich immer äußerst schwierig, weil unsere Einflussmöglichkeiten in diesem Bereich äußerst begrenzt waren; man konnte höchstens etwas strenger darauf achten, wem sie in Zukunft Interviews gaben, und das sagte ich ihm auch.

Kurts Antwort ist mir heute noch erinnerlich, weil mir dabei zum ersten Mal klar wurde, wie genau er vorher alles in seinem Kopf durchgespielt hatte. Er sah mich mit diesem geduldigen Blick an, den ich schon einmal in meinem Büro an ihm wahrgenommen hatte, und unterbrach mich leise: „Ich weiß. Ich habe darüber nachgedacht, und ich vermute, es liegt daran, dass in der Pressemappe, die vom Label an die Journalisten rausgeht, ein paar politische Sachen drinstehen."

Damit bewies er, dass er mir sogar in meinem eigentlichen Fachgebiet einen Schritt voraus war. Da die offizielle Bandbiografie eher einer erfundenen Parodie glich, hatte Geffen noch ein paar ältere Artikel über die Band beigelegt, und einige davon setzten sich besonders mit „Polly" auseinander, einem Song, in dem Kurt kritisch eine Vergewaltigung schilderte. Ich kam mir wie ein Idiot vor, weil ich das nicht bedacht hatte. „Also willst du, dass ich das Label bitte, diese Artikel herauszunehmen?", fragte ich.

Er nickte bestätigend. „Ja, das wäre toll."

Solche kleinen Korrekturen waren leicht zu bewerkstelligen. Komplizierter war die Tatsache, dass ein paar Wochen zuvor jemand Neues in Kurts Leben getreten war – eine Frau, die bis ans Ende seines Lebens niemand mehr ignorieren konnte, der mit ihm in Verbindung stand.

Sechstes Kapitel

COURTNEY LOVE

Von Courtney Love hörte ich zum ersten Mal von Rosemary Carroll, damals noch mit mir verheiratet, Mutter meiner Kinder und außerdem Juristin in den Diensten Courtneys und ihrer Band Hole. Im Herbst 1991 hatte Janet Billig Hole zu Caroline Records geholt, und Kim Gordon von Sonic Youth hatte das Low-Budget-Debüt der Band, *Pretty On The Inside*, produziert.

Die Fans von Hole, zu denen auch namhafte Rock-Kritiker zählten, waren von Courtneys hemmungsloser Rock-Power fasziniert, zumal sich damals nur eine Handvoll Musikerinnen in der Punk-Szene etabliert hatte, und sie war die einzige, die noch dazu genug brennenden Ehrgeiz und Talent mitbrachte, um wie Nirvana auch auf breiterer Basis erfolgreich zu sein. Courtney war damals 27, drei Jahre älter als Kurt, und unbedingt jemand, mit dem man rechnen musste.

Kurz nach der Veröffentlichung von *Nevermind* bekam ich einen Anruf von Peg Yorkin, der Leiterin der Feminist Majority Foundation, die der Bürgerrechtsorganisation Southern Californian ACLU angegliedert war, bei der ich im Vorstand saß. Für das erste Konzert der Reihe *Rock For Choice*, einer Benefizaktion zur Stärkung des Rechts auf Abtreibung, wollte sie neben Bands wie L7 und Sister Double Happiness gern auch Nirvana verpflichten, um für ein ausverkauftes Haus zu sorgen, und wie Silva mir erklärte, stand die Band der Idee sehr positiv gegenüber. Kurt, Krist und Dave vertraten alle drei eine profeministische Haltung; Dave war bis vor kurzem zudem noch mit Jennifer Finch von L7 zusammen gewesen, die ebenfalls an dem Event beteiligt waren. Wenig später hatte Yorkin auch Hole ins Programm geholt, und daraufhin erwähnte Rosemary in einem Gespräch, Courtney habe darauf gedrungen, dass ihre Band genug Zeit für eine ausreichend lange Setlist bekam – für einen Support Act eine ziemlich anmaßende Forderung.

Der Gitarrist Eric Erlandson war noch mit Courtney zusammen, als die Karriere ihrer Band allmählich in Schwung kam. „Courtney und ich sahen Nirvana bei einem Gig in Long Beach, nachdem *Bleach* herausgekommen war, aber wir fanden sie gar nicht so toll. Für uns klang ihre Musik nach diesem schlammigen Melvins-Kram, und das war nicht mein Ding." Im Mai 1991 allerdings sahen Eric und Courtney Nirvana, die nun bereits an den Songs für *Nevermind* arbeiteten, im Jabberjaw in Los Angeles noch einmal, und da sprang der Funke über. „An diesem Abend war sonnenklar, dass Kurt Pixies-Einflüsse und poppige Elemente in den Stil der Band mit einfließen ließ, und das war der ideale Zeitpunkt dafür", erinnert sich Eric. „Kurt umgab damals schon etwas Mystisches. Er war zwar liebenswert, aber auch ziemlich launisch und noch dazu oft auf Droge, und dennoch war da etwas an ihm, dem sich niemand entziehen konnte." Einige Monate später kursierten bereits Vorab-Cassetten von *Nevermind*: „Als wir auf Tour unterwegs waren, haben wir das Album im Bus rauf und runter gehört." Kurz nach dem Jabberjaw-Konzert machten Eric und Courtney miteinander Schluss, blieben aber Freunde und Bandkollegen, während Courtney zunächst eine Zeitlang mit Billy Corgan von den Smashing Pumpkins zusammen war.

Am 12. Oktober sah ich mir einen Nirvana-Gig im Metro von Chicago an, einem Club, der etwa fünfhundert Zuschauer fasste. Es war einer dieser eigentlich viel zu kleinen Läden, die bewusst gebucht worden waren, um schnell für ein ausverkauftes Haus zu sorgen. Für die Band war das eine aufregende Zeit. *Nevermind* hatte all ihre Erwartungen übertroffen, aber die drei stresste der neugewonnene Ruhm noch nicht. Jahre später sprachen die einheimischen Rock-Journalisten noch immer von einem der großartigsten Auftritte aller Zeiten. Am Ende zertrümmerten Nirvana ihre Instrumente; es war das erste Mal, dass ich dieses spätere Ritual erlebte. Kurts Gitarre und Daves Schlagzeug gingen beide dabei drauf.

In Nirvanas Garderobe drängten sich anschließend Musiker und Freunde aus der örtlichen Punk-Szene. Courtney stellte sich mir sofort vor. Sie war mit Lori Barbero von Babes In Toyland da, bei denen Courtney vor der Gründung von Hole kurz gespielt hatte. Dass sie überhaupt nach Chicago hatte kommen können, lag zum Teil daran, dass Kaz Utsunomiya sich mit dem Gedanken trug, mit ihr einen Verlagsvertrag abzuschließen. Da sie nicht genügend Geld für einen Flug von Los Angeles nach Chicago oder für ein Hotelzimmer gehabt hatte, hatte sie sich an Tom Atencio gewandt, den Manager von Jane's Addiction, der Hole damals ebenfalls gern unter Vertrag genommen hätte, und der wiederum hatte den Musikverleger angerufen. Kaz erinnert sich, dass Atencio ihm damals erklärte, es sei wichtig für Courtney, den Gig von Nirvana zu sehen, um großartiges Punk-Songwriting einmal live zu erleben. Das klang zwar etwas weit hergeholt, aber Kaz hatte eine Schwäche für Courtney und spuckte tatsächlich tausend Dollar aus. (Courtney überredete meine Frau Rosemary schließlich, ihr weitere tausend Dollar für den Trip zu leihen.)

Mich nahm Courtney mit ihrer Schlagfertigkeit und ihrer Herzenswärme gefangen. „Werden Sie mein Freund sein?", fragte sie, und ich nickte; ich wusste genau, was sie damit meinte. Sie besaß eine Eigenschaft, die vielen Stars eigen ist: Sie konnte den Menschen, die sie für sich gewinnen wollte, das Gefühl vermitteln, dass sie weitaus interessanter und großartiger seien als sonst, wenn sie im Blickpunkt ihrer Aufmerksamkeit standen. Durch Rosemary hatten wir eine gewisse Verbindung, aber sie sprach mich wohl auch deshalb an, weil sie wusste, dass mir die Gerüchte über ihre vielen Fehden in der Indie-Szene im amerikanischen Nordwesten egal waren. Die Leute dort konnten meist auch mit mir nicht viel anfangen, weil ich für Nirvanas Beziehungen mit der kapitalistischen Musikindustrie stand. In dem noch jungen Kosmos, der sich um die Band entwickelte, sollten Courtney und ich schon bald Verbündete werden.

Sie erzählte mir, dass Lori in Dave Grohl verknallt sei, und sie sei überhaupt nur mitgekommen, um ihr moralischen Beistand zu leisten, eine Geschichte, die ich damals schon für Blödsinn hielt. Ich wusste allerdings nicht, dass Courtney eigentlich nach Chicago hatte kommen wollen, um Corgan zu besuchen. Als sie bei ihm zuhause auftauchte, war jedoch eine andere Frau bei ihm. Courtney räumt heute ein: „Billy warf mich raus, und es war reiner Zufall, dass an dem Abend Nirvana in Chicago spielten. Ich fand Kurt ziemlich süß, deswegen ging ich hin. Es war alles so natürlich und organisch. Wir hatten schon zwei Jahre lang aus der Ferne miteinander geflirtet."

Nachdem sie mich umschmeichelt hatte, hielt Courtney zielstrebig auf den hinteren Teil der Garderobe zu, wo Kurt saß. Zwar war sie ein gutes Stück größer als er, aber es dauerte nicht lange, und sie saß auf seinem Schoß. Sie grinsten beide wie Kätzchen, die gerade einen Kanarienvogel gefressen hatten. In dieser Nacht schliefen Kurt und Courtney das erste Mal miteinander. Als zwei Wochen später das *Rock For Choice*-Konzert stattfand, waren sie ein Paar, und so blieb es bis zu Kurts Tod.

Courtney teilte gern aus, steckte aber nicht gern ein, und dennoch fand ich ihren Humor und ihre Intelligenz bestechend. Zwar schienen viele aus dem Nirvana-Umfeld zu erwarten, dass diese Beziehung so kurzlebig sein würde wie die meisten Rock-Liebschaften, aber mir wurde schnell klar, dass Kurt Courtney innig liebte, und sie empfand genauso.

Thurston erkannte ebenfalls, wie tief diese Liebe ging. „Ich erinnere mich an einen Gig, bei dem ich neben Courtney am Bühnenrand saß und Kurt auf uns deutete und irgendetwas über Courtney sagte, und in diesem Augenblick begriff ich: Verdammt, die beiden lieben sich. Das sind echte Gefühle. Und das war wirklich süß."

Kurt und Courtney waren in der Lage, auf Ebenen miteinander zu kommunizieren, die niemand sonst begriff, und sie litten vielfach unter denselben Komplexen. Kurt besaß zwar ein einzigartiges Talent und war erfolgreicher, dafür hatte Courtney mehr Lebenserfahrung und ein größeres Wissen über kulturelle Zusammenhänge. Sie war eine bemerkenswerte Texterin und besaß auf der Bühne eine starke Ausstrahlung, im Umgang mit den Medien besaß sie zudem ein ähnliches Geschick wie Kurt. Außerdem war sie sehr ehrgeizig. „Das mochte Kurt an mir", sagt sie heute. „Ich wollte Madonna vom Thron stoßen. Er war auch ehrgeizig, aber er verbarg das sehr gut."

Sie waren beide von ihren Eltern emotional vernachlässigt worden, als sie noch sehr klein waren, und hatten daher erst gelernt, wie Erwachsene zu reagieren, als sie bereits einen gewissen Erfolg im Musikgeschäft verbuchen konnten. Gemeinsam schufen sie sich ihre Welt, und wer etwas mit Nirvana zu tun haben wollte, der musste das akzeptieren. Einige alte Bekannte waren aber nicht bereit, Kurt an jemand anderen zu verlieren, und sie sperrten sich gegen die Veränderungen, die mit großer Geschwindigkeit in ihrem Leben Einzug hielten.

Einige Männer kamen zudem nicht mit einer starken, dominanten Frau wie Courtney zurecht, und die Riot Grrls aus Olympia hatten auch nicht viel für sie übrig. Das lag nicht nur an der unterschiedlichen Haltung beider Parteien zum Erfolg und zur Kommerzialität. Courtney war auch nicht davon begeistert, dass Kathleen Hanna und Tobi Vail Kurt schon länger kannten als sie und den Kontakt zu ihm stets aufrechterhalten hatten. Dass sie Kurt derart ruppig mit Beschlag belegte, ärgerte viele seiner alten Freunde. Mich interessierten diese ganzen Reibereien jedoch nicht. Für mich war nur eine Meinung entscheidend, und das war Kurts.

Er ärgerte sich über jeden, der seine neue Beziehung ablehnte, und zeigte dabei auch eine sentimentale Seite: In seiner eigenen Familie hatte es keinerlei Romantik gegeben, und deswegen war es ihm doppelt wichtig, bedingungslos zu Courtney zu halten. Einmal sah er mich mit schmerzerfülltem Blick an und fragte ganz ernsthaft: „Würde sich nicht jeder Mann über Leute aufregen, die der Frau, die er liebt, ohne jeglichen Respekt entgegentreten?"

Courtney wollte, dass Hole denselben Weg wie Nirvana einschlugen und von der Indie-Szene zu einem Major-Label wechselten, und sie suchte einen Manager für ihre Band. Ich konzentrierte mich in dieser Zeit vor allem auf Kurt. Als ich ihn jedoch fragte, was er davon halten würde, wenn ich Hole managte, sah er mich ganz erleichtert an und sagte: „Das wäre großartig." Courtney war derselben Meinung, und damit war die Sache beschlossen.

John Silva hatte offenbar zuvor bereits schlechte Erfahrungen mit Courtney gemacht, denn als ich ihm mitteilte, dass Gold Mountain das Management von Hole übernehmen würde, erwiderte er brüsk: „Das kannst du dann allein machen."

Mir war das nur recht. Nachdem Nirvanas Karriere so unerwartet schnell Fahrt aufgenommen hatte, nahmen mich bestimmte Geschäftsbereiche und Medienthemen viel mehr in Beschlag, als wir ursprünglich ausgemacht hatten. Vorher hatte ich vor allem mit den Plattenfirmen über besonders wichtige Fragen verhandelt, während Silva den Großteil des Alltagsgeschäfts organisierte. Dass ich mich so auf Courtneys Seite stellte, war ein Wendepunkt in meiner Beziehung zu Kurt, und schon bald war ich bei allen sensiblen Fragen sein erster Ansprechpartner.

Dennoch gingen Silva und ich einen großen Teil dieses Weges gemeinsam. An Halloween 1991 reisten wir nach Seattle, um uns Nirvanas erstes Konzert anzusehen, das die Band nach dem Erscheinen ihres Erfolgsalbums in der Stadt, die sie groß gemacht hatte, als Headliner gab. Geffen hatte Goldplaketten anfertigen lassen, die der Band übergeben werden sollten, und da uns klar war, dass der Gig einen denkwürdigen Punkt in der Bandkarriere markierte, sollte das Konzert von einer Filmcrew mitgeschnitten werden. Die drei hatten dem zwar zugestimmt, aber die Kameras machten sie ein wenig nervös, und sie fürchteten, dass eine derart große Geste ein falsches Zeichen setzte.

Die vier Wochen zuvor waren wie eine wilde Achterbahnfahrt für die Band gewesen, und für die drei war es verwirrend, als „Rockstars" nach Seattle zurückzukehren. Da sie stets versuchten, die gängigen Rock-Klischees ad absurdum zu führen, bat Kurt einige Freunde, auf die Bühne zu kommen und eine Punk-Parodie typischer Go-Go-Tänzer zu zeigen; außerdem engagierte er Bikini Kill und Mudhoney für das Vorprogramm.

Bei diesem Gig lernte ich Kurts Mutter Wendy kennen, die aus Aberdeen angereist war. Kurt hatte oft davon gesprochen, wie sehr es ihn mitgenommen hatte, dass sich seine Eltern scheiden ließen, als er neun war. Mit seinem Vater hatte er seit fast zehn Jahren nicht mehr gesprochen. Zwar hatte er sich als Kind zeitweise auch von seiner Mutter verlassen gefühlt, aber immerhin hatte er von ihr auch Bestätigung bekommen, indem sie ihn beispielsweise für seine Zeichnungen gelobt hatte, und er war stets in Kontakt mit ihr geblieben. Wendy war blond, hübsch, lieb und nett, und sie verehrte Kurt inzwischen geradezu. Krist stellte mir verschiedene Familienmitglieder vor, darunter auch seine Mutter Maria. „Sie war extra beim Friseur gewesen!", erinnert er sich heute. „Alle waren glücklich und sehr stolz. Ein paar Leute wollten sich Geld von uns leihen!"

Das Konzert fand im Paramount Theatre statt, das Platz für 2.800 Zuschauer bot und damit die größte Halle in Seattle war, in der Nirvana bisher gespielt hatten. Silva und ich kamen nach dem Soundcheck dorthin, trafen aber Kurt, Krist und Dave nicht in ihrer Garderobe an. Als wir uns nach ihnen auf die Suche machten, kam uns auf einer Treppe Mark Arm von Mudhoney entgegen. Silva fragte ihn: „Hast du unsere Band gesehen?" Arm gab verächtlich zurück: „Das ist nicht *eure* Band." Fast hätte ich gesagt: „Eure aber auch nicht", aber das schluckte ich hinunter. Die Veranstaltung war ein emotionaler Moment für die Rock-Szene von Seattle, das Konzert eine triumphale Rückkehr in die alte Heimat, aber wer glaubte, dass Kurt Cobain zu dieser Zeit noch irgendeiner Stadt oder irgendeiner Subkultur „gehörte", machte sich etwas vor.

„Kurt trug einen Pyjama", erinnert sich Robert Smith an diesen Abend, „und er schlief in einer Ecke irgendwo hinter der Bühne ein. Er tat mir in diesem Moment wirklich leid." Das deckt sich nicht mit meinen Erinnerungen. Kurt trug zwar oft einen Schlafanzug, und vielleicht fühlte er sich wirklich etwas unbehaglich bei dem Gedanken an ein Wiedersehen mit Familienmitgliedern und alten Bekannten, aber ihn amüsierte das Ganze auch. Doch vielleicht hat Smith auch etwas beobachtet, das mir entging.

Wie man sicher inzwischen unschwer bemerkt hat, betrachtete ich damals alles rund um Nirvana durch eine rosarote Brille, und dass der Auftritt überragend war, davon kann man sich dank des Films, der zu meinen liebsten Dokumenten aus dieser Zeit zählt, heute noch überzeugen.

Dennoch war mir natürlich klar, dass jeder Künstler, der über Nacht berühmt wird, zunächst einmal von der Intensität all dessen, was plötzlich auf ihn einstürmt, überwältigt ist. Kurt war zum Teil einfach glücklich, weil er ein langgehegtes, großes Ziel erreicht hatte, und zwischen den Bandmitgliedern, die diesen Erfolg miteinander teilten, herrschte großer Zusammenhalt. Aber Kurt verbarg auch nicht vor mir, wie sehr es ihn durcheinanderbrachte, dass er mit einem Mal derart ins Rampenlicht katapultiert worden war. Zwar hatte ich schon zuvor Künstler bei ihrem großen Durchbruch betreut und ihnen geholfen, sich an den Ruhm zu gewöhnen, aber ein so kometenhafter Aufstieg wie der von Nirvana war auch für mich etwas Neues. Oft fühlte ich mich hilflos, wenn ich den gestressten Ausdruck bemerkte, der sich ohne erkennbaren Auslöser über seine Gesichtszüge legte. Ich glaube, Kurt dämmerte es allmählich, dass der Erfolg, für den er so hart gearbeitet hatte, die emotionalen Narben seiner Kindheit nicht heilen würde. Unwillkürlich musste ich an den Song von Peggy Lee denken, in dem sie so traurig fragt: „Is That All There Is?“

Nachdem ich das Management von Hole übernommen hatte, kam sehr viel mehr Arbeit auf mich zu. Erfreulicherweise war Janet Billig bereit, Caroline zu verlassen und mich bei Gold Mountain zu unterstützen. Ich hatte sie oft nach Konzerten vor dem CBGB gesehen, wenn sie ihre Einschätzungen über verschiedene Bands und Musiker mit Leuten aus der Punk-Szene teilte, und ich war beeindruckt, welches Gewicht gerade Journalisten ihrem Urteil beimaßen. Ursprünglich wurde Janet dafür eingestellt, das Tagesgeschäft für Hole zu organisieren, aber sie wurde schon bald auch für Nirvana unschätzbar wichtig und war schon nach kurzer Zeit Ansprechpartnerin der Medien für beide Bands.

Meine erste Aufgabe bestand darin, die richtige Plattenfirma für Holes nächstes Album zu finden. Der Erfolg von *Nevermind* hatte den Wert von Künstlern aus dem Punk-Umfeld exponentiell erhöht. Eddie Rosenblatt witzelte bereits, dass man wochenlang auf ein Flugticket nach Seattle warten musste, weil zahllose A&R-Manager dorthin unterwegs waren, um „die nächsten Nirvana" zu finden.

Daher überraschte es nicht, dass inzwischen mehrere Labels großes Interesse an Hole signalisiert hatten, aber mir erschien es tatsächlich am sinnvollsten, die Band ebenfalls bei DGC/Geffen unterzubringen. Dort verstand man sich jetzt gut darauf, Bands aus der Indie-Szene einem Massenpublikum nahezubringen, ohne ihre Integrität zu zerstören, und ich wusste, dass man Hole mit großem Respekt begegnen würde. Courtney und Eric sahen die Sache so: Wenn DGC für Nirvana gut genug gewesen waren, dann waren sie es auch für Hole.

Ich erklärte Rosenblatt, dass er sich schnell würde entscheiden müssen, wenn er die Band haben wollte, da andere Labels mit ihren Angeboten aggressiv vorpreschten. Courtney deutete der Presse gegenüber später zwar an, es sei ein Deal „über ein paar Millionen Dollar" gewesen, aber tatsächlich wurde der Vertrag über beinahe die gleiche Summe wie bei Nirvana abgeschlossen, obwohl andere Unternehmen mehr geboten hatten.

Einige Monate zuvor hatte das Branchenblatt *Billboard* das Verfahren geändert, nach dem die Verkaufscharts ermittelt wurden. Hatte zuvor eine Mischung aus willkürlich zusammengestellten Daten und Medienhype die Basis für die Platzierungen gebildet, wurden die Hit-Listen nun von SoundScan erstellt, einer neuen Technologie, die beim Verkauf den eingescannten Barcode registrierte. Damit bildeten die Chartpositionen erstmals realitätsgetreu die Verkäufe ab. *Nevermind* verzeichnete am 2. November einen Sprung von Platz 63 auf 35 – ein eindeutiger Beweis dafür, dass dieses Album eine

Erfolgskurve zeigte, wie sie noch keinem anderen Album aus dem Bereich Punk oder Alternative gelungen war.

Auf einer kurzen Europa-Reise präsentierte sich Courtney den Medien, und ich begleitete sie zu einer Radio-Session bei der BBC. Sie spielte dort eine Akustikversion von „Doll Parts“, einem Song, den ich bis dahin noch nie gehört hatte, und ich war völlig fasziniert. Wieder wurde mir klar, was für ein Glück ich hatte, dass ich mit Künstlern arbeiten durfte, die sich im Laufe unserer Geschäftsbeziehung noch als viel talentierter erwiesen, als ich zu Beginn erwartet hatte.

Persönlich gesehen steckte Courtney ebenso wie Kurt voller Widersprüche. Mal gab sie sich wie ein kleines Mädchen, mal wie eine abgeklärte Erwachsene, die schon alles gesehen und erlebt hatte. Wenn sie gut drauf war, ließ sie jeden Raum, den sie betrat, erstrahlen; wenn sie schlecht drauf war, machte es keinen Spaß, in ihrer Nähe zu sein. Als sie in Kurts Leben trat, brach die Erfolgswelle von Nirvana gerade so richtig los; vermutlich wäre jede andere Frau in ihrer Position von der Öffentlichkeit ebenso gnadenlos durchleuchtet und beurteilt worden. Darüber hinaus transportierte Courtney in eine Gruppe von Menschen, die sich gerade mühsam an den hellen Glanz des Rampenlichts gewöhnten, zusätzlich eine explosive Persönlichkeit, eigene künstlerische Ziele und Ehrgeiz, neue Freunde (größtenteils aus den Medien) und neue Feinde (größtenteils aus der Punk-Szene). Sie interessierte sich mehr als Kurt für das Musikgeschäft und hatte kein Problem damit, nach Dingen zu fragen, die er nur zögernd ansprach, vor allem, was das Finanzielle betraf. Kurt liebte Courtneys Offenheit. Sie äußerte oft, was er nur im Stillen dachte, und das fand er großartig. Allerdings waren davon nicht alle so begeistert wie er.

Rosemary erinnert sich: „Courtney rief oft an und begann das Gespräch dann mit: ‚Kurt ist hier‘, bevor sie irgendwelche neuen Ideen formulierte oder Forderungen stellte.“ Sie genoss es mehr als Kurt, über Geld zu verfügen, mit dem sie sich den einen oder anderen Wunsch erfüllen konnte, und bestand beispielsweise darauf, dass die

Band entsprechend ihrem neuen Status in komfortableren Hotels abstieg. Es dauerte nicht lange, und es gab Leute, die sie „Yoko" nannten, was durchaus als Beleidigung gemeint war. Mir hingegen erschien dieser Vergleich als Kompliment. Ich bin ein Fan von Yoko Ono und überzeugt davon, dass ein großer Teil der politischen und philosophischen Ideen in John Lennons Solowerken auf ihren positiven Einfluss zurückzuführen sind. Kurt und Courtney sahen das genauso. „Sie nannten sich selbst John und Yoko", erinnert sich Everett True.

Einige Rock-Journalisten ließen durchblicken, dass Courtney ihrer Meinung nach Kurt manipulierte, aber ich hielt solche Behauptungen stets für absurd. Kurt besaß einen unglaublich starken Willen. Er wurde wütend, wenn Courtney nicht respektiert wurde. Während einer Europat-Tournee bestand er darauf, dass sein alter Sub-Pop-Labelkollege und Freund Tad als Support Act ersetzt wurde, nachdem der Courtney in einem Interview als „Bitch" bezeichnet hatte. Das kam in der Szene von Seattle teilweise nicht gut an, aber Kurt ließ sich nicht beirren; es war wohl aber auch eine normale Reaktion für einen Mann, dessen Frau in der Öffentlichkeit derart beleidigt worden war.

Gleichzeitig hatte Kurt kein Problem damit, Courtney in ihre Schranken zu weisen, wenn es ihm geraten schien. Eines Tages rief er mich an und berichtete, dass Courtney einen Lexus gekauft hatte, einen Nobelschlitten, wie ich damals selbst einen besaß. „Sollte ich jetzt so ein Auto fahren?", fragte er und klang dabei ziemlich angespannt und entnervt. Ich erwiderte, falls er wissen wollte, ob er sich dieses Auto leisten konnte, dann sei die Antwort Ja, aber falls er wissen wollte, ob er irgendein spezielles Auto brauchte, nur weil sein neuestes Album gerade großartig lief, dann sei die Antwort Nein. „Das habe ich mir auch gedacht", sagte er. „Ich werde ihr sagen, dass sie es zurückgeben muss." Was er auch tat.

Als Kurt sich in Courtney verliebte, freundete er sich schon bald auch mit Eric Erlandson an. „Es war eine seltsame Konstellation, weil ich für beide so eine Art Kümmerer und Freund wurde. Ich habe diese Dreiecksbeziehung für mich bis heute nicht so richtig sortiert", erklärte mir Eric 25 Jahre später mit einem Lachen.

Kurt und Courtney mieteten sich eine Wohnung an der Spaulding Avenue in Hollywood. Silvas Assistent Peter Rauh half ihnen beim Einzug. In einem Laden in der Nähe hatte Courtney ein reich verziertes, schmiedeeisernes Bettgestell entdeckt, aber der Besitzer wollte keinen Scheck von Leuten annehmen, die für ihn so aussahen, als ob sie auf der Straße lebten. Auch Rauh konnte ihn nicht davon überzeugen, dass er tatsächlich Rockstars vor sich hatte, aber nach einer Weile erklärte er sich zumindest bereit, das Bett 24 Stunden lang zu reservieren, und in dieser Zeit besorgte Nirvanas Business-Manager Lee Johnson einen Scheck mit Deckungsbestätigung, damit die Lieferung am nächsten Tag problemlos über die Bühne ging. Der Vermieter des Apartments beklagte sich öfters über die laute Musik, und es war schon bald klar, dass die beiden sich eine neue Bleibe würden suchen müssen, sobald es der Nirvana-Terminplan zuließ.

Erlandson erinnert sich an seine Besuche bei Kurt: „Er arbeitete immer an irgendwas. Nie war er auf irgendwelchen Partys unterwegs, er blieb viel lieber zuhause und war rund um die Uhr mit irgendeinem kreativen Projekt beschäftigt. Manchmal hörte ich, wie er in der Abstellkammer Gitarre spielte, und oft war es einfach nur Krach, aber dann und wann schimmerte in dem Lärm ein echtes Juwel von Beatles-Qualität, und wenn er so etwas entdeckte, feilte er unablässig daran herum, bis es perfekt war. Courtney und ich hatten das bis zu einem gewissen Grad bei den Songs für Hole auch so gemacht, aber Kurt hatte diese unglaublich intensive Konzentration und so viel Talent – genau an dem Punkt, an dem andere aufgehört hätten, machte er weiter."

Kurt kam oft dazu, wenn Hole probten, und jammte dann mit der Band. Eric berichtet: „Wenn er nicht gerade an Musik arbeitete, dann malte er. Es war manchmal ein bisschen anstrengend in seiner Nähe, wenn einem so richtig bewusst wurde, dass dieser Typ sich eine Figur erschaffen hatte, die er nun 24 Stunden am Tag wirklich lebte."

Nur konnte Kurt ausgerechnet jene Kunstform, die ihm am wichtigsten war, leider nicht allein im stillen Kämmerlein austüfteln und verbreiten. Er war gezwungen, sich mit allen Aspekten auseinanderzusetzen, die der einmal gewählte Weg mit sich brachte – und dazu zählten beispielsweise Tourneen durch die ganze Welt.

Siebtes Kapitel

INTERNATIONALE

Die britische Rock-Presse hatte schon in den 1970er-Jahren wesentlich mehr Einfluss gehabt als vergleichbare Medien in den USA. In Großbritannien gab es mehrere Wochenzeitungen, die sich eines breiten Interesses erfreuten, beispielsweise den *New Musical Express* (*NME*), den *Melody Maker* oder *Sounds*. Der amerikanische *Rolling Stone* erschien dagegen nur zweiwöchentlich und spielte zwar eine Rolle, allerdings keine auch nur annähernd so entscheidende wie die genannten britischen Veröffentlichungen.

Um Erfolg im Pop-Geschäft zu haben, musste man zwar auch in Großbritannien das Radio erobern. Aber in der dortigen Radiolandschaft gab es eine Reihe von Spartensendungen, die auch Musik abseits des Pop-Geschmacks spielten, und zusammen mit den Musikzeitungen, die noch dazu eine breitere kulturelle Vielfalt abdeckten, sorgten sie für ein Klima, dank dem sich viele amerikanische Punk-Bands eine wesentlich größere Fan-Basis aufbauen konnten als in ihrer Heimat.

Ende der Achtziger wurde das Sub-Pop-Label in Großbritannien von Anton Brookes vertreten, einem unabhängigen Promoter. Er war nicht nur dafür verantwortlich gewesen, den Journalisten Everett True auf diesen schicksalshaften Trip nach Seattle zu schicken, sondern machte auch den BBC-Moderator John Peel auf die neue Indie-Szene im amerikanischen Nordwesten aufmerksam. Peel, der einen legendären Ruf als Trendschöpfer genoss, präsentierte daraufhin einige Sub-Pop-Singles in seiner Sendung, darunter auch Songs von Nirvana.

Schon ein halbes Jahr nach der Veröffentlichung von *Bleach* hatten Nirvana einmal in London gespielt, als Opener bei einem Sub-Pop-Showcase namens Lame Fest. Everett erinnert sich, dass Kurt damals wechselweise völlig panisch und dann wieder ganz sanft gewesen sei und auf der Bühne herumsprang, als ob außerhalb der Momente, in denen er sang und spielte, nichts existierte. Eric Erlandson sagt voll Bewunderung und Neid: „Kurt war der Liebling der britischen Presse."

Auf dieser ersten UK-Tournee interessierten sich nur eine Handvoll junger Musikjournalisten für die neue Band aus den Staaten. Zu Anfang wurden Nirvana auch hier, wie schon zuvor in den USA, als Teil eines Sub-Pop-„Sounds" wahrgenommen, zu dem auch Bands wie Tad oder Mudhoney gehörten. Allerdings wies Jonathan Poneman von Sub Pop Anton Brookes gleich darauf hin, er sollte sein besonderes Augenmerk auf Nirvana richten, weil die Band schon damals in Seattle ein größeres Publikum anzog als Mudhoney, und anders als bei den meisten anderen Grunge-Rockern waren die Nirvana-Fans zu einem großen Teil weiblich. Nach seinem ersten persönlichen Treffen mit Kurt kam Brookes dann auch selbst zu der Überzeugung, dass Nirvana ein weit größeres Potenzial besaßen als ihre Labelkollegen.

„Einige Medienvertreter taten Nirvana zunächst als typisch krachige Seattle-Band ab, deren Mitglieder alle aussahen, als kämen sie gerade aus dem Bett. Auch wurde ihr Name oft falsch als ‚Nevada' angegeben." Brookes jedoch erkannte, dass Nirvana eine viel größere Vision verfolgten als andere Punk-Bands. Er bewunderte es, „dass sich Kurt dem patriarchalen Rock derart verweigerte. Nirvana sprachen sich stets gegen jede Art frauenverachtender Scheiße aus." Dennoch ahnte der Promoter nicht gleich, welch ein großes Publikum die Band einmal ansprechen würde. „Ich dachte am Anfang, sie würden vielleicht einmal in derselben Liga spielen wie die Butthole Surfers oder Jane's Addiction." Auf der ersten UK-Tournee fielen ihm aber auch schon Kurts Überzeugung und sein Ehrgeiz auf. „Er erklärte mir, sie hätten Songs, die das Zeug zu Nummer-1-Hits hätten. Das hat er mir wörtlich so gesagt."

Brookes war 1991 dabei, als Nirvana im Vorprogramm von Sonic Youth spielten. „Da war es bereits so, als ob Kurt der Auserwählte und etwas ganz Besonderes war", berichtet er. „Kurt war zwar bescheiden und zugänglich, ein netter Kerl mit viel Humor, aber alle, sogar Sonic Youth, wussten schon, dass sie einem wahrhaft Großen gegenüberstanden." Beim Reading Festival „spielten Nirvana freitags am frühen Nachmittag. Es war kalt und regnerisch, aber nach dem Auftritt redeten alle nur von ihnen. Und die Medien liebten sie."

Im darauffolgenden Herbst, als *Nevermind* die US-Charts eroberte, gingen Nirvana auf eine sechswöchige Europa-Tour, dieses Mal als Headliner. In London lernte ich Brookes nun auch einmal persönlich kennen, als hochgewachsenen Mann mit wildem Blick, der mich um Unterstützung bat. Geffen hatten keine eigene Vertretung in Großbritannien, und die Promotion für *Nevermind* lief über das recht konservative Label MCA, das vor allem Mainstream-Stars wie Elton John im Programm hatte. Brookes fragte, ob ich ihn ins MCA-Büro begleiten würde. „*Sie* müssen denen die Philosophie der Band erklären", sagte er und sah mich angesichts der Vorstellung, den Managern eines großen Majors gegenübertreten zu müssen, voller Panik an.

Ich war mir nicht ganz sicher, ob ich der Richtige für diese Aufgabe war, und „Philosophie" erschien mir auch ein ziemlich hochgestochener Ausdruck für das komplizierte Spannungsfeld zwischen Indies und Majors, in dem die Band operierte, aber ich war der einzige aus dem althergebrachten Lager der Musikindustrie, der Nirvana begleitete, also willigte ich ein.

Nevermind war in Europa und den USA gleichzeitig erschienen und mit großer Spannung erwartet worden. „Den ganzen Sommer über sprachen mich Leute an, die eine Cassette von *Nevermind* wollten", berichtet Brookes. „Die Platte fing den Zeitgeist einfach perfekt ein. Die Hörer verbanden sich auf einer ganz neuen Ebene mit dieser Musik." Wie auch in den USA war die Erstauflage in Großbritannien (es wurden etwa 40.000 Exemplare ausgeliefert) schnell ausverkauft, und es dauerte ein oder zwei Wochen, bis Nachschub ankam.

Wie sich herausstellte, lief zwischen Nirvana und MCA in England alles wie am Schnürchen. Wenn eine Band gerade richtig durchstartet, dann verwandeln sich Manager von Plattenfirmen, die ansonsten auch schon mal recht gelangweilt oder arrogant sein können, in begeisterte Helferlein. Es gab keinerlei Proteste, als ich erklärte, die Band würde, um ihr Image zu schützen, nur mit Journalisten sprechen, die Brookes extra ausgewählt hatte, weil sie dafür bekannt waren, Musiker zu schätzen, die auch zu Nirvanas Idolen zählten, oder weil sie schon über *Bleach* geschrieben hatten. Rückblickend sagt auch Brookes, seine Bedenken gegenüber MCA seien unberechtigt gewesen; das Label machte eine gute Arbeit, die Nirvanas Integrität nicht gefährdete.

Der erste Auftritt im britischen Fernsehen, den MCA organisierte, fand in der Sendung *The Word* auf Channel 4 statt, und Kurt verkündete dem Studiopublikum stolz: „Ich möchte, dass ihr alle wisst, dass Courtney Love der beste Fick der Welt ist.“ Anschließend brachte die Band eine geniale Version von „Smells Like Teen Spirit“, nach der sich Kurt von der Bühne ins Publikum fallen ließ.

Später spielten Nirvana ihren Erfolgssong auch in *Top Of The Pops*, der wohl bekanntesten britischen Musiksendung, in der schon Helden wie die Beatles oder die Stones aufgetreten waren. Kurt war sehr geschickt im Umgang mit den Medien, wie Brookes sagt, und es gehörte zu seiner Strategie, sich auf keinen Fall zu wiederholen. Nachdem Nirvana die Single bei *The Word* in einer Version präsentiert hatten, die recht nah an der Studioaufnahme blieb, schlug Kurt nun einen anderen Weg ein. Anstelle des rauen Rock-Gesangs verlegte er sich auf eine beinahe schmalzige, weiche Interpretation. Mir erschien es unvorstellbar, dass er seinen eigenen Hit nur zwei Monate nach seinem Erscheinen schon derart auseinandernahm. In meinen Ohren klang er wie Jim Morrison von den Doors, aber als ich ihm von meinem Vergleich erzählte, warf er mir einen dieser irritierten Blicke zu und sagte, er habe eigentlich an Morrissey gedacht, den Sänger der Smiths – eine Hommage, die den britischen Musikjournalisten durchaus auffiel.

Die Fernsehshow von Jonathan Ross ging in eine ähnliche Richtung wie das Format von David Letterman in den USA und präsentierte witzige und respektlose Unterhaltung. Ross kündigte an, die Band würde „Lithium" spielen, aber die hatte in buchstäblich letzter Minute beschlossen, „Territorial Pissings" sei die bessere Wahl, und so begann Krist mit seiner gequälten Darbietung des „Get Together"-Refrains; am Schluss kippte Dave seine Becken auf dem Schlagzeugpodest um. Ein etwas verblüffter Jonathan Ross grinste anschließend verlegen in die Kamera und sagte: „Ich hoffe, wir haben die Nachbarn nicht geweckt. Das waren Nirvana mit einem Song, den wir jetzt nicht erwartet haben, aber sie möchten gern noch darauf hinweisen, dass man sie für Kindergeburtstage und Bar Mitzwas buchen kann." Die Produzenten der Show beschwerten sich später heftig wegen dieser Überraschung, aber die Band wusste so viel besser als jeder andere, wie ihr eigenes Image am besten funktionierte. Sie hatte eine Möglichkeit gefunden, die Leute zu schockieren, ohne dabei vulgär zu werden.

Während ihres Aufenthalts in London nahmen Nirvana außerdem eine Live-Session für BBC Radio auf. Da Kurt sich auf seine Punk-Fans konzentrieren wollte, kam „Smells Like Teen Spirit", das in Großbritannien längst zum Pop-Hit avanciert war, nicht infrage. Stattdessen brachten sie „Polly", „Aneurysm" (die B-Seite ihres großen Hits) und „Been A Son", einen älteren Titel, der im folgenden Jahr noch einmal auf der *Incesticide*-Compilation auftauchte.

„Kurt war einfach ein Typ, der die größte Band der Welt hatte", sagt Brookes. „Es war ein toller Trip, und es war ein solches Privileg, daran teilhaben zu dürfen, dabei zu sein und in Kurts Augen zu sehen und darin seine Reaktion auf diese irren Geschehnisse abzulesen." Er ergänzt: „Dave und Krist waren ein ganz wichtiger Teil all dessen. Sie sorgten für die richtige Chemie. Wenn sie gemeinsam so richtig in Fahrt kamen, dann waren sie wahnsinnig witzig, und es machte enorm viel Spaß, mit ihnen zusammen zu sein."

Wie schon in den USA brachte *Nevermind* auch in Europa die Punk- und Mainstream-Rock-Hörer zusammen. Bei den Gigs in

Großbritannien sah man im Publikum viele Punk-T-Shirts mit den Schriftzügen der Ramones, von Mudhoney oder Sonic Youth, aber einige Leute trugen auch Beatles- oder AC/DC-Shirts.

Kurt war fest entschlossen, seinen neugewonnenen Ruhm einzusetzen, um den Indie Rock, den er so liebte, weiterhin zu fördern. Auf der UK-Tournee, die mit einem Konzert in Bristol am 4. November 1991 begann, ließen Nirvana beispielsweise die Punk-Band Captain America, die sich später in Eugenius umbenannte, im Vorprogramm auftreten. Einige Tage später, bei einer Fotosession für mehrere britische Zeitschriften, trug Kurt prompt ein Captain-America-T-Shirt, und als eines der Fotos Ende November auf dem Cover des *NME* landete, war das für die schottische Band großartige Werbung. (Als die Printversion des *NME* 2018 eingestellt wurde, druckte die *New York Times* dieses Cover ab, ergänzt um einen Nachruf der britischen Journalistin Mary Anne Hobbs, die damals die Titelstory über Nirvana verfasst hatte und über die Begegnung schrieb: „Sie übernachteten in einem schäbigen Hotel im Londoner Stadtteil Bayswater. Kurt Cobain hatte wegen seiner Magengeschwüre schlimme Schmerzen und wollte über nichts anderes als über die Gleichberechtigung von Frauen reden.“)

Andy Bollen, der Drummer von Captain America, führte in dieser Zeit ein Tagebuch, das er später unter dem Titel *Nirvana: A Tour Diary* veröffentlichte. Kurt, der selbst Tagebuch schrieb, mochte Bollen gern und beantwortete viele seiner Fragen, auch wenn er ihn damit aufzog, dass er sich wie ein getarnter Journalist benahm. Bollen schreibt über seine erste Begegnung mit dem Nirvana-Frontmann: „Das erste, was einem an Kurt auffällt, sind seine durchdringend blauen Augen. Sein wasserstoffgebleichtes Haar hat zwei verschiedene Schnitte und zwei Farben, blond mit dunklem Ansatz. Er raucht lieber Selbstgedrehte als Filterzigaretten. Ich erwartete ein paar Anzeichen für Ausschweifungen und Hedonismus und stieß auf ruhige Belesenheit.“

Die Konzerte in Großbritannien, die ich miterlebte, hatten dieselbe Intensität wie die in den USA. Groupies waren keine zu sehen, aber in der Garderobe lagen jede Menge Punk-Fanzines aus. Vor dem Auftritt wirkte die Band oft ausgepowert, aber auf der Bühne explodierte sie dann geradezu.

Bollen war überrascht, dass Kurt überhaupt keine Starallüren zeigte. „Er schlief viel und hatte so eine Art an sich, dass sich die Leute in seiner Nähe eher vorsahen. Aber wenn er echte Fans traf, war er sehr großzügig und ihnen zugewandt; er war sich stets bewusst, wie nervös sie waren, und versuchte dafür zu sorgen, dass sie sich entspannten. Er vergaß nie, dass er bei allem Erfolg der Band nichts anderes war als sie: ein Indie- und Underground-Fan."

Manchmal stieß der Sänger Eugene Kelly zu ihnen und sorgte für den Harmoniegesang, wenn Nirvana seinen Song „Molly's Lips" coverten. Captain America durften das ganze Equipment Nirvanas benutzen, sogar Daves Schlagzeug – eine Großzügigkeit, die bekannte Bands ihrem Support gegenüber nur selten zeigten. Ebenso wichtig war, dass sie auch das Bier, das von den Veranstaltern gestellt wurde, mit ihrer Vorgruppe teilten.

Bollen erinnert sich, dass ihn damals widersprüchliche Gefühle bewegten: Einerseits spürte er, dass er Nirvana in einem ganz entscheidenden Augenblick erlebte, an der Schwelle einer Entwicklung, wie sie vielleicht dreißig Jahre zuvor die Beatles durchgemacht hatten, und gleichzeitig hatte er das verrückte Gefühl, Kurt *beschützen* zu wollen.

Aus Bollens Memoiren, die ich zwanzig Jahre nach den eigentlichen Geschehnissen las, erfuhr ich, dass die Band – oder zumindest Dave Grohl – ihren Managern durchaus zwiespältiger gegenüberstand, als ich damals ahnte. Eines Tages fanden Nirvana in ihrer Garderobe einen Magic 8 Ball, ein an eine Billardkugel erinnernde kleine Apparatur, die auf Ja/Nein-Fragen zufällige Antworten anzeigt, und beschlossen, ein wenig mit dem Orakel zu spielen. Dave fragte: „Will David Geffen nur unser Bestes?" Antwort: „Stelle die Frage später noch einmal." Neue Frage: „Sollen wir bei Danny Goldberg und Gold Mountain Management bleiben?" Antwort: „Das ist sicher." Dave lachte: „Das kann ja wohl nicht stimmen, komm, wir machen das noch mal." Antwort: „Ganz gewiss." Ich weiß nicht, ob Kurt davon etwas mitbekam, aber ich muss sagen, rückblickend bin ich diesem Magic 8 Ball wirklich sehr dankbar.

Diese Tournee war der Wendepunkt für Nirvana: Ihr Leben sollte danach nie wieder so sein wie zuvor. Während ihnen Freunde von zuhause berichteten, wie oft das „Teen Spirit"-Video im Fernsehen lief, spürten die Bandmitglieder zunehmend den Druck, der durch die Großartigkeit von *Nevermind* und dem neu gewonnenen Ruhm auf ihren Schultern lastete. Immer öfter zertrümmerten sie nun ihre Gitarren, Schlagzeuge und Verstärker auf der Bühne. Auch sprachen sie mehr und mehr mit Journalisten, und Kurt war ständig damit beschäftigt, am Image der Band zu feilen oder es immer wieder einmal in einem anderen Licht erscheinen zu lassen. Auf der Webseite LiveNirvana.com finden sich allein 43 Interviews für den Monat November 1991 von meist beträchtlicher Länge mit verschiedenen europäischen Journalisten. Ebenso wie bei den letzten Konzerten in den USA waren auch hier alle Gigs ausverkauft, und meist warteten noch viele hundert Fans, die keine Karten bekommen hatten, vor der Halle, während die Zuschauer drinnen komplett ausrasteten. Kurt unterbrach die Show jedes Mal, wenn ein Ordner einen Fan hart anging, aber der große Druck des *Nevermind*-Phänomens brach sich im belgischen Gent Bahn, als Kurt ins Publikum sprang und anschließend, als er wieder auf die Bühne zurückkehrte, die Leute in der ersten Reihe anspuckte, was für ihn eigentlich völlig untypisch war.

Als ich jetzt bei meiner Recherche die vielen Interviews aus dieser Zeit durchlas, staunte ich, wie sehr Kurt damals auf jeden Journalisten einging, obwohl er körperlich völlig erschöpft gewesen sein muss. Die meisten Künstler legen sich ein gewisses Repertoire an Antworten zu und sagen sie später beinahe wie in einem Theaterstück auf, aber Kurt ließ sich fast jedes Mal etwas Neues einfallen.

Europäischen Journalisten gegenüber war Kurt meist auskunftsfreudiger als bei den heimischen Medien. Wenn ihn amerikanische Autoren nach dem Bandnamen fragten, was selten vorkam, gab er absichtlich vage Antworten, aber dem italienischen Journalisten Luca Collepiccolo erklärte er: „Der Name Nirvana stammt aus der indischen Religion und bezieht sich auf eine Art göttliches Bewusstsein." Einem deutschen Reporter verriet er, dass er schon einige Male LSD genommen hatte, aber das nicht oft tat, „weil er sonst zu viel lachte". Kurt freundete sich mit der französischen Journalistin Youri Lenquette an, die für ein Interview mit ihm nach Australien geflogen war, und als Kurt nach dem Gespräch nicht schlafen konnte, hörte er mit Lenquette Cassetten mit Garagen-Rock aus den Sechzigern. Durch den kurzen Aufenthalt Nirvanas in diesen Ländern wurde aus jedem kurzen Kontakt eine richtig große Sache. Jahre nach Kurts Tod schrieb der italienische Autor Lucio Spiccia: „Junge Leute fragen mich nach Kurt, als sei ich ein Mitglied der Band gewesen."

Der dänische Fotograf Søren Rud erinnert sich, dass ein Festivalauftritt Nirvanas verschoben wurde, als Dänemark es bis ins Endspiel der Fußball-Europameisterschaft 1992 geschafft hatte und das Publikum nun natürlich dieses entscheidende Match verfolgen wollte. „Anschließend kam Kurt direkt zu mir, schüttelte mir die Hand und gratulierte mir zum Sieg unserer Mannschaft. Er machte sogar ein paar Bemerkungen über das Spiel, das sich die Band offensichtlich angesehen hatte."

Der schwedische Fernsehjournalist Lars Aldman filmte ein Interview mit Kurt am Ufer eines Kanals im Djurgården-Park in Stockholm. „Kurt versteckte sein Gesicht unter einer Kapuze, die zu einer Jacke gehörte, deren Muster an eine Landkarte erinnerte. Er zeigte sich an diesem Tag von einer ernsten und nachdenklichen Seite, aber in seiner Stimme lag auch etwas Traurigkeit und Schmerz. Anschließend hatte ich das großartige Gefühl, Teil von etwas Einzigartigem und Spektakulärem gewesen zu sein."

Kurt und Courtney heirateten am 24. Februar 1992 in Waikiki auf Hawaii. Nur wenige Gäste nahmen an der Zeremonie teil; Silva und ich gehörten nicht dazu. Auch Krist nicht oder seine Frau Shelli, mit der Courtney sich aus Gründen, die ich nie begriff, zerstritten hatte. Obwohl die Hochzeit eigentlich ein großes Ereignis in Kurts Leben hätte sein müssen, schien er es damals gar nicht so wichtig zu finden; weder er noch Courtney kamen mir gegenüber in den kommenden Jahren darauf zu sprechen.

Wenig später unternahmen Nirvana ihre einzige Australien-Tournee. Der erste Auftritt fand im bewusst zu klein gewählten Phoenician Club in Sydney statt und wurde binnen kurzem zur Legende. (2004 wählte die australische Ausgabe des Metal-Magazins *Kerrang!* diesen Gig auf den ersten Platz der Liste von „Konzerten, die die Welt erschütterten".) Am nächsten Tag traten Nirvana mit den Violent Femmes zusammen als Co-Headliner beim Big Day Out Festival vor wesentlich größerem Publikum auf.

Rechtzeitig zur ersten Australien- und Japan-Tournee der Band stellte Kurt eine EP mit dem Titel *Hormoaning* zusammen, die nur in diesen beiden Ländern veröffentlicht wurde. Sie enthielt sechs Titel, darunter Cover-Versions von Songs der Vaselines, den Wipers und von Devo, die ursprünglich für die Peel Sessions von BBC Radio aufgenommen worden waren, sowie „Aneurysm" und „Even In His Youth", die Montgomery produziert hatte und die ursprünglich auf der B-Seite der UK-Single von „Smells Like Teen Spirit" erschienen waren. *Hormoaning* erreichte Platz 2 in Australien und kam auch in Japan in die Charts.

Die australische Promoterin Mandy Barron hatte bereits für eine Reihe von Sub-Pop-Bands gearbeitet und die Pressearbeit für Fugazi und Sonic Youth erledigt, als MCA sie bat, die Promotion für die *Hormoaning*-EP und die Tour zu übernehmen. Wie schon andere Pressemanager baute auch sie ihren guten Draht zu Kurt dadurch auf, dass sie stundenlang mit ihm über die Punk-Bands sprach, die sie beide mochten. Nirvana überließen das Vorprogramm zahlreichen lokalen Indie-Bands wie The Meanies, Tumbleweed, Guttersnipe, The Village Idiots und The Cosmic Psychos.

Auch Barron schwärmt heute noch von den damaligen Nirvana-Konzerten. „Der Sound war brillant. Alles war phantastisch. Wir hatten das Gefühl, gerade die beste Band aller Zeiten erlebt zu haben. Sie waren so intensiv. Ich beobachtete einige australische Gitarristen dabei, wie sie versuchten, sich vom Linkshänder Kurt etwas abzugucken und anschließend die Akkorde nachzuspielen, und dachte mir dabei: ‚Das wird nie was werden, bevor ihr nicht eure Gitarren andersherum stimmt.'"

In Australien erlangten Nirvana in nur wenigen Wochen dieselbe kulturelle Relevanz, für die sie in Europa mehrere Jahre gebraucht hatten. „Nirvana veränderten die Struktur der Mainstream-Radiosender und beeinflussten sogar die Leute, wie sie sich kleideten. Männer trugen plötzlich Strickjacken", erinnert sich Barron lachend. „Die Art, wie Kurt über Frauen sprach und wie er Courtney verteidigte, hinterließ großen Eindruck."

Courtney stieß nach der ersten Hälfte der kurzen Tournee zur Band, und anschließend begleitete Barron sie und Kurt, während Dave und Krist allein reisten. „Es machte schon den Eindruck, ob es deswegen ein paar Spannungen gab, aber Kurt und Courtney waren verliebt und wollten zusammen sein." Sie blieben meist für sich, und Kurt nutzte die freien Tage zwischen den Gigs, um das Musikvideo zu „Come As You Are" fertig zu bearbeiten.

Nirvana gaben ein Konzert in Neuseeland und reisten dann für mehrere Auftritte nach Japan weiter. Dort traf Kaz Utsunomiya mit ihnen zusammen, der sich erinnert: „Damals warteten die meisten Bands aus den USA oder Europa, bis sie richtig groß waren, bevor sie nach Japan kamen, denn damals gab es schließlich noch kein Internet, und es hätte Monate gedauert, bis Artikel über sie in den japanischen Magazinen erschienen wären. Nirvana kamen schon in einer recht frühen Phase ihrer Karriere ins Land und gewannen gleich viele Fans, unter anderem deshalb, weil ‚Smells Like Teen Spirit' sogar in Japan ein Hit geworden war." Außerdem waren Nirvana vielen japanischen Punk-Fans ein Begriff, weil Shonen Knife, eine Frauenband, die bei den Shows von Captain America und Nirvana im Vorprogramm gespielt hatte, nach ihrer Rückkehr in der Presse von ihren Headlinern schwärmte.

„Kurt war sehr an der japanischen Popkultur interessiert", berichtet Kaz, „vor allem an den Spielen und den Zeichentrickfilmen. Wir gingen in Osaka in die Kaufhäuser und kauften alles Mögliche. Er fand auch japanische Schuluniformen spannend und japanische Schlafanzüge, die er bei den Gigs auf der Bühne trug."

Courtney blieb noch einige Tage länger in Australien, um Promotionverpflichtungen für Hole wahrzunehmen. Kaz erinnert sich: „Als wir wieder im Hotel waren, versuchte Kurt Courtney zu fassen zu bekommen und zu erfahren, wann sie in Japan ankommen würde. Wir kehrten mit dem Bullet Train gerade rechtzeitig wieder nach Tokio zurück, damit ich sie vom Flughafen abholen konnte, während Kurt zum Soundcheck fuhr. Ich begleitete sie zur Halle, die etwa tausend Leute fasste und ausverkauft war. Kaum, dass Courtney wieder bei ihm war, waren sie unzertrennlich. Sie blieben auf ihrem Zimmer oder gingen gemeinsam essen. Zwischen Soundcheck und Konzert gingen sie in eine Spielhalle. Kurt war von den Spielautomaten fasziniert, da sie ganz anders waren als in den USA." Mit den Konzerten, so Kaz, „spielten sie sich direkt in die Herzen der japanischen Kids."

Frankreich galt seit Jahren als ein Markt, der für amerikanische Künstler notorisch schwer zu knacken war, von daher war ich sehr erleichtert, als Nirvana beim Trans Musicales Festival in Rennes ausgesprochen gut ankamen. Kurt und Courtney blieben während des Tages für sich, und Krist und Dave übernahmen die Interviews. Doudou, der junge Promoter, der sie betreute, war begeistert. Während des Konzerts stand ich die meiste Zeit neben Gerard Drouot, einem Konzertpromoter etwa in meinem Alter, der sich sonst eher mit Mainstream-Künstlern beschäftigte und Punk gegenüber eher kritisch eingestellt war. Er erinnert sich daran, dass er bei dem Gig damals vorn an der Bühne an den Absperrgittern stand und gründlich davon beeindruckt war, dass eine so laute, kraftvolle Band mit derartig eingängigen Melodien aufwartete: „Wie Lennon und McCartney!" Später veranstaltete Drouot sämtliche Konzerte, die Nirvana in Frankreich gaben.

Heute gibt es Stimmen, die behaupten, schon während der Frankreich-Tour hätte es Gerüchte über Kurts Heroinkonsum gegeben –

möglicherweise, weil er einige Soundchecks verpasste. Die Droge war in Frankreich leicht zu bekommen, und daher vermute ich rückblickend, dass es stimmte und Kurt schon damals drückte, aber das Problem tauchte erst viele Wochen später auf meinem Radarschirm auf.

Achtes Kapitel

HEROIN

Anfang Januar 1992 befand ich mich mit Rosemary und unserer anderthalbjährigen Tochter Katie auf einem Kurzurlaub in der Karibik, als Silva bei mir anrief: *Nevermind* hatte den ersten Platz der *Billboard*-Charts erreicht. Noch überraschender, ja, beinahe surreal war die Tatsache, dass das Album Michael Jacksons *Dangerous* von der Spitzenposition verdrängt hatte. Und dann hatte man Nirvana zu einem Auftritt in *Saturday Night Live* am 11. Januar eingeladen. Das entsprach den höchsten Weihen der amerikanischen Entertainment-Industrie, die bis dahin noch keiner Punk-Band zuteil geworden waren, zumindest keiner der amerikanischen, von Nirvana bewunderten Gruppen, auch wenn The Clash 1982 schon einmal dort aufgetreten waren. Leider sollte sich das Hochgefühl, das ich angesichts dieser großartigen Nachrichten empfand, nur allzu bald wieder verflüchtigen.

Als ich kurz vor dem Termin bei *Saturday Night Live* mit meiner Familie nach New York zurückkehrte, fand ich als erstes zwei Faxe mit kürzlich veröffentlichten Artikeln vor, in denen angedeutet wurde, dass Kurt und Courtney Heroin nahmen. Jerry McCulley berief sich in seinem Artikel für *Bay Area Music* (*BAM*) auf ein Interview, dass er einige Wochen zuvor mit Kurt geführt hatte, als Nirvana bei einem Event mit den Red Hot Chili Peppers als Headliner in der Los Angeles Memorial Sports Arena aufgetreten waren. (Das Programm eröffneten damals Pearl Jam, die erst einige Monate später ihren kommerziellen Durchbruch erzielten.)

Bevor *Nevermind* erschien, hatten wir ein halbes Dutzend solcher Special-Guest-Auftritte für die Band arrangiert – es war eine beliebte

Methode, um eine neue Band aufzubauen, indem man sie bei Konzerten ähnlich gelagerter, aber bereits etablierter Kollegen spielen ließ, und davon abgesehen war die Gage von 10.000 Dollar pro Abend für Nirvana zu dieser Zeit eine Menge Geld. Nachdem die Band mit ihrem zweiten Album so unvorstellbar durchgestartet war, hatten wir diese Entscheidung schon bereut, aber die bestehenden Verpflichtungen mussten nun einmal erfüllt werden.

Ich selbst war bei dem fraglichen Konzert in L.A. dabei, hatte aber Katie bei mir gehabt und mich daher kurz nach Nirvanas Set und einer kurzen Begrüßung wieder verabschiedet. Als ich ging, traf ich Bob Merlis, den Promotionchef von Warner Bros. Records, der mit seinem 13-jährigen Sohn Ben, einem fanatischen Punk-Fan, backstage war.

Ben, heute Ende dreißig, erinnert sich noch gut daran, wie er in der Garderobe von Nirvana seinem Idol vorgestellt wurde. „Kurt hatte sich die Haare magenta gefärbt und trug ein schwarzweißes Alice-im-Wunderland-Kleid. Irgendwann sagte ich zu ihm: ‚Es ist an euch, den Punk zurückzubringen.' Er sah mich mit seinen kalten, blauen Augen an und erklärte: ‚Nein. Es ist an *dir*, den Punk zurückzubringen.' Dann verschwand er kurz und kam mit einem schwarzen, langärmeligen Nirvana-Shirt zurück, das er mir in die Hand drückte und sagte: ‚Hier, das schenke ich dir. Die gibt es nicht zu kaufen, diese Shirts haben nur die Band und die Crew.' Ich war wie vom Donner gerührt! Ich war 13 Jahre alt, und der Sänger der größten Band der Welt schenkte mir ein Shirt, das man nirgendwo kaufen konnte."

Offenbar setzte Kurt sich wenig später einen Schuss. Obwohl er mir damals nichts davon sagte, war Thurston, der ihn wenig später backstage traf, sehr besorgt. „Diese ganze Szenerie hinter der Bühne roch nach Drogen und peinlichen Rockstar-Klischees, und Courtney schrie irgendeine Frau an, sie sei eine Hexe, weil sie Kurt eine Haarlocke abgeschnitten hatte. Ich dachte nur: ‚Verdammt, *so was* habe ich noch nie erlebt.'"

Kurz danach erschien der Journalist McCulley zu dem vereinbarten Interview, und seine Beschreibung von Kurt musste bei jedem in Nirvanas Umgebung die Alarmglocken schrillen lassen. „Er nickt immer wieder ein. Angeblich hat er nur eine Stunde geschlafen, aber die stecknadelkopfgroßen Pupillen, die eingefallenen Wangen und die schorfige, fahle Haut deuten auf mehr als nur Erschöpfung hin", schrieb McCulley in *BAM*. Und im zweiten bedenklichen Pressebericht, einer Kolumne in *Hits*, fand sich die Zeile „Kurts Tänzchen mit Mr. Brownstone", eine Slangbezeichnung für Heroin.

Die Euphorie wich kalter Angst. Ein tödliches Raubtier befand sich plötzlich mitten unter uns. Wir wussten, dass wir schnell etwas unternehmen mussten, aber erst einmal galt es, die nächsten Tage zu überstehen.

Bei *Saturday Night Live* hielten sich Kim und Thurston in dem Bereich auf, der für Gäste der auftretenden Künstler reserviert war. „Courtney wollte unbedingt reden, reden, reden", berichtet Thurston, „und Kurt ließ sich nicht blicken. Ich war ein bisschen genervt und fragte mich: ‚Wo steckt denn Kurt, wieso hängt er denn nicht mit uns ab?' Dann guckte Kurt kurz rein und sagte ganz gestresst zu Courtney: ‚Komm mal schnell, ich brauch dich mal.' Sie sprang auf, und ich dachte, scheiße, diese Art von Kommunikation kenne ich. Die wollen sich jetzt einen Schuss setzen. Ich war ziemlich deprimiert."

Kurt bewies jedoch eine erstaunliche Widerstandskraft. Einen Augenblick hing er müde in den Seilen, im nächsten war er schon wieder voll da. Etwas später führte Janet Kim und Thurston sowie Amy Finnerty von MTV in Nirvanas Garderobe. Thurston sagte zu Kurt: „Ihr solltet euch bei Amy bedanken", und Kurt fragte, wieso. Dann erzählte Thurston ihm, dass die junge Managerin ihre Karriere aufs Spiel gesetzt hatte, um „Smells Like Teen Spirit" in die Hot Rotation zu befördern. Und als ob es gerade nichts Wichtigeres gab, bat Kurt die anderen, ihn kurz für ein Gespräch mit Finnerty allein zu lassen. Er hatte nicht gewusst, dass seine MTV-Freundin tatsächlich Einfluss auf das Programm hatte. „Im Scherz sagte er, er hätte gedacht, ich würde Klebezettel auf den Ablaufplan pappen, und dann bedankte er sich bei mir", berichtet Finnerty. „Er war so süß."

In jener Woche moderierte der Schauspieler Rob Morrow die Show. Janet war so „verdammt aufgeregt", dass Nirvana es bis zu *Saturday Night Live* geschafft hatten, und sie sagt, dass es der Band genauso ging, aber mir gegenüber machten sie auf cool. Nach der Probe gab es eine angeregte Diskussion darüber, welche T-Shirts Kurt, Krist und Dave in der Sendung tragen sollten. Sie waren noch immer bestrebt, ihr neues Profil dafür zu nutzen, um auf bisher weniger bekannte Bands aufmerksam zu machen. Kurt wählte daher ein selbstgemachtes Flipper-T-Shirt, Krist entschied sich für L7 und Dave für die Melvins.

Während ich durch den weitläufigen NBC-Studiokomplex streifte, in dem *Saturday Night Live* produziert wurde, sprach mich die *SNL*-Mitarbeiterin Victoria Jackson an und erklärte, dass sie mit Weird Al Yankovic befreundet war, der sich gern einmal mit Kurt über eine mögliche Parodie von „Smells Like Teen Spirit" unterhalten würde. Da Weird Al für seine Bearbeitungen auch die Texte stark veränderte, musste er sich vorher die Erlaubnis der betreffenden Songwriter einholen. Ich fragte Kurt, und er war gern zu einem Gespräch bereit. Jackson rief sofort bei Weird Al an und drückte Kurt den Hörer in die Hand. Kurt hörte zu, nickte und sagte schließlich: „Hört sich toll an, Al."

Einige Monate später bekamen wir Vorab-Kopien des Videos zu „Smells Like Nirvana", und als ich daraufhin ein paar Tage lang nichts von Kurt hörte, begann ich mich zu sorgen, dass er auf mich sauer war, weil ich in dieser Sache vermittelt hatte. Ich war spontan davon ausgegangen, es sei eine Art Ehre, zu den Superstars zu gehören, über die sich Weird Al lustig machte, aber nun war ich mir doch nicht mehr ganz sicher, wie Kurt darauf reagieren würde, wenn er eine Parodie seiner selbst auf MTV zu sehen bekam, und die Tatsache, dass Weird Al auch die Nirvana-Fans aufs Korn genommen hatte, machte mich zusätzlich unruhig. Als ich Kurt aber dann zu fassen bekam und nach seiner Meinung fragte, antwortete er zu meiner Erleichterung: „Ich habe mich bepisst vor Lachen!" Auch für ihn war es ein Zeichen, dass die Band wirklich den Durchbruch geschafft hatte. Dass Weird Al allerdings eine Weile danach ein Promotionfoto verwendete, auf dem er nackt unter Wasser nach einem Donut an einem Angelhaken griff, ging Kurt dann doch zu weit. *Flipside* gegenüber beklagte er sich, dass der Parodist die Zugkraft von Nirvana für die eigene Promotion ausnutzte, und zwar weit mehr, als Kurt ursprünglich erwartet hatte. Aber typisch für ihn war, dass er niemals mir deswegen einen Vorwurf machte.

Bei *Saturday Night Live* brachte die Band, die nach mehreren Monaten auf Tour bestens eingespielt war, straffe, packende Versionen von „Smells Like Teen Spirit" und „Territorial Pissings". Mit seinem Outfit –langem, rot gefärbtem Haar, zerrissenen Jeans und einer blauen Strickjacke über dem selbstgemachten Flipper-T-Shirt – prägte Kurt zudem eines der klassischen Images seiner Karriere. Während schon der Abspann lief, setzte die Band noch ein weiteres Zeichen. Kurt und Krist küssten sich auf den Mund und erklärten allen anderen später grinsend, das sei als Arschtritt für die homophoben Idioten in Aberdeen gedacht gewesen, mit denen sie sich als Teenager hatten herumschlagen müssen.

Meine Freude über den gelungenen Auftritt verpuffte jedoch schnell. Kurts Mutter Wendy war zu diesem besonderen Event angereist und nach der Sendung wegen der ungewohnten, glamourösen Fernsehumgebung noch ganz aufgedreht. Kurt hatte sich nach dem Auftritt offenbar einen Schuss gesetzt, denn ihm fiel es schwer, die Augen offen zu halten, und er und Courtney wollten nichts weiter als zurück ins Hotel. Damit schwanden auch bei mir die letzten Zweifel, was sein Heroin-Problem anging. „Willst du nicht noch auf diese Party gehen, Kurt?", fragte seine Mutter bittend. Bei den Aftershow-Partys von *Saturday Night Live* konnte man stets jede Menge Stars treffen. Aber Kurt erwiderte in weinerlichem Ton: „Nein, Mom, geh du allein hin."

Am nächsten Tag rief ich Tim Collins, den Manager von Aerosmith, an und bat ihn um Rat. Collins, der die Band bei ihrem sensationellen Comeback betreut hatte, hielt sich selbst von allen Drogen fern, und er hatte einige der Musiker erfolgreich durch Vermittlung von 12-Schritte-Programmen bei ihrer Drogenentwöhnung unterstützt. Er gab mir die Nummer eines Suchtberaters namens Bob Timmins, der auch Aerosmith schon geholfen hatte, und wir planten ein Interventionsgespräch in L.A., wenn Kurt und Courtney wieder zuhause sein würden.

Zwei Tage nach *Saturday Night Live* nahm die Band in den MTV-Studios eine Reihe von Live-Versionen ihrer Songs auf. Es war erst vier Monate her, dass der Sender das Video zu „Smells Like Teen Spirit“ zum ersten Mal gezeigt hatte, aber inzwischen zählten Nirvana zu den größten Stars im Programm. MTV hatte sehr auf diese neuen Aufnahmen gedrängt, um mehr Material zur Verfügung zu haben, und Kurt hatte sich dem nicht verweigern wollen.

Nirvana spielten neun Songs von *Nevermind*, und anschließend zeigte einer der Cutter Kurt die Aufnahmen aus den verschiedenen Kamerawinkeln. Kurt, der auf einem Sofa vor einem Monitor saß, war unverkennbar wieder drauf, und in mir verkrampfte sich alles; ich zählte die Tage, bis wir alle wieder an der Westküste sein würden. Aber obwohl er immer wieder einzunicken drohte, gelang es ihm doch jedes Mal, im richtigen Augenblick den Kopf zu heben und genau festzulegen, wann es ein Close-Up des Schlagzeugs geben sollte, wann ein Close-Up von ihm am Mikrofon, wann eine Totale und so weiter, und der Cutter hielt sich genau an seine Vorgaben. So sehr mich Kurts Zustand auch sorgte und ängstigte, so überwältigt war ich von der Präzision und Klarheit seiner Entscheidungen und von der Qualität der Performance, die er zuvor abgeliefert hatte. Janet ging es damals ebenso: „Er schottete sich komplett von der Außenwelt ab und konzentrierte sich so sehr.“

Was Drogen betrifft, hatte ich selbst das Glück, dass ich zwar als Teenager tatsächlich einige Male Heroin probiert, aber die Wirkung nicht besonders genossen hatte. Hätte es mir gefallen, wäre ich später sicherlich ein Junkie geworden, da ich es in dieser Lebensphase als Statement betrachtete, Drogen zu nehmen. Der Stoff, der mir ein unglaubliches High verschaffte und alle Sorgen wegpustete, war Crystal Meth, aber nachdem ich kurz vor meinem achtzehnten

Geburtstag fünf Nächte in der Besserungsanstalt Alameda County Juvenile Hall verbracht hatte, war ich auch davon gründlich kuriert. Nie wieder wollte ich in an einen solchen Ort geraten. Noch viele Jahre hielt ich mich von Alkohol und allen anderen Drogen fern.

In den frühen Achtzigern pflegte man im Hollywood-Club Whisky a Go Go die Getränke nach Personen aus der Rock-Szene zu benennen, und tatsächlich gab es dort auch einen „Danny Goldberg" – Mineralwasser mit Limette, „die alkoholfreie Business-Variante". Dass ich sauber und trocken blieb, führte ich jedoch nie auf besondere Tugenden zurück. Mir schien es eher reines Glück, dass ich nicht die Anlagen eines Süchtigen oder eines Alkoholikers mitbekommen hatte.

Im Laufe der Jahre hatte ich viel mit Menschen zu tun, die dieses Glück nicht hatten, darunter viele Künstler, die sich mit Heroin, Kokain, Alkohol oder einer Kombination aus allem in eine selbstzerstörerische Abwärtsspirale begaben. Viele, darunter auch enge Freunde, konnten ihr Leben mithilfe von 12-Schritte-Programmen der Anonymen Alkoholiker oder der Narcotics Anonymous wieder in den Griff bekommen. Leider glaubte Kurt nie, dass ein solches Programm für ihn infrage kam, obwohl ihn viele Freunde und Kollegen davon zu überzeugen suchten.

Während dieses Buch entstand, schlug die sogenannte „Opioid-Krise" in den US-amerikanischen Medien gerade hohe Wellen, aber im Bereich der Kreativschaffenden, vor allem unter Musikern, gibt es eine Heroinkrise, solange man sich zurückerinnern kann. Es existieren unterschiedliche Theorien darüber, wieso es gerade unter Künstlern und Performern so verstärkt zu Drogenmissbrauch kommt. Ein Grund ist sicherlich, dass ein großer Teil des Berufslebens zu später Stunde in Clubs und Konzerthallen stattfindet und es keinen „Boss" im Sinne eines konventionellen Arbeitgebers gibt. Ein Künstler auf Tournee muss mit langen, langweiligen Reisen und unregelmäßigem Schlaf zurechtkommen und sich emotional mit einer Achterbahnfahrt auseinandersetzen, auf der es nicht nur höchste Euphorie nach großartigen Auftritten, sondern auch Momente tiefsten Selbsthasses nach eher misslungenen Shows gibt und bei der auf das Bad in einer bewundernden Menge die Einsamkeit eines Hotelzimmers folgt. Andere Theorien gehen davon aus, dass die Empfindsamkeit, aus der Kreativität entsteht, mit Aspekten im Gehirn verbunden ist, die einen starken Hang zur Verwendung von Schmerzmitteln begünstigen.

Wie auch immer, die Geschichte spricht eine deutliche Sprache. Billie Holiday, Chet Baker, Hank Williams, John Coltrane, Charlie Parker, Jimi Hendrix, Janis Joplin, Gregg Allman, Jerry Garcia, Eric Clapton und Keith Richards – das sind nur einige der vielen großen Musiker, die Heroin spritzten. Im Velvet-Underground-Song „Heroin" versuchte Lou Reed, die Einstellung eines Süchtigen zu beschreiben, der den nächsten Schuss braucht: „I have made – big decision – I'm gonna try to nullify my life …" Neil Young, der in „The Needle And The Damage Done" über den Tod eines Freundes schrieb, klagte: „Every junkie's like a setting sun."

In Seattle war das Heroin-Problem, ob nun wegen des schlechten Wetters, der geringeren Zahl von Sonnenstunden oder aus einem anderen Grund, besonders groß. Im März 1990, als Nirvanas Karriere mit der Veröffentlichung von *Bleach* allmählich ins Rollen kam, starb Andrew Wood, der Sänger der Lokalband Mother Love Bone, in der auch die späteren Pearl-Jam-Musiker Stone Gossard und Jeff Ament spielten, an einer Überdosis.

Kurt hatte zudem eine weitere Entschuldigung: chronische, unerträgliche Magenschmerzen, für die es zunächst weder eine schlüssige Diagnose noch eine hilfreiche Therapie zu geben schien. Seit wir das Management von Nirvana übernommen hatten, klagte Kurt uns gegenüber immer wieder einmal darüber. Janet erinnert sich: „Unzählige Ärzte haben ihn untersucht, und niemand fand die Ursache. Ein Geschwür war es jedenfalls nicht." Auch wenn es vielleicht naheliegend sein mochte, von psychosomatischen Schmerzen zu sprechen – Kurt spürte sie, und durch Heroin gingen sie zumindest für eine Weile weg.

Krist erinnert sich, dass Kurt schon lange, bevor die Band erfolgreich wurde, Magenprobleme hatte; er hatte stets das Gefühl, dass das auch an Kurts Ernährung lag, die größtenteils aus Fastfood wie billigen Burritos oder Makkaroni mit Käse bestand. „Eines Tages hatte er richtig heftige Schmerzen und würgte nur noch Luft heraus. Ich blieb bei ihm, weil ich ihn nicht allein lassen wollte. Und als er sich dann ein bisschen besser fühlte, gingen wir zu einem 7-Eleven, um etwas zu essen, wobei es dort ja wirklich viel Junk gibt. Er holte sich eine Eiswaffel. Ich habe ihn daraufhin angemacht: ‚Verdammt, wieso isst du jetzt dieses Eis? Kein Wunder, dass es dir schlecht geht!'" Auch heute noch schüttelt Krist indigniert den Kopf, wenn er sich daran erinnert. „Ich war sauer auf *ihn*, aber er wurde sauer auf *mich*, weil ich das gesagt hatte."

Silvas Assistent Peter Rauh erzählt eine ähnliche Geschichte. Mitte 1991 fuhr er Kurt ins Cedars-Sinai Hospital für eine Luftröhrenuntersuchung, um den Schmerzen auf die Spur zu kommen. Der Eingriff musste unter Narkose erfolgen, und daher hatte Kurt den ganzen Tag über nichts gegessen. Als sie das Krankenhaus wieder verließen, bat Kurt Rauh, an einem IHOP-Restaurant anzuhalten, und der staunte nicht schlecht: „Ich konnte gar nicht glauben, wieviel Sirup er sich über seine Pfannkuchen kippte."

Zwar hatten Kurt und Courtney beide schon früher Heroin konsumiert, aber nun verstärkte der Erfolg von *Nevermind* das Problem zusätzlich. Schon allein mit einem Bruchteil des Ruhms und der kommerziellen Durchschlagskraft hätte ein Musiker darauf vertrauen können, immer reichlich Bargeld für seine Sucht zur Verfügung zu haben. Und daher ist jeder Star auch stets von einer Horde Dealern umgeben. Das hatte ich schon Mitte der Siebzigerjahre bei Led Zeppelin erlebt und einen großen Widerwillen gegen diese Typen entwickelt. Das Schlimmste an dieser Droge ist dabei für mich, dass sie die Seele tötet und stets den schattenhaften Geist des Todes mit sich bringt.

Einige Tage nach den Aufnahmen bei MTV, als Kurt und Courtney wieder nach Los Angeles zurückgekehrt waren, organisierten wir ein Interventionsgespräch im Cedars-Sinai. Courtney hatte kurz zuvor festgestellt, dass sie schwanger war, und das gab uns einen guten Vorwand, um die beiden in die Klinik zu bestellen; wir sagten, sie und Kurt hätten einen Termin mit einer Hebamme. Stattdessen wartete auf sie eine Gruppe von Freunden und Geschäftspartnern, darunter Rosemary und ich, Janet, Gary Gersh und Eric. Zur professionellen Unterstützung hatten wir den von Aerosmith-Manager Tim Collins empfohlenen Bob Timmins hinzugebeten und Dr. Michael Horowitz, der sich auf die Abhängigkeit von chemischen Rauschmitteln spezialisiert hatte.

Timmins hatte langes Haar und trug eine Weste, die zahlreiche Tattoos freiließ. Wir unterhielten uns eine Weile, während wir auf Kurt und Courtney warteten, und der Suchtberater prahlte dabei mit den Namen mehrerer Rockstars, denen er „geholfen" hatte. Mir wurde angesichts dieser Indiskretion bereits etwas mulmig.

Als Kurt und Courtney erschienen, bestürmten wir alle sie, mit den Drogen aufzuhören. Schnell ging es dabei auch um Courtneys Schwangerschaft, und Horowitz sagte, dass sie das Kind seiner Meinung nach am besten gar nicht bekommen sollte, wenn sie sich ihrem Drogenproblem stellen wolle. „Wollen Sie mir sagen, ich soll abtreiben?", fragte Courtney ihn ungläubig.

Bevor Horowitz antworten konnte, nahm Timmins Gersh und mich beiseite, zog uns zu einem Fahrstuhl und stieß panisch hervor: „Mit so einer Situation hatte ich noch nie zu tun, mit einem Ehepaar und mit einer Schwangerschaft. Ich muss hier raus." Der Fahrstuhl kam, er stieg ein und ward nicht mehr gesehen. So viel zu unserem „Suchtberater". Tatsächlich hatte er auch noch die Stirn, uns eine Rechnung in Höhe von 600 Dollar für „geleistete professionelle Dienste" zu präsentieren, die wir zunächst ebenso ignorierten wie die folgenden Mahnungen, aber anderthalb Jahre später, im Oktober 1993, bezahlten wir sie doch, um zu vermeiden, dass er mit seiner Geschichte an die Presse ging.

Gersh und ich sahen uns schockiert an und kehrten zu den anderen zurück, wo Courtney noch immer Horowitz in die Zange nahm und herauszufinden versuchte, ob er ihr seinen Rat als Therapeut oder aufgrund medizinischer Fakten gegeben hatte. „Zeigen Sie mir eine einzige medizinische Abhandlung, in der steht, dass ich kein gesundes Kind bekommen kann!", kreischte sie. Obwohl ich verzweifelt hoffte, dass Kurt und Courtney ernsthaft versuchen würden, clean zu werden, war ich doch froh, dass sie auch in dieser kniffligen Lage aufmerksam genug waren, um den Experten infrage zu stellen, denn schließlich war er zwar Suchtspezialist, aber kein Geburtshelfer.

Rosemary schlug vor, dass Courtney sich von Paul Crane untersuchen ließ, der ebenfalls im Cedar-Sinai arbeitete und uns bei der Geburt unserer Tochter betreut hatte. Crane war nicht nur ein hervorragender Arzt, sondern hatte auch eine herzliche, zugewandte Art, und Kurt und Courtney fassten sofort Vertrauen zu ihm. Da Courtney noch ganz am Anfang ihrer Schwangerschaft stand, kam er zu dem Schluss, wenn sie sofort mit dem Heroin aufhörte und auf Methadon oder Buprenorphin in kontrollierten Dosen umstieg, könnte das Baby gleich nach der Geburt davon entwöhnt werden, ohne gesundheitliche Schäden davonzutragen. Unter diesen Umständen erklärte Crane sich auch bereit, Courtney als Patientin anzunehmen; die geplante Behandlung umfasste auch regelmäßige Drogentests. Anschließend begannen Kurt und Courtney mit einem Entzug.

Nachdem Timmins nicht mehr verfügbar war, wandte ich mich an Buddy Arnold, den ich privat kannte und von dem viele Freunde, die bereits Erfahrungen mit 12-Schritte-Programmen gemacht hatten, sehr viel hielten. Arnold, der wie einer meiner jüdischen Onkel aussah und auch so sprach, war damals schon 66. Eigenen Schilderungen zufolge hatte er sich mit Mitte zwanzig, als er als Jazz-Saxophonist beim Glenn Miller Orchestra gespielt hatte, „bewusst dafür entschieden, ein Junkie zu werden" und war danach jahrelang abhängig gewesen. Bevor Buddy in den Achtzigern seine Sucht hinter sich ließ, war er 34 Mal wegen Drogenvergehen festgenommen worden.

Einige Jahre später beschloss Buddy, den Rest seines Lebens der Unterstützung anderer Musiker zu widmen, die von den Drogen loskommen wollten. Seine wilde Vergangenheit verlieh ihm dabei eine besondere Glaubwürdigkeit. 1991 rief er das Musicians' Assistance Program (MAP) ins Leben, um sich eine gewisse Infrastruktur aufzubauen und damit mehr Menschen helfen zu können. Zwar war er wesentlich älter als Kurt und gehörte einer ganz anderen Generation an, aber er war ganz anders als konventionelle Autoritätspersonen. Er verriet nie, wem er bereits alles geholfen hatte, und hatte eine unprätentiöse, freundliche Art, mit der er tatsächlich zu Kurt durchdrang.

1999 war in der *Los Angeles Times* zu lesen, wie Buddys Version der Geschehnisse klang:

> 1992 bekam er spätabends einen Anruf von einem Manager aus der Musikbranche, der ihm sagte, es ginge um Kurt Cobain, der sofort mit einer Entgiftung und einem Entzug beginnen müsse. Arnold kannte weder Cobain noch seine Musik, aber er setzte alle Hebel in Bewegung, damit Cobain schnell in einem heute nicht mehr existierenden Krankenhaus zwischen der Barrington Avenue und dem Olympic Boulevard im Westen von Los Angeles aufgenommen werden konnte. Er stellte sich Cobain vor, den er in seinem Tagebuch als einen „ruhigen, höflichen, körperlich stark angeschlagenen jungen Mann" beschrieb, und der viel naiver wirkte, als Arnold von einem großen Rock-Idol erwartet hatte. Cobain fragte Arnold, wie es ihm gelungen sei, mit den Drogen aufzuhören, und wie es sich anfühlte, „nie, nie wieder was zu nehmen". Dann vertraute er ihm an, dass er und seine Frau Courtney Love ein Baby erwarteten. „Väter sollten keine Junkies sein, oder?", sagte er zu Arnold und klang dabei wie ein Kind.

Kurt fand Arnolds Geschichten von den alten Jazz-Legenden großartig und liebte auch seinen altmodischen, jüdischen Humor. Einmal sagte er mir: „Weißt du, du bist ganz schön *haimisch*" (ein jiddischer Ausdruck für freundlich oder gemütlich) und lachte sich dann kaputt, um mir dann zu erklären, dass Buddy ihm aufgetragen hatte, er solle mir das so sagen.

Nachdem Kurt ihm von seinen Magenschmerzen erzählt hatte, empfahl ihm Arnold den Arzt Robert Fremont, der viel Erfahrung mit Patienten hatte, die gerade auf Drogenentzug waren. Fremont war ein hochgewachsener Kerl mit breiter Brust und kurzem, weißem Haar und schätzungsweise Ende fünfzig. Auch ihn konnte Kurt sofort gut leiden. „Er ist sehr mitfühlend", schwärmte er mir ganz ernsthaft nach ihrer ersten Begegnung vor. Verzweifelt wie ich war, bedeutete es mir schon viel, etwas Optimismus in Kurts Stimme herauszuhören. Fremont begann mit einer Therapie, bei der er Kurt regelmäßig Spritzen gab, und in den nächsten Monaten hörten wir von Kurt nichts mehr über Magenschmerzen.

Im Gegensatz zu Buddy hatte Fremont keine romantischen Vorstellungen von Künstlern wie Kurt und Courtney und machte seinem Unmut eines Tages in unmissverständlich verärgertem Ton Luft: „Die sind völlig *meschugge*. Gott sei Dank sind sie keine Juden." Zunächst hatte ich geglaubt, dass Fremont Kurt Vitamin B12 spritzte, aber der Arzt versicherte mir, dass es sich um einen Placebo-Wirkstoff handelte und sich Kurts Schmerzen deswegen besserten, weil er *glaubte,* ein Medikament zu bekommen. Rückblickend vermute ich, dass mir der Arzt einen Bären aufband. In der gründlich recherchierten Biografie *Der Himmel über Nirvana* schreibt Charles Cross, bei dem Mittel habe es sich um Buprenorphin gehandelt.

Den Rest des Jahres, während Fremont ihn behandelte, wirkte Kurt die meiste Zeit glücklich und stabil. Doch Anfang 1993 starb Fremont, den Berichten zufolge nach einem Herzinfarkt, obwohl auch Gerüchte über eine mögliche Überdosis im Umlauf waren. Courtney erzählte mir, dass Kurt geweint habe, als er davon erfuhr.

Nach dem Tod Dr. Fremonts experimentierte Kurt mit verschiedenen Antidepressiva, die ihm von anderen Ärzten verschrieben wurden. Als ich ihm eines Tages erzählte, dass ich bei jedem Straßenschild zwanghaft die Buchstaben zählte und immer dann, wenn mehr als ein Wort darauf stand, beide Zahlen miteinander multiplizierte, verriet er mir, dass er unter ähnlichen Zwängen litt, und schwärmte von der Wirkung des Medikaments Klonopin, das Anspannungen lösen sollte. Ich probierte es niemals aus, und in den folgenden Monaten bekam ich auch nicht den Eindruck, als ob dieses Mittel oder die anderen Präparate Kurt nur annähernd so gut stabilisierten wie zuvor die Behandlung durch Dr. Fremont.

Nachdem er die Entzugsklinik wieder verlassen hatte, spielte Kurt seinen Drogenkonsum in Interviews herunter. Zwar gab er zu, dass er irgendwann einmal Heroin genommen hatte, betonte aber immer wieder, er habe damit aufgehört, und Drogen seien blöd. So verhalten sich allerdings viele Süchtige: Sie lügen, wenn es um ihre Abhängigkeit geht.

„Ich glaube, Kurt hasste die Vorstellung, dass Jugendliche es vielleicht cool finden würden, Heroin zu spritzen, nur, weil sie gelesen hatten, dass er es tat", überlegt Mark Kates, und Silvas Assistent Rauh erinnert sich an ein Gespräch mit Kurt, das in eine ähnliche Richtung ging. Während er mit Kurt zu einer Magenuntersuchung fuhr, blätterte der Sänger im Auto durch den *NME*, und darin wurde Krist mit der Aussage zitiert, dass er die Legalisierung von Cannabis befürwortete. „Kurt sah mich an und sagte, seiner Meinung nach sollte Krist in Interviews so etwas nicht von sich geben, weil schließlich Jugendliche diese Artikel läsen." Rauh fand den offensichtlichen Widerspruch dieser Aussage lustig, aber es war typisch für Kurt, dass er bestimmte Dinge einfach von sich abspaltete. Egal, was gerade in seinem Leben vor sich ging, er beschäftigte sich in Gedanken zumindest zum Teil immer damit, welche Vision er der Welt vermitteln wollte.

Neuntes Kapitel

WENN WÜNSCHE WAHR WERDEN

Öffentlich erklärte Kurt immer wieder, dass er vom großen Erfolg von *Nevermind* ebenso überrascht worden war wie jeder andere. So verwirrend einige Randerscheinungen des Ruhms für ihn persönlich auch gewesen sein mochten (er sagte beispielsweise, er hätte sich einen „Rockstar für Anfänger"-Kursus gewünscht), kam es mir dennoch oft so vor, als ob er bei der strategischen Planung von Nirvanas Karriere ebenso gründlich und akribisch vorging wie beim Proben der Musik.

Auf persönlicher Ebene musste er sich allerdings mit emotional stark fordernden Themen auseinandersetzen. Da war zum einen der Entzug, der ihm sehr schwer fiel, und Courtneys Schwangerschaft, über die er sich ehrlich freute; gleichzeitig beschäftigte sich sein Künstlerhirn unablässig mit der Frage, welche Rolle er zum einen in der Punk-Szene und zum anderen in dem viel größeren Rahmen, den *Nevermind* in so großer Geschwindigkeit geschaffen hatte, spielen wollte. Er war fest entschlossen, als erster Künstler erfolgreich auf dem schmalen Grat zwischen Punk und Mainstream zu wandeln.

Der Erfolg überforderte alle drei Bandmitglieder ein wenig. Dave berichtete später, dass er unter Panikattacken zu leiden begann. Für Krist war es ein Problem, dass er schon allein dank seiner Körpergröße von über zwei Metern leicht auffiel, und nachdem das Video zu „Smells Like Teen Spirit" auf MTV angelaufen war, „wurde ich überall erkannt, wo ich auch hinging. Irgendwann begann ich, klassische Angstträume zu haben, in denen ich beispielsweise nackt unter Menschen war." Krist räumt ein, völlig perplex gewesen zu sein, als der Bassist von Aerosmith, Tom Hamilton, seine Bassläufe lobte, aber über die plötzliche Berühmtheit sagte er dem spanischen Journalisten Rava Cervera: „Wir sind alle total gestresst und angespannt. Wir sind schließlich ganz normale Typen aus der Arbeiterklasse, und wir werden die Leute, die uns vorher immer ignoriert haben, nicht plötzlich lieben, nur weil sich unser Leben verändert hat. *Fuck that.* Wir werden nicht völlig materialistisch werden oder durchdrehen."

Heute sagt er: „Wir kamen aus der Gegenkultur. Unser Musikgeschmack wurde nicht von der Mainstream-Presse geprägt, sondern von Fanzines. Wir alle fühlten uns wie Außenseiter, und dann waren wir plötzlich die Band Nummer eins auf der Welt." Nirvana wollten Krist zufolge unbedingt beweisen, „dass wir keinen Ausverkauf betrieben, sondern weiter für die Revolution kämpften".

Aufgrund seiner Rolle innerhalb der Band stand Kurt besonders im Licht der Öffentlichkeit. „Er war der Frontmann, der Sänger und Songwriter", sagt Krist. Ein Teil der Mainstream-Medien vertrat die absurde, aber vorhersehbare Ansicht, dass Kurt sozusagen zum Sprachrohr seiner Generation aufgestiegen war. Selbst Fans, die von solchen Klischees gemeinhin Abstand nahmen, liebten ihn oft nicht nur für seine Musik, und das erzeugte einen Druck, der auf Kurt ebenso schwer lastete wie zuvor auf Dylan, Lennon oder Bowie. Es gab Zeiten, in denen er in der Öffentlichkeit nicht erkannt werden wollte und versuchte, sein Aussehen durch falsche Brillen oder andere Tricks zu verändern.

Der Soundtechniker Craig Montgomery sagt dazu: „Jeder Künstler möchte frei sein, und der Erfolg steht dem im Weg. Auch wenn Geffen Records und Gold Mountain der Band die absolute Kontrolle über ihre Karriere und dieses Gefühl von Freiheit erhalten wollten, konnten sie doch nicht verhindern, dass die Band sich selbst unter

Druck setzte, wenn MTV oder der *Rolling Stone* etwas von ihnen verlangten."

In vielen wichtigen Bereichen hatte der Erfolg jedoch keinerlei Einfluss auf Kurt. Er traf sich nicht etwa plötzlich mit Filmstars oder anderen Prominenten. Auch sein Kleidungstil änderte sich nicht, und er entwickelte keine teuren Hobbys (von den Drogen einmal abgesehen, als er wieder in seine alten Suchtstrukturen verfiel). Und als die Band sich später auf Tournee ein hochwertigeres Catering leisten konnte, „war das für Kurt viel zu abgefahren", berichtet Krist. „Er mochte am liebsten Makkaroni mit Käse oder ein Mortadella-Sandwich."

Krist erinnert zudem daran, wie widersprüchlich Kurts Haltung zum Erfolg zuweilen war. „Als wir auf der Suche nach einer Plattenfirma waren, trafen wir uns mit dem Boss von Columbia Records, Donny Ienner." Ienner hatte eine bemerkenswerte Karriere gemacht und war stark von der Promotionarbeit für Pop-Sender geprägt; zudem war er mit seiner harten, angriffslustigen Art ein klassischer Vertreter der kommerziellen Musikindustrie.

Kurt war dennoch an dem Unternehmen interessiert und erklärte dem Manager: „Wir wollen die größte Band der Welt werden, und wir wünschen uns von Ihnen, dass Sie riesige Plakatwände mieten, um uns zu promoten." Das meinte er völlig ernst. Heute lacht Krist, wenn er sich daran erinnert, und fügt dann mit einem Hauch von Sarkasmus hinzu: „Und als wir dann die größte Band der Welt wurden, war er plötzlich ganz kleinlaut: Oh, das will ich jetzt aber doch nicht."

Meine Rolle als sein Manager erforderte, dass ich an Kurt genau die Seite wahrnahm, die diese Karriere sehr wohl wollte. Eines Nachmittags rief Kurt mich beispielsweise einmal ganz nervös an und fragte: „Du, ich gucke gerade MTV, und sie haben schon dreimal ein Video von Pearl Jam gespielt und nur einmal was von uns. Mögen die uns nicht mehr?" Nach dem großen Durchbruch von *Nevermind* sagte Kurt oft, dass er sich überhaupt nicht um Chartpositionen oder Verkaufszahlen schere. Ende 1991 jedoch fragte ihn der australische

Journalist Robyn Doreian bei einem Telefoninterview: „Wie fühlt es sich denn an, 600.000 Exemplare von *Nevermind* allein in den USA verkauft zu haben?“, und Kurt verbesserte ihn sofort: „Ähm, wir haben 1,4 Mio. Exemplare in Amerika verkauft.“

Nach der Albumveröffentlichung mussten wir entscheiden, welcher Song nach „Smells Like Teen Spirit“ die nächste Single werden sollte. Silva, Gersh, die Band und ich trafen uns in Jerry's Deli in Van Nuys zu einer Besprechung. Von Anfang an konnten wir uns vorstellen, dass „Come As You Are“ mit seinem packenden Refrain und seiner Melodie fürs Pop-Radio ideal sein würde, aber Kurt erinnerte das Gitarrenriff inzwischen zu sehr an „Eighties“ von Killing Joke, und das fand er problematisch. Nachdem wir eine Weile über „In Bloom“ als möglichem Nachfolger diskutiert hatten (auch dieser Song hatte einen packenden Refrain, dessen Melodie mir richtig ins Ohr gegangen war), beschlossen wir aber doch, die ursprüngliche Idee zu verfolgen. Ich sagte Kurt, ich könnte mir nicht vorstellen, dass Killing Joke im Ernst eine Plagiatsklage gegen Nirvana anstreben würden, und glücklicherweise behielt ich recht. (2003 spielte Dave Grohl Schlagzeug auf einem neuen Killing-Joke-Album, möglicherweise als eine Art Entschädigung.)

Nachdem das entschieden war, nutzte Kurt das Treffen, um Gersh wieder einmal Mudhoneys Qualitäten zu schildern. „Sie sind die beste Band in Seattle“, versicherte er. „Sie haben aber keine so überzeugenden Songs“, wandte Gersh ein. Es ärgerte Kurt maßlos, dass eine Band, die er so bewunderte, noch immer keinen Deal mit einem großen Label hatte, aber es dauerte nicht mehr lange, und sie unterschrieben bei Warner Bros., und Kurt hatte eine Sorge weniger.

Bei der Präsentation seiner Band dachte Kurt stets über jeden einzelnen Aspekt nach. Während wir uns an jenem Tag unseren Lunch genehmigten, kritzelte er etwas auf eine Serviette, gab sie mir und sagte: „Das ist der Entwurf für unser nächstes T-Shirt.“ Für das Artwork der neuen Single „Come As You Are“ wies Kurt Robert Fisher bei Geffen an, „etwas mit Mikroskopaufnahmen und der Farbe Lila“ zu machen und überließ dem Designer alles weitere.

Beim Video brachte er sich wieder stärker ein. Wegen des Ärgers, den es beim Schnitt von „Smells Like Teen Spirit“ gegeben hatte, wollte er nicht wieder mit Sam Bayer arbeiten und entschied sich für Kevin Kerslake, der bereits einige Clips für Sonic Youth gedreht hatte. (Courtney hatte den Regisseur ebenfalls empfohlen, nachdem sie mit Kerslake beim Dreh für „Garbage Man“ vom ersten Hole-Album gute Erfahrungen gemacht hatte.)

Als das Video zu „Smells Like Teen Spirit“ entstand, waren Nirvana eine neue Band gewesen. Jetzt waren sie Superstars, und das erhöhte sowohl die Erwartungen als auch das Budget. Robin Sloan ließ Kurt völlig freie Hand. „Alle Videos entstanden nach Kurts Ideen“, erklärt sie, „er arbeitete alle Details mit den Regisseuren zusammen aus.“ Diesmal wollte Kurt nicht wieder einen Clip, der eine Geschichte erzählte. Es sollte etwas Impressionistisches mit viel Blau und Lila werden. Die erste Einstellung des Videos zeigt eine durch die Luft schwebende Pistole.

Bei den Szenen mit der Band wollte Kurt die neue Realität ihres Daseins als Superstars kommentieren, daher bestand er darauf, dass die Aufnahmen verfremdet wurden, als ob sie hinter fließendem Wasser entstanden waren. Dass es so aussah, als ob Kurts Gesicht mal scharf und dann wieder unscharf wurde, erschien mir als eine passende Metapher für seine Persönlichkeit: Manchmal war er mir nahe wie ein Bruder, und dann fühlte es sich wieder an, als sei er eine ganze Galaxis weit entfernt und kaum wahrnehmbar.

Allerdings waren nicht alle Bilder komplett abstrakt. Kurt sorgte dafür, dass einige Einstellungen klar genug zu erkennen waren, sodass Fans das selbstgemachte Flipper-T-Shirt erkennen konnten, das er schon bei dem Auftritt in *Saturday Night Live* getragen hatte. „Come As You Are“ war ästhetisch ein großer Kontrast zu dem wesentlich stärker linear konstruierten „Smells Like Teen Spirit“, aber kommerziell clever gemacht. Für den Fall, dass ein MTV-Zuschauer zu stoned oder zu blöd war, um zu erkennen, dass es sich um einen Clip von Nirvana handelte, gab es eine kurze Szene mit einem Baby, das unter Wasser nach einem Dollarschein an einem Angelhaken griff.

Kurt und Courtney waren inzwischen in ein Apartment im Spaulding Drive gezogen. Wenn ich an die Wohnung denke, erinnere ich mich vor allem an die Anzahl von Gemälden und Zeichnungen, die Kurt in den ersten Wochen, die sie dort wohnten, anfertigte. Er war immer mit irgendwelchen kreativen Dingen beschäftigt. Eric Erlandson wohnte damals noch in Seattle und pendelte nach Los Angeles. „Wenn die Lage außer Kontrolle geriet", berichtet er, „bat mich Courtney zu kommen. Sie lebten da wie in einer kleinen Höhle. Kurt flippte aus, wenn er durch Hollywood bummelte und die Leute ihn erkannten, deswegen wollte er, dass ich ihn begleitete, wenn er einkaufen ging."

Wenn sie mit dem Auto zu den Geschäften fuhren, hielt Kurt Eric stets Vorträge darüber, wie wichtig es war, den Sicherheitsgurt anzulegen. „Was das anging, war er total konservativ. Er wollte möglichst jedes Verletzungsrisiko minimieren, und das fand ich angesichts der Tatsache, dass er sich bei den Konzerten auch mal von den Rängen ins Publikum fallen ließ, schon irgendwie witzig."

Am 29. April 1992, als der Prozess wegen des Todes von Rodney King mit einem Freispruch für die Beamten endete, obwohl auf einem Video zu sehen war, wie sie den Afroamerikaner zusammenschlugen, war die Lage in Hollywood besonders brenzlig. Am Nachmittag kam es bereits zu ersten Unruhen, und Eric erinnert sich: „Kurt und ich fuhren zu verschiedenen Läden, weil er sich für den Fall, dass es zu längeren Schließungen kommen würde, mit Vorräten eindecken wollte. Zwar waren die Regale schon ziemlich leer, aber wir bekamen noch Zigaretten, Wasser und Suppen. Auf der Melrose Avenue, ganz in der Nähe von Kurt und Courtneys Wohnung, wurden bereits Geschäfte geplündert. Kurt hatte ziemlich viel Panik. Ich blieb bis spät nachts bei den beiden, und wir guckten CNN, die Bilder von brennenden Gebäuden zeigten."

Aber egal, welche Ablenkungen das Leben bot, Kurt kam immer wieder auf seine künstlerische Mission zurück. Zwar beschwerte er sich oft, dass der *Rolling Stone* die ganze Punk-Kultur ignorierte, die ihm so wichtig war, aber er las die Zeitschrift trotzdem. „Seiner

Meinung nach hatte sie einen entscheidenden Stellenwert", sagte Janet. Nachdem er Interviews mit dem Blatt zunächst abgelehnt hatte, änderte er seine Einstellung später gründlich und erklärte sich zu einer Titelstory bereit.

Da die Covergestaltung besonders viel Zeit erforderte, war bereits einige Zeit vor dem Interview eine Fotosession angesetzt worden. Nirvana waren auf Tournee in Australien, als Kurt mich von unterwegs anrief, weil er kalte Füße bekommen hatte. Wieder äußerte er die alten Vorwürfe, dass sich der *Rolling Stone* gegenüber den Bands, die er liebte, in den letzten Jahren so schäbig verhalten hatte. Ich sagte ihm, es sei in Ordnung, wenn er die Session absagen wollte. Nach einer Pause fragte er: „Bekommen wir dann trotzdem den Titel, auch ohne neue Fotos?" Er hoffte wohl darauf, dass der *Rolling Stone* stattdessen eines von den Promotionfotos verwenden würde, die wir zur Veröffentlichung des Albums hatten anfertigen lassen. Das hielt ich für höchst unwahrscheinlich, und das sagte ich ihm auch, aber andererseits war es ja trotzdem kein Problem: Nirvana hatten auch ohne Titelstory im *Rolling Stone* ein Nummer-1-Album vorgelegt.

Am nächsten Tag schlug Kurt, ohne mir Bescheid zu sagen, wieder einen neuen Kurs ein und ließ sich mit Krist und Dave für das Magazin ablichten, allerdings trug er dabei ein T-Shirt, auf das er „Corporate Magazines Still Suck" geschrieben hatte. Zwar fand ich es zuerst ziemlich dämlich, der Zeitschrift derart auf die Zehen zu treten und gleichzeitig für ein Titelfoto zu posieren, aber wie immer hatte Kurt den richtigen Instinkt. Beim *Rolling Stone* stieß man sich überhaupt nicht daran, dass Kurt Presseorgane der Musikindustrie noch immer scheiße fand, und das Foto trug auf dieselbe Weise zu Kurts Legende bei wie der schräge Auftritt beim *Headbangers Ball* von MTV.

Der *Rolling Stone* übertrug das Interview an Michael Azerrad, da man ganz richtig davon ausging, Kurt würde gut mit dem Journalisten zurechtkommen, der sich mit seinen Berichten über viele Punk-Bands einen guten Namen gemacht hatte. Das Gespräch sollte bei Kurt und Courtney zuhause stattfinden. Azerrad hatte keine Ahnung, was ihn dort erwartete: „Ich hatte noch nie einen Drogensüchtigen getroffen, und Kurt war noch dazu dafür bekannt, dass er auf der Bühne Gitarren zertrümmerte und in der Vergangenheit ziemlich schlecht über den *Rolling Stone* gesprochen hatte. Was, wenn die Dinge aus dem Ruder liefen?" Doch als Courtney ihm öffnete, begrüßte sie ihn mit einem Lächeln: „Willkommen. Magst du ein paar Trauben?" Dabei hielt sie ihm einen Teller mit Früchten hin.

Azerrad folgte ihr durch einen Flur, der ihm, nervös wie er war, endlos lang vorkam. Kurt lag im Bett. Seine Füße guckten unter der Tagesdecke hervor, und Azerrad sah, dass er sich die Fußnägel lackiert hatte. Als er eintrat, hob Kurt den Kopf und sagte: „Oh, hi."

„In diesem Augenblick", sagt Azerrad, „wurde mir klar: Ich *kenne* diesen Typen, er war mir sofort vertraut." Kurt gefiel es, dass der Journalist ein Buzzcocks-T-Shirt trug, aber vor allem entdeckten sie jede Menge Gemeinsamkeiten: „Wir waren beide Kinder aus Scheidungsfamilien. Wir waren beide von kleiner Statur und in der Schule von anderen herumgeschubst worden. Als Kinder hatten wir beide diesen Song von Arlo Guthrie gemocht, in dem er singt: ‚I don't want a pickle, I just want to ride on my motorcycle.'"

Nach dem Termin sagte mir Kurt, er hätte Azerrad nicht als „den Typ vom *Rolling Stone*" wahrgenommen, sondern als verwandte Seele, und mit dem Artikel war er später auch sehr zufrieden. Er nutzte ihn unter anderem um klarzustellen, dass er kein Heroin mehr nahm und dass er Drogen blöd fand – und auch, um die Fehde mit der anderen großen Seattle-Band, die damals angesagt war, weiter anzufachen. Azerrad schrieb: „Seine Lieblingsfeinde sind Pearl Jam, die ebenfalls aus Seattle kommen, und denen er vorwirft, ‚eine Fusion aus kommerzialisiertem, alternativem und schwanzgesteuertem Macho-Rock zu machen'." Im Gegenzug behauptete Jeff Ament, Kurt hätte ihn bei den Auftritten, die beide Bands im Vorprogramm der Red Hot Chili Peppers absolvierten, kaum gegrüßt. „Ich habe keine Ahnung, was ich ihm getan habe; wenn er ein persönliches Problem mit uns hat, dann sollte er das mit uns klären. Bei so viel aufgestauten Frustrationen muss er selbst ja wohl ziemlich unsicher sein. Glaubt er vielleicht, wir wollten auf seinen Erfolgszug aufspringen? Wir könnten den Spieß ja auch umdrehen und sagen, dass Nirvana überhaupt nur Platten machen konnten, weil wir, als wir noch bei Green River spielten, bei Sub Pop für das nötige Geld gesorgt haben – wenn wir uns auf sein Niveau hinabbegeben wollten."

Bedenkt man, wie billig *Bleach* produziert worden war, lief Aments Bemerkung ziemlich ins Leere, und Jennie Boddy zufolge waren es ohnehin vor allem Mudhoney, die Sub Pop damals mit ihren Verkäufen stützten. Kurt war normalerweise bestrebt, andere Künstler zu fördern, aber bei Pearl Jam empfand er offenbar doch ein starkes Konkurrenzgefühl. Zwar waren Nirvana zuerst berühmt geworden, aber Pearl Jam zogen in kommerzieller Hinsicht schon bald mit ihnen gleich, und sie waren ebenso politisch interessiert, fühlten sich demselben gegenkulturellen Ethos verpflichtet und wurden in der Indie-Community von Seattle sehr geschätzt. Kurt neidete es ihnen, dass die Kritiker offenbar nicht dieselben hehren Punk-Rock-Ansprüche an sie stellten, von denen er glaubte, das er ihnen genügen müsse, und dass die Boulevardpresse sich nicht ebenso besessen für Eddie Vedders Privatleben interessierte. Zwar war ich damals so überzeugt davon, wie ich es heute bin, dass Kurts Werk eine einzigartige emotionale Tiefe aufwies, aber seine öffentlichen Anwürfe gegen Pearl Jam fand ich schwer erträglich. Es macht nie einen guten Eindruck, wenn ein Künstler einen anderen schlecht macht, und dazu kam noch, dass die beiden Bands im Grunde viel mehr Gemeinsamkeiten als Unterschiede hatten.

Während er einerseits mit den Auswirkungen haderte, die der Starruhm auf sein Privatleben hatte, versuchte er andererseits, seinen neu gewonnenen Einfluss zugunsten der Indie-Szene einzusetzen. Er stand beispielsweise noch immer mit Cory Rusk von Touch And Go Records in Kontakt, und ohne mir, Silva oder jemandem bei Geffen etwas davon zu sagen, willigte er ein, dem Indie-Label aus Chicago eine neue Nirvana-Aufnahme zu überlassen. Der Song „Oh, The Guilt" sollte auf einer Split-Single erscheinen, auf deren anderer

Seite sich ein neuer Titel von Jesus Lizard befand, einer Band, die Kurt sehr schätzte. Natürlich stießen Touch And Go auf den Widerstand von Geffen, die es überhaupt nicht einsahen, dass eines ihrer momentanen Zugpferde Aufnahmen für ein anderes Label machen sollte. Als Rusk sich bei ihm beschwerte, bat mich Kurt, die Sache mit Geffen zu regeln, und ich rief Gary Gersh an, der es irgendwie schaffte, dass die Anwälte des Labels die Sache auf sich beruhen ließen, solange der Song nicht bei kommerziellen Radiosendern beworben oder für Compilations oder andere Alben verwendet wurde.

Nachdem Geffen klargestellt hatte, nach welchen Regeln solche Ausnahmen möglich waren, nahmen Nirvana nun auch eine Cover-Version von „Return Of The Rat" auf, das im Original von der einflussreichen Punk-Band The Wipers aus Portland stammte. Das ebenfalls dort heimische Indie-Label Tim/Kerr Records stellte eine Box mit Vinyl-Singles zusammen, auf denen verschiedene Künstler (darunter auch Hole) Songs der Wipers coverten. Auf diesem Label erschien zudem eine Spoken-Word-Aufnahme von William Burroughs, der eine wildpoetische Erzählung mit dem Titel *The ‚Priest' They Called Him* vortrug. Kurt, der den legendären Beatpoeten verehrte, sorgte für die Gitarrenmusik, mit der die Aufnahme später unterlegt wurde, und er war begeistert, als sich auf einer Nirvana-Tournee im folgenden Jahr in Kansas die Möglichkeit ergab, Burroughs persönlich zu treffen.

Kurt stellte außerdem einen Nirvana-Track mit dem Titel „Beeswax" für ein Compilation-Album zur Verfügung, das Slim Moon für sein Label Kill Rock Stars vorbereitete. Und obwohl diese offene Unterstützung der Indie-Szene nicht ganz verhindern konnte, dass die „Punk-Fundamentalisten", wie Jello Biafra die Hardliner unter den Journalisten nannte, Nirvana nun doch hart angingen, dann sorgte sie doch zumindest dafür, dass die Kritik etwas verhaltener ausfiel. Davon abgesehen hatte Kurt einfach Spaß daran, an solchen Projekten mitzuwirken.

Der Erfolg von *Nevermind* hatte enorme Auswirkungen auf die Musikszene von Seattle. Dank „Smells Like Teen Spirit" hatten die kommerziellen Radiosender ebenso wie MTV erkannt, dass es ein wesentlich größeres Publikum für Alternative Rock gab, als die Programmmacher erwartet hatten, und nun bekamen die vorher so schmählich ignorierten Grunge-Bands plötzlich viel mehr Sendezeit. Pearl Jams Debütalbum *Ten* war zwar eigentlich sogar noch vor *Nevermind* erschienen, setzte allerdings erst einige Monate später zu seinem kommerziellen Höhenflug an und räumte Ende 1992 so richtig ab. Soundgarden hatten ihr erstes Major-Album, *Louder Than Love*, 1989 für A&M Records eingespielt, ohne dass die Platte es bis in die Top 100 geschafft hatte, aber der Nachfolger, *Badmotorfinger*, der am gleichen Tag wie *Nevermind* erschien, wurde binnen eines Jahres mit Platin ausgezeichnet. Ähnlich ging es Alice In Chains, die ihr erstes Album im Sommer 1990 ablieferten, aber erst mit *Dirt*, das im September 1992 erschien, den großen Durchbruch schafften.

Die Mainstream-Medien, die zuvor die Wurzeln dieser Künstler kaum oder gar nicht beachtet hatten, schossen sich nun auf einen „Seattle Sound" ein, der angeblich auch mit einer bestimmten Ästhetik verbunden war. Es dauerte nicht lange, bis es sogar „Grunge"-Mode zu kaufen gab, und die *New York Times* veröffentlichte ein „Grunge-Lexikon", dessen Begriffe überwiegend spontan von Sub-Pop-Mitarbeitern erfunden worden waren, weswegen man sich in der Rock-Community von Seattle zurecht über den Artikel lustig machte.

Der Begriff „Seattle Sound" ging Kurt, der Künstler stets als Individuen betrachtete, stark gegen den Strich, und er spottete gern über die Klischeevorstellungen, die damit einhergingen. Im Interview mit einem europäischen Journalisten sagte er: „Es wird behauptet, wir hätten Seattle auf die Landkarte gesetzt. Auf welche Landkarte denn?" Janet erklärt: „Ich hasste es, wenn Journalisten Nirvana mit den anderen Bands in einen Topf warfen. Die Leute *in* diesen Bands wussten alle, dass Kurt jemand ganz Besonderes war, aber die Presse war von der Idee begeistert, einen Trend ausgemacht zu haben." Jennie Boddy stellt klar, dass in ihren Kreisen jeder in Seattle wusste, dass es zwischen Nirvana und anderen Bands fundamentale Unterschiede gab. Ihrer Meinung nach wurden Kurt, Krist und Dave „herabgestuft", wenn man sie mit Alice In Chains, Soundgarden oder Pearl Jam verglich. Und was meine eigene, natürlich nicht objektive Ansicht betraf, so war für mich nicht Kurt ein Teil des großen Seattle-Kosmos, sondern es verhielt sich vielmehr umgekehrt: Seattle war ein Teil von Kurts Universum.

So sehr Kurt sich aber auch über die Wahrnehmung der Seattle-Szene in den Medien ärgerte, zahlreiche Musiker, die in den genannten Bands spielten, mochte und respektierte er, und er blieb vielen Leuten in Seattle verbunden, mit denen er schon vor seinem Erfolg befreundet gewesen war. „Er blieb in jeder Hinsicht sehr authentisch", erinnert sich Boddy. „Noch lange nach *Nevermind* kam er zu uns nach Hause, um sich die Haare schneiden zu lassen. In einen noblen Friseursalon wollte er nicht."

Im Februar 1992 nahm ich ein Stellenangebot von Doug Morris an, dem damaligen Co-Vorsitzenden von Atlantic Records, mit dem ich in den vorangegangenen Jahren bei verschiedenen Projekten zusammengearbeitet hatte. Ich sollte Senior Vice President des Labels werden und den gesamten A&R-Bereich an der Westküste leiten, und um mir die Sache schmackhafter zu machen, kaufte Atlantic meine Anteile an Gold Mountain. Es kursierte bereits das Gerücht, dass Doug demnächst auf eine höhere Leitungsebene aufsteigen sollte, und ich dachte mir, dann würde ich vielleicht ebenfalls befördert, was im Herbst des folgenden Jahres tatsächlich geschah.

David Geffen wunderte sich sehr darüber, dass ich mich von meiner Management-Agentur trennte, und meinte kopfschüttelnd: „Du hast doch gerade erst den Jackpot geknackt." Aber seit ich von Kurts Drogenproblemen wusste, fürchtete ich nicht ohne Grund, dass Nirvana sich als sehr unsichere Unternehmung erweisen könnten, und davon abgesehen war die Leitung eines kleinen Unternehmens stressig und anstrengend.

Eine Bedingung meines neuen Vertrags mit Atlantic war, dass ich zwar die Leitung meiner Management-Agentur aufgeben würde und auch keine Gelder mehr von ihr erhielt, Nirvana aber immer noch als unbezahlter Co-Manager zur Verfügung stand. Ein solches Arrangement war bei Plattenfirmen durchaus nicht unüblich. Einige Jahre zuvor hatte sich beispielsweise Irving Azoff von seiner Agentur getrennt, um MCA Records zu führen, aber weiterhin die Eagles gemanagt.

Kurt und ich sprachen so häufig wie zuvor miteinander, und bei bestimmten persönlichen Angelegenheiten wandte er sich explizit an mich. Auch wenn es rückblickend komisch klingt, übernahm ich nach wie vor dieselbe Rolle für ihn, auch wenn ich jetzt in einem anderen Büro saß. Meinem Boss bei Atlantic war das recht. Schließlich war meine Verbindung zu Nirvana einer der Gründe gewesen, weshalb er mich angeheuert hatte, und zumindest für mich hatte sich mit Kurt schon lange eine Beziehung entwickelt, die über einen konventionellen Geschäftskontakt hinausging. Etwa zu dieser Zeit beauftragte Kurt auch Rosemary als seine Anwältin, eine Verbindung, die bis zu seinem Tod bestehen blieb. Hole trennten sich allerdings von Gold Mountain, als ich die Firma verließ, und wurden anschließend von Peter Mensch und Cliff Burnstein von Q Prime gemanagt, die auch Metallica vertraten.

Kurz nach meinem Wechsel zu Atlantic rief Kurt mich an und sagte, er wollte ab sofort alle Tantiemen für die von ihm geschriebenen Songs, die den Großteil von Nirvanas Material ausmachten, allein beanspruchen. Bis dahin waren die Einkünfte aus dem Songwriting zu gleichen Teilen an alle Bandmitglieder gegangen, ein Arrangement, wie es bei jungen Bands oft üblich war. Bei Newcomern gab es meist noch keine oder nur sehr geringe Einkünfte für die an den Aufnahmen beteiligten Musiker, weil von den Erträgen aus den Albumverkäufen zunächst einmal die Kosten für das Studio und das Marketing abgezogen wurden, während die Ausgaben für Reisen und Crew das Geld verschlangen, das durch Tourneen hereinkam. Die Songwriting-Tantiemen hingegen wurden ab dem ersten verkauften Exemplar ausgezahlt; jedes verkaufte Album brachte damals in etwa einen Dollar, der zwischen Songwriter und Verleger aufgeteilt wurde, und davon abgesehen bekamen Songwriter auch Geld für die Radio-Einsätze. Bei den meisten Indie-Bands bildeten die Songwriting-Tantiemen den Löwenanteil der Einkünfte für die Musiker.

Jetzt, da Nirvana so erfolgreich waren, dass die Band auch aus anderen Kanälen viel Geld erhielt, wollte Kurt die Tantiemen für die Songs für sich. Dabei handelte es sich um eine knifflige Frage, die für jene Bandmitglieder, die keine eigenen Songs schreiben, immer problematisch ist. Die Unterscheidung zwischen Musikern und Songschreibern ist hauchdünn. Schließlich sind für eine Aufnahme auch die Basslinien und Drum-Patterns von entscheidender Bedeutung, und Krist und Dave „schrieben" ihre eigenen Parts. Andererseits konnte man diesen Prozess auch schlicht als die eigentliche künstlerische Leistung eines *Musikers* betrachten. Die traditionelle Definition eines *Songwriters* hingegen lautet, dass er die Texte und die Melodie erschafft, und das machte Kurt in der Regel allein.

Nach unserem Gespräch rief Kurt Rosemary an, die alle entsprechenden Papiere aufsetzen sollte, und am folgenden Tag erschien Kurt persönlich in ihrem Büro, „um deutlich zu machen, wie wichtig ihm diese Angelegenheit war".

Mir graute davor, Krist und Dave über diese Entwicklung in Kenntnis zu setzen, denn schließlich waren schon viele Bands an dieser Frage zerbrochen oder doch zumindest aus den Fugen geraten, aber zunächst reagierten beide cool auf sein Ansinnen. Allerdings erfuhr ich später von dritter Seite, dass diese Veränderung in der finanziellen Dynamik langfristig doch das gute Verhältnis zwischen den Bandmitgliedern beeinträchtigte.

Während die Copyright-Verträge aufgesetzt wurden, bat mich Kurt, ein Memo zu verfassen, aus dem hervorging, dass die anderen beiden immer noch gutes Geld verdienen würden, auch wenn sie Kurts Vorschlag zustimmten. Ich errechnete damals, dass nach der neuen Regelung Kurts Einkommen vor Steuern und Abzügen bei 8.052.000 Dollar lag, das von Krist und Dave bei jeweils 5.050.000

Dollar. Wie sich später herausstellte, spielte *Nevermind* mehr Geld ein, als ich angenommen hatte, dafür gingen Nirvana weniger auf Tournee und das nächste Album wurde auf 1993 verschoben, aber unter dem Strich lag ich mit meiner Schätzung für das kommende Jahr durchaus richtig.

Courtney erinnert sich, dass „Krist und Dave sauer waren", als all das ausdiskutiert war, und sie schlug vor, dass Kurt ihnen die Tantiemen als Co-Autoren für den wertvollsten Titel, „Smells Like Teen Spirit", lassen sollte, ein Kompromiss, der viel Spannung aus der Situation herausnahm. Die ganze Geschichte, die bei anderen Bands zum Albtraum hätte werden können, verursachte insgesamt nur geringen Stress. Nachdem die drei die einzige geschäftliche Verhandlung geführt hatten, die es je innerhalb der Band gab, wurde Rosemary die Anwältin von ihnen allen.

Krist und Dave mussten in kürzester Zeit mit vier einschneidenden Veränderungen zurechtkommen: mit dem enormen Erfolg, Courtneys Anwesenheit, Kurts Heroinabhängigkeit und der neuen Aufteilung der Songwriting-Tantiemen. Während sich darüber meine Beziehung zu Kurt und Courtney vertiefte, wurde das Verhältnis zu Krist, Dave und Silva distanzierter. Im Laufe der Jahre blieben Krist und ich über unsere gemeinsamen politischen Aktivitäten verbunden, aber Dave und ich hatten wenig gemeinsamen Gesprächsstoff, wenn ich nicht gerade ein paar alte Geschichten über Led Zeppelins Drummer John Bonham hervorkramte. Nach Kurts Tod hat Dave mit den Foo Fighters eine unglaubliche Karriere gemacht, und er verkörpert eine Haltung, die ganz dem alten Nirvana-Ethos entspricht. Ich habe oft im Scherz gesagt: Hätte ich gewusst, wie talentiert er war, hätte ich mehr Zeit mit ihm verbracht, so wie Silva es tat. Kurt hingegen wusste von Anfang an, dass Dave mehr war als nur ein großartiger Drummer, und er hatte mir schon zu Beginn ihrer Zusammenarbeit gesagt: „Ich höre jeden Abend, was Dave für einen Harmoniegesang beisteuert – er ist ein viel besserer Sänger, als du glaubst." Es lag ein wenig Neid in Kurts Ton, als ob ihn dieser Umstand beinahe Anlass zu Misstrauen gab.

Als ich das besagte Memo für Nirvana schrieb, war *Nevermind* noch kein halbes Jahr draußen, und bei allem plötzlichen Ruhm war bisher noch überhaupt kein Geld bei der Band angekommen. Silva und ich wussten, dass die drei von der Diskrepanz zwischen ihrem Status als Superstars und ihren Kontoauszügen allmählich ziemlich genervt waren. Als kurzfristige Lösung bot sich ein Merchandise-Deal an. T-Shirts und andere Artikel, die mit dem Bandlogo bedruckt waren oder anderweitig mit den Musikern in Verbindung standen, brachten auf Tourneen zunehmend Geld ein, und es gab eine Reihe von Unternehmen, die auf die Rechte für solche Produkte boten und sozusagen darauf spekulierten, dass die betreffende Band zukünftig vor einem größeren Publikum spielen und am Ende die Kosten mit Zinsen wieder einbringen würde.

Silva befand sich deswegen in Verhandlungen mit einem Unternehmen namens Giant, das Irving Azoff gehörte, der nach dem Weggang von MCA sowohl ein neues Label als auch besagte Merchandise-Firma gegründet hatte. Giant waren bereit, einen Vorschuss von 2 Mio. Dollar zu zahlen, und eigentlich warteten wir nur noch darauf, dass auch die Band den Vertrag unterschrieb, als ich einen Anruf von David Geffen erhielt, der ziemlich außer sich war. Er und Azoff pflegten ein eher angespanntes Verhältnis, um das es gerade wieder einmal nicht zum Besten stand. Geffen erklärte mir, wenn die Band eine Finanzspritze bräuchte, dann würde sein Label, falls wir im Gegenzug den Merchandise-Deal mit einem anderen Unternehmen abschlössen, gern einen Vorschuss in entsprechender Höhe zahlen, sodass Nirvana am Ende die doppelte Summe zur Verfügung haben würden.

Silva war sehr verärgert, dass der Deal, den er ausgehandelt hatte, derart torpediert wurde, aber er willigte ein, mit dem Abschluss zu warten, bis wir uns am folgenden Tag noch einmal mit David darüber beraten hatten. Am Ende war es nicht schwer, Silva umzustimmen. Zum einen war David ein sehr charismatischer Verhandlungspartner, zum anderen war sein Angebot tatsächlich zum Besten für die Band. Peter Rauh, der damals Silvas rechte Hand war, erinnert sich: „Nachdem das Meeting vorüber war, sagte John, ich solle noch im

Büro bleiben und auf einen Umschlag von Geffen warten, und tatsächlich brachte ein Bote gegen acht Uhr abends einen Scheck über 2 Mio. Dollar, der auf Nirvana ausgestellt war."

MTV wünschten sich immer mehr Material von Nirvana, und so sehr Kurt auch manchmal mit seinem Ruhm haderte, die Aufmerksamkeit des Senders wusste er sehr zu schätzen. Auch für das dritte und vierte Video zu *Nevermind* engagierte er Kevin Kerslake. Für „In Bloom" hatte er sich einen humorvollen Rahmen überlegt, der einen deutlichen Gegensatz zu den vorigen, eher düsteren Clips bilden sollte und Nirvana als Sechziger-Rock-Band in gestreiften Anzügen zeigte, die in einer Fernsehsendung wie der *Ed Sullivan Show* spielten und von einem biederen Moderator angesagt wurde. Kerslake gelang es, einige Fernsehkameras aus jener Zeit aufzutreiben, die den Schwarzweiß-Aufnahmen das passende Vintage-Feeling verliehen. Es war der bisher unkomplizierteste Videodreh, der nur einige Stunden in Anspruch nahm, inklusive der Durchgänge, in denen die drei Musiker Kleider trugen, die Courtney ihnen geliehen hatte; im fertigen Clip unterbrachen diese burlesken Szenen die parodistische Sixties-Show.

Für „Lithium", die letzte Single-Auskopplung aus dem Album, stellte sich Kurt einen Zusammenschnitt aus Live-Aufnahmen vor. Ein großer Teil der verwendeten Einstellungen stammte von der Halloween-Show, die in Seattle mitgeschnitten worden war. Kurt bat mich allerdings auch, ihm einen kurzen Ausschnitt aus *1991: The Year That Punk Broke* zu besorgen, einem Film, der zu diesem Zeitpunkt zwar schon fertig, aber noch nicht offiziell erschienen war. Die knapp zehn Sekunden, um die es sich handelte, zeigten Kurt, der auf Krists Schultern über die Bühne getragen wurde.

Die Rechte an dem Film lagen bei Sonic Youth, und ich war überrascht, als Kim Gordon Kurts Anfrage zunächst ablehnte. Sie fand gerade diese Szene großartig und glaubte, dass ihre Wirkung im Film geschmälert würde, wenn sie in einem Musikvideo zu sehen war. Kim suchte mich in meinem Büro bei Atlantic auf, und es ging mir sehr unter die Haut, als ich sah, wie sehr diese Angelegenheit sie stresste. Sonic Youth hatten Nirvana und auch mir stets sehr viel bedeutet. Aber in diesem Fall musste ich ganz klar Kurts Seite vertreten, und ich wusste, wie viel ihm an dieser Szene lag. Daher erinnerte ich Kim daran, dass Nirvana keinerlei Tantiemen für die fünf im Film gespielten Songs verlangt hatten, darunter auch „Smells Like Teen Spirit"; jeder andere Filmemacher hätte dafür sicherlich ein paar Hunderttausend Dollar zahlen müssen. Daraufhin gab Kim nach, aber sie war stinksauer, dass sie derart unter Druck gesetzt worden war, noch dazu von jemandem, der sie früher einmal selbst gemanagt hatte. Vermutlich zeigte sich für sie hier auch zu deutlich, wie sehr sich die Rollen der beiden Bands inzwischen vertauscht hatten.

Im Juni waren Nirvana wieder in Europa. Janet begleitete sie, hat aber nicht die besten Erinnerungen an diese Reise. Kurt und Courtney versuchten, mithilfe von Medikamenten irgendwie mit ihrer Sucht klarzukommen, was dadurch erschwert wurde, dass es in jedem Land andere gesetzliche Bestimmungen gab. „In Paris war es am schlimmsten. Kurt war völlig fertig und sehr deprimiert, und er weigerte sich, irgendwas von den Substanzen wegzuwerfen. Ich sagte ihm, dass in Stockholm ein Arzt auf ihn wartete und dass er die Medikamente nicht mit ins Flugzeug nehmen dürfte, und daraufhin hatten wir einen fürchterlichen Streit, bis Courtney mich schließlich quer über die Straße verfolgte. Erst unmittelbar vor dem Flug war er bereit, das Zeug wegzuwerfen." Courtney kehrte kurz darauf nach Los Angeles zurück.

Es gab auf der Tour einige Höhepunkte, beispielsweise den Auftritt beim Roskilde-Festival, bei dem die Band einen ihrer besten Auftritte hinlegte, oder den Gig in Belfast, bei dem Kurt ins Publikum sprang und den Schlag eines Ordners abfing, um einen Fan zu schützen. Am Tag danach brach Kurt zusammen und kam in ein Krankenhaus. Vor der Presse gab Janet ein Magengeschwür als Grund an (wir wussten nie, wie wir seine Schmerzen beschreiben sollten), aber später räumte Kurt Michael Azerrad gegenüber ein, er sei umgekippt, weil er versuchte, seine Sucht mithilfe von

Methadon in den Griff zu bekommen und schlicht vergessen hatte, seine Tablette zu nehmen.

Am 3. Juli, im siebten Monat ihrer Schwangerschaft, setzten bei Courtney die Wehen ein. Zwei Gigs in Spanien, die letzten beiden Konzerte in Europa, wurden abgesagt, damit Kurt zu ihr nach Hause fliegen konnte. Und wenige Wochen später erschütterte eine neue Krise unsere Welt.

Zehntes Kapitel

VANITY FAIR

Schon in „Territorial Pissings" hatte Kurt gewarnt: „Just because you're paranoid / Don't mean they're not after you". Vielleicht hätte Courtney daran denken sollen, bevor sie einwilligte, Lynn Hirschberg von *Vanity Fair* ein Interview zu geben.

Hirschberg schrieb normalerweise über Prominente, die mit Punk Rock nichts zu tun hatten, aber warum hätte Courtney daran zweifeln sollen, dass ihr erster großer Kontakt mit einem Mainstream-Magazin ein Triumph werden würde? In den letzten Jahren war jeder ihrer Karriereschritte ein Erfolg gewesen, und sie hatte dabei einen weiten Weg zurückgelegt. Angefangen hatte sie in recht prekären Verhältnissen und sich ihren Lebensunterhalt als Stripperin verdient, bevor sie einen Plattenvertrag bei Caroline unterschrieb, sich Kim Gordon als Produzentin sicherte, die Rock-Presse zu wahren Lobeshymnen inspirierte, sich in Kurt verliebte, ihn heiratete und schließlich bei DGC/Geffen unterschrieb. Bei ihr kamen Intelligenz, Talent, Hartnäckigkeit, buddhistische Mantras und ein gutes Timing zusammen, und damit schien sie genau den Code geknackt zu haben, den man brauchte, um sich das Leben nach seinen Wünschen einzurichten.

Ausführliche Zeitschriftenporträts werden oft monatelang vorbereitet. Relativ kurz vor Abschluss ihrer Recherche meldete sich Hirschberg noch einmal bei mir und bat um Informationen, und ich gab ihr ein paar zitierfähige Antworten, achtete aber vorsichtig auf das, was ich sagte. Courtney tat das leider nicht. Ich war bereits nervös geworden, als ich eines Tages mitbekam, wie sie sich lebhaft mit Hirschberg unterhielt und dabei versuchte, die Society-Journalistin für ein Riot-Grrrl-Fanzine zu begeistern. „Lynn wickelte sie komplett ein“, sagt Rosemary. „Courtney dachte, sie hätte sie ganz für sich eingenommen, und Lynn würde ihr aus der Hand fressen. Sie war überzeugt, der Artikel würde großartig.“

Die Story erschien Mitte August. Eine Woche, bevor die Zeitschrift an den Kiosken auslag, erhielten wir per Fax eine erste Abschrift und waren entsetzt. Hin und wieder schimmerte Courtneys Schlagfertigkeit und Intelligenz in dem Artikel durch, aber Hirschbergs polierter Text triefte vor Herablassung und Verachtung. Dass Kurt und Courtney beide visionäre Künstler waren, erkannte sie kaum an. Stattdessen porträtierte sie die beiden als dekadente Menschen ohne Moral und mit dem Tiefgang von Zeichentrickfiguren. Dabei stützte sie sich vor allem auf „Zitate“ von nicht namentlich genannten „Freunden“ und „Kontakten aus dem Musikbusiness“. Zwar zweifelte ich nicht daran, dass Hirschberg bei ihrer Recherche auf Kollegen gestoßen war, die Courtney hassten, aber deswegen zeugte es noch lange nicht von solidem Journalismus, Klatsch und Tratsch unkommentiert abzudrucken.

Es waren vor allem zwei Absätze, die Hirschbergs Artikel nicht nur zu einem ärgerlichen PR-Flop, sondern zu einem echten Desaster machten:

> In den Kreisen, in denen sie sich bewegt, gilt Kurt Cobain als Heiliger. Courtney hingegen wird von vielen als charismatische Opportunistin betrachtet. Über die Drogenprobleme des Paares wurde allerorten viel berichtet … Die beiden erwarten in diesem Monat ein Kind, und selbst die tolerantesten Musikbusiness-Insider fürchten um dessen Gesundheit. „Die Vorstellung ist entsetzlich, dass sie von ihrer Schwangerschaft weiß und trotzdem Drogen nimmt“, sagt jemand aus ihrem engsten Freundeskreis. „Wir alle machen uns große Sorgen um das Baby.“

Noch schädlicher war das hier:

> Zwanzig verschiedene Quellen aus der Musikindustrie haben bestätigt, dass die Cobains sehr viel Heroin konsumiert haben. Zu Beginn dieses Jahres erklärte Kurt dem *Rolling Stone*, er nehme kein Heroin, aber Courtney malt ein anderes, stark verstörendes Bild. „Wir haben uns richtig zugedröhnt“, sagt sie über die Zeit im Januar, als Nirvana für einen Auftritt bei *Saturday Night Live* in New York waren. „Wir hauten uns jede Menge Drogen rein. Gemeinsam zogen wir durch Alphabet City, Kurt mit Mütze, ich mit Mütze, und haben uns Dope besorgt. Dann haben wir uns das reingezogen und sind zu *SNL*. Danach habe ich noch ein paar Monate Heroin genommen.“

Besonders der letzte Satz war tödlich; Courtney bestritt später, das überhaupt gesagt zu haben. Sie beharrte stets darauf, dass sie direkt nach der Intervention mit den Drogen aufgehört habe, also nur wenige Tage nach dem Auftritt in *Saturday Night Live* und der Erkenntnis, dass sie schwanger war, und dass sie Dr. Cranes Anweisungen zum Schutz ihres Kindes genau gefolgt sei. Diese Vorstellung war möglicherweise für viele *Vanity-Fair*-Leser bereits gewöhnungsbedürftig, aber es gab aus moralischer Sicht einen großen Unterschied, ob sie Drogen genommen hatte, bevor sie von ihrer Schwangerschaft wusste, oder ob sie auch danach noch weitergemacht hatte. Ich glaubte Courtney, und ich war auch überzeugt, dass Dr. Crane keine werdende Mutter behandelt hätte, die nicht alles für die Gesundheit ihres Babys getan hätte. Frances Bean Cobain kam tatsächlich gesund zur Welt.

Uns war sofort klar, dass der Artikel schwere rechtliche Folgen für die beiden nach sich ziehen würde: Aufgrund dieser Aussagen stand ihre Eignung als Erziehungsberechtigte auf dem Spiel. Als uns das Fax mit dem Text erreichte, befand sich Courtney bereits im Cedars-Sinai, da sie kurz vor der Entbindung stand und Dr. Crane alle Risiken ausschließen wollte. Als Vorsichtsmaßnahme – um sicherzugehen, dass niemand versuchen würde, ihr das Kind wegzunehmen – überlegte sie kurz, sich in eine andere Klinik verlegen zu lassen. Wir holten auf die Schnelle eine juristische Einschätzung von einem Anwalt namens Michael Lavanas ein, die auf den 13. August datiert war, einen Tag, nachdem wir den Artikel zur Kenntnis erhalten hatten, und er nannte uns zwei weitere Möglichkeiten. Beispielsweise würden die Behörden in Schweden nicht sofort eingreifen, wenn ein gesundes Kind mit Methadon im Blut zur Welt kam – davon hatte auch Courtney schon gehört. Aber da die Geburt so unmittelbar bevorstand, wäre es zu riskant gewesen, einen zehnstündigen Flug nach Stockholm zu wagen. Einen gewissen Schutz bot eventuell auch die Entbindung in einem anderen Krankenhaus unter falschem Namen. Aber hier riet Levanas zur Vorsicht: „Nach meiner Information gibt das Martin Luther King Hospital durchaus Krankenakten weiter, während Kliniken wie das Cedars-Sinai insgesamt diskreter sind." Daher blieb Courtney, wo sie war.

Kurt war ebenfalls in der Klinik, allerdings auf einer anderen Station. Nach meiner Erinnerung hatte er wieder einen Entzug begonnen, aber Eric meint, dass er wegen Magenproblemen im Cedars war und ein paar Stockwerke höher als Courtney ein Zimmer hatte. Was auch immer stimmen mag, als bei Courtney die Wehen einsetzten, eilte Kurt sofort an ihre Seite, um ihr beizustehen.

Gold Mountain veröffentlichten eine Stellungnahme der beiden, in der die Anschuldigung, die Gesundheit ihres Kindes wissentlich aufs Spiel gesetzt zu haben, gänzlich zurückgewiesen wurde. „Wir bestreiten das absolut … Nachdem Courtney die Schwangerschaft bemerkte, setzte sie sich sofort mit einer Hebamme in Verbindung und begab sich bei einem Arzt in Behandlung, der sich auf die Abhängigkeit von chemischen Substanzen spezialisiert hat. Seitdem wird sie von beiden betreut, und sie haben ihr versichert, dass sie darauf vertrauen kann, ein gesundes Kind zur Welt zu bringen."

Rosemary schickte ein geharnischtes Schreiben an Condé Nast, den Medienkonzern, zu dem *Vanity Fair* gehörte, und verlangte eine Entschuldigung und einen Widerruf. Sie verwies auf Hirschbergs schlampige Recherche, indem sie verschiedene inhaltliche Fehler herausstrich (es hieß beispielsweise, ich sei bei Polygram beschäftigt, einer Plattenfirma, mit der ich bis dahin noch nie zu tun gehabt hatte). Hirschberg hatte zudem gefragt, ob es wahr sei, dass der Plattenboss Clive Davis eine Million Dollar für Hole geboten hatte, und obwohl Rosemary wie auch Davis das beide bestritten hatten, stand in dem Artikel, es sei „Berichten zufolge" wahr. Rosemary argumentierte: „Das beweist, wie flexibel sie mit der Wahrheit umgeht, ein Umstand, der sich bedauerlicherweise durch den gesamten Text zieht."

Hinsichtlich des größten Problems, Courtneys angeblicher Aussage, sie habe „Monate" nach *Saturday Night Live* noch Heroin gespritzt, schrieb Rosemary weiter: „Dieses Zitat ist inakkurat und absichtlich missverständlich. Wie Ms. Hirschberg bekannt ist, erklärte Ms. Love, eine Menge Drogen genommen zu haben, aber sie bezieht das auf einen Zeitraum von Tagen, nicht von Monaten. Die fragliche Zeit war Anfang Januar 1992, kurz nach dem Beginn der Schwangerschaft, als weder sie noch ihr Ehemann davon wussten. Hier handelt es sich um eine absichtlich verzerrte Wiedergabe von Ms. Loves Worten, die im Zusammenspiel mit Hirschbergs zahlreichen Verweisen auf vage formulierte Sorgen und Bedenken namentlich nicht genannter ‚Freunde', ‚Geschäftskontakte' und ‚Insider aus dem Musikgeschäft' den Eindruck erwecken, dass Ms. Love Heroin konsumierte, nachdem ihr ihre Schwangerschaft bekannt war, ein Eindruck, dem meine Klientin gänzlich widerspricht. Diese falsche Darstellung meiner Klientin ist bösartig und unverantwortlich."

Hirschbergs Artikel legte zudem nahe, dass Courtney für Kurts Drogenproblem verantwortlich war, wieder mit Berufung auf namentlich nicht genannte Quellen: „Viele Leute glauben, dass sie es war, die Cobain an die Nadel gebracht hat … Gerüchteweise nahm Kurt nichts Stärkeres als Alkohol, bevor er Courtney kennenlernte." Noch heute werde ich manchmal danach gefragt, sogar von Leuten, die Kurt recht gut kannten. Courtney traf ganz sicher keine Schuld daran, dass Kurt heroinabhängig wurde. Er hat immer wieder betont, dass er die Droge bereits viel früher probiert habe, und das haben zahlreiche alte Freunde betätigt. In „Negative Creep", dem ersten Titel auf *Bleach*, der geschrieben wurde, lange bevor er Courtney kennenlernte, singt Kurt: „I'm a negative creep and I'm stoned." Krist erklärt: „Kurt liebte Heroin. Er liebte das Gefühl, das die Droge auslöste." Rosemarys Schreiben an Condé Nast wies daher ebenfalls darauf hin, dass Hirschberg „von drei verschiedenen Quellen, die auch namentlich genannt werden durften, darüber informiert wurde, dass Mr. Cobain bereits vor seiner Bekanntschaft mit Ms. Love Heroin konsumierte, wie Mr. Cobain selbst in einem Interview mit Michael Azerrad im *Rolling Stone* vom 16. April 1992 erklärt hat."

Kurt war entsetzt darüber, wie er in dem Artikel dargestellt wurde. Auf Tournee hatte er beim Einchecken in Hotels oft den echten Namen von Sid Vicious, Simon Ritchie, als Decknamen verwendet, aber darin hatte er einen ironischen Seitenhieb auf sein Image gesehen. Er wusste, dass er ein unbeschreiblich viel größeres Talent besaß als der Sex-Pistols-Bassist, und er fand es widerwärtig, auf das Stereotyp des verkommenen Junkies reduziert zu werden. „Kurt hasste es, bloßgestellt zu werden", sagt Krist. „Er *hasste* es." Wie erwartet hielt Hirschberg an den Aussagen in ihrem Artikel fest, und es gab weder einen Widerruf noch eine Entschuldigung von *Vanity Fair*. Eine Klage wegen Verleumdung war ausgesprochen kostspielig und hatte bei Prominenten wie Kurt und Courtney kaum Aussicht auf Erfolg, und von daher ließen wir die Überlegung fallen, gerichtlich gegen Condé Nast vorzugehen.

Stattdessen konzentrierten wir uns darauf, andere Brandherde zu löschen. Gegen die billigen Boulevardblätter, die fälschlich behaupteten, das Kind würde deformiert zur Welt kommen, ließ sich nichts ausrichten, aber als einige Musikmagazine die Behauptungen aus dem *Vanity-Fair*-Artikel unkommentiert wiedergaben, konnten wir uns immerhin dagegen verwehren.

Janet hatte sofort bei Finnerty angerufen, um zu verhindern, dass MTV die Informationen aus dem Artikel unreflektiert als Fakt präsentierte, aber wie sich herausstellte, hatte Finnertys unmittelbarer

Vorgesetzter keinen Einfluss auf die Nachrichtenredaktion. Bevor jemand aus den oberen Etagen einschreiten konnte, hatte Kurt Loder in den *MTV News* den Artikel bereits ausführlich zitiert. In seinem Tagebuch verfasste Kurt einen wutentbrannten Text über „Emp-TV", aber diese Spannungen ließen sich schnell wieder beilegen. Schließlich hatte MTV großes Interesse daran, ein gutes Verhältnis zu Nirvana zu pflegen, und im Folgenden hielt man sich beim Sender an Kurts und Courtneys Version der Ereignisse.

Ähnlich verhielt es sich mit KROQ, dem größten Rock-Radiosender von Los Angeles, bei dem Nirvana stets viel gespielt wurden. Jemand aus Courtneys Freundeskreis berichtete uns, dass auch dort unkritisch über den Artikel berichtet worden war. Programmdirektor Trip Reeb nahm dazu in einem sehr emotionalen Brief an Rosemary Stellung und schrieb, dass man „keine Beweise" für ein derartig ketzerisches Verhalten gefunden habe; außerdem sei er selbst gerade Vater geworden, und der Sender sei bereit, jede Botschaft zu verbreiten, die Kurt und Courtney an ihre Fans weitergeben wollten.

Die beiden hatten sich bereits mit ihren Freunden in Verbindung gesetzt, um die Anschuldigungen zurückzuweisen. Am meisten beunruhigte sie die Frage, was David Geffen von der ganzen Sache halten würde. Am 14. August ging ein Fax in meinem Büro bei Atlantic Records ein, das ich an den berühmten Boss von Nirvanas Label weiterleiten sollte.

Lieber David Geffen,
hallo, ich heiße Kurt Cobain, und ich bin der Leadsänger, Gitarrist und Songwriter der Band NIRVANA. Ich glaube, ich habe Ihrer Firma eine Menge Geld verdient.

Okay, es war nie mein Ziel, in der kapitalistischen Musikindustrie mitzumischen, aber nachdem ich mal drin war, habe ich gemerkt, dass es dort Mitarbeiter gibt, besonders bei DGC, die ehrlich und aufrichtig für Musik brennen und im Grunde dieselben Werte vertreten wie ich. Ich habe Sie nie kennengelernt, wahrscheinlich, weil ich das nie wollte. Liegt wohl an meiner Angst vorm großen Boss, aber jetzt ist da in einem Artikel im Vanity Fair etwas unglaublich Diffamierendes über meine Familie geschrieben worden.

Um David Geffen klar zu machen, dass Courtney ein verantwortungsbewusster Mensch war, fuhr Kurt fort: „Sie hat mit den Drogen aufgehört und ist in regelmäßiger Behandlung bei Danny Goldbergs Kinderarzt." (Damit meinte er Dr. Crane.) Was Kurt sich eigentlich konkret von Geffen erhoffte, ließ er in seinem Schreiben nicht durchblicken, klar war nur, dass der Labelchef Lynn Hirschberg keinen Glauben schenken sollte.

Heute, ein Vierteljahrhundert später, weckt dieses Fax bei mir den Eindruck, als hätte er es geschickt, damit Geffen ihn für einen guten Menschen hielt und nicht für den Abschaum, als der er in dem Artikel dargestellt wurde. Dass Kurt hier so positiv über die Mitarbeiter des Labels sprach, hatte dabei nichts mit der aktuellen Krise zu tun – er hatte diese Ansicht schon oft in Interviews formuliert, auch wenn sie den Erwartungen vieler Punk-Autoren deutlich zuwiderlief.

Das Fax machte deutlich, dass Kurt extrem verletzt war und sich einer Flut negativer Behauptungen ausgesetzt fühlte, und daher hoffte er, einen einflussreichen Menschen, dem er viel Geld eingebracht hatte, auf seiner Seite zu wissen, zumindest, was die Musikindustrie betraf. (Ich hatte nie befürchtet, dass Geffen seine größte Band wegen einer derart sensationsheischenden Geschichte fallen lassen würde, aber es schadete nicht, wenn Kurt jetzt besonders vorsichtig vorging.) Aber vor allem war Courtney am Boden zerstört, und Kurt wollte seiner Frau zeigen, dass er für sie einstand.

Auch erinnert mich das Schreiben daran, dass Kurt selbst in Zeiten, in denen es ihm nicht gut ging, einen scharfen Verstand besaß. Er hatte das Fax an Geffen mit der Hand geschrieben, damit der wusste, dass es direkt von ihm und nicht von irgendeinem Agenten kam. Er baute sogar noch geschickt ein, dass er und Courtney entschlossen für die Rechte Homosexueller eintraten, und schloss sein Schreiben dann mit den Worten:

Wir sind in der Lage, unserem Publikum mit gesunder Haltung entgegenzutreten, und die nächste Platte wird garantiert so gut werden wie die letzte, aber ich bin so angepisst von diesem Stück Schmierenjournalismus, dass ich für die Liebe meiner Frau und meiner Tochter deutliche Worte finden musste.

Herzlich, Kurt Cobain

David rief mich anschließend an, irritiert davon, dass er offenbar dazu aufgefordert wurde, sich mit diesem schmutzigen Problem auseinanderzusetzen. Ich versicherte ihm, dass wir uns um alles kümmerten und dass Kurt lediglich das Bedürfnis gehabt hatte, sich persönlich wegen dieser Sache bei ihm zu melden.

Frances Bean Cobain wurde am 18. August 1992 geboren, sechs Tage, nachdem der *Vanity-Fair*-Artikel erschienen war. Da ich wusste, wie angegriffen Courtney sich fühlte, bat ich Eddie Rosenblatt, im Krankenhaus vorbeizuschauen, sobald er die Möglichkeit dazu sah, und er stand sofort vom Schreibtisch auf und sagte: „Dann gehen wir doch jetzt, ich liebe Babys." Das Krankenhaus war vom Geffen-Büro aus in fünf Autominuten zu erreichen, und es war gut, dass er so schnell reagierte, da Courtney völlig aufgelöst war und weinend im Bett saß. „Jetzt laber bloß nicht irgendwelchen aufbauenden Scheiß!", schrie sie mir entgegen. „Das werde ich nie überwinden!" Aber es bedeutete ihr dennoch sehr viel, dass der Vorsitzende ihrer Plattenfirma so deutlich zeigte, dass er zu ihr hielt.

Währenddessen hatte jemand aus dem Cedars-Sinai den Sozialbehörden von Los Angeles eine Kopie des *Vanity-Fair*-Artikels geschickt und einen Brief dazugelegt, in dem Courtney zusätzlich schlechtgemacht wurde. Das setzte genau jene Entwicklung in Gang, die wir hatten verhindern wollen. Der Artikel war dann prompt an das offizielle Schreiben angeheftet, mit dem die Behörden ankündigten, die Erziehungsbefähigung von Kurt und Courtney überprüfen zu wollen. Verständlicherweise drehten die beiden angesichts dieser Aussicht völlig durch. Ich versuchte sie zu beruhigen, indem ich ihnen versicherte, sie hätten genug Rückhalt und genug Freunde, dass die ultimative Katastrophe, ein Verlust des Sorgerechts, nicht zu befürchten sei. Aber nun hatte das Problem eine juristische Dimension bekommen, und daher war es an Rosemary, eine Strategie auszuklügeln. Der erste Schritt bestand darin, den Anweisungen der beteiligten Behörden zunächst einmal Folge zu leisten.

In den USA müssen die Eltern in solchen Fällen andere Familienmitglieder vorschlagen, bei denen die Kinder untergebracht werden können, bis eine Entscheidung gefallen ist. Prompt erschien Courtneys Mutter Linda Carroll bei mir im Büro. Courtney hatte kaum jemals von ihr gesprochen, aber ich erfuhr, dass sie als Therapeutin arbeitete, mehrmals verheiratet gewesen war und außer Courtney noch andere Kinder hatte. Sie hielt mir zunächst einen Vortrag darüber, wie schwer es gewesen wäre, eine Tochter wie Courtney zu erziehen, und erklärte dann, als Frances' Großmutter sei sie wesentlich eher geeignet als Kurt und Courtney, das Kind großzuziehen, daher würde sie mich bitten, ihr dabei zu helfen, entsprechende Maßnahmen in die Wege zu leiten. Vermutlich dachte sie, dass ich ihre schlechte Meinung über ihre Tochter teilte, weil ich über vierzig war und in einem stinknormalen Büro saß.

Ich war entsetzt, musste Courtney aber über das Gespräch nicht weiter unterrichten, denn als ich sie und Kurt am Abend traf, hatten die beiden bereits beschlossen, dass sämtliche Großeltern für eine kurzfristige Unterbringung nicht infrage kamen. Das zeigte vermutlich auch, welche Traumata sie in ihrer Kindheit erfahren hatten. Sie kamen zu dem Schluss, dass Courtneys Halbschwester Jaimie Manelli (deren Mutter ebenfalls Linda Carroll war) die am wenigsten riskante Wahl darstellte.

Jaimie ging in Oregon aufs College und brauchte Geld, daher vermutete Courtney ganz richtig, dass sie bereit sein würde, ihr diesen Gefallen zu tun. Zwar hatte sie Courtney nie besonders nahegestanden, aber sie nahm das Angebot von 5.000 Dollar an, um nach Los Angeles zu kommen und für die Zeit, die das Verfahren unserer Schätzung nach benötigen würde, als Frances' Vormund zu agieren. Wir besorgten ihr eine Übergangswohnung, die in der Nähe von Kurts und Courtneys Apartment lag, und Jaimie übernahm offiziell das Sorgerecht, erledigte die erforderlichen Treffen mit den Behörden und stellte gleichzeitig sicher, dass Frances die meiste Zeit mit ihren Eltern verbringen konnte. Kurt und Courtney erhielten das Sorgerecht erst im März des folgenden Jahres, und wir zahlten Jaimie einige tausend Dollar mehr, was aber auch angemessen war, da sie in dieser Zeit ihr Studium unterbrach.

Das Krankenhaus veröffentlichte am 25. August eine Pressemitteilung. „Frances Bean Cobain, Tochter von Courtney Love und Kurt Cobain, kam am Dienstag, den 18. August 1992, um 7:48 Uhr im Cedars-Sinai Medical Center zur Welt. Ihrem Kinderarzt zufolge ist das Kind in stabilem Zustand, trinkt gut und nimmt ganz normal zu, so wie es für ein Neugeborenes erwartet wird. Sie wiegt jetzt 2.720 Gramm und misst 53 Zentimeter." Das wichtigste Wort darin lautete „normal".

In der Woche nach Frances' Geburt waren Nirvana erneut für das Reading Festival gebucht, dieses Mal als Headliner. Kurt war auch entschlossen, den Gig zu absolvieren. Er wollte die Fans nicht enttäuschen, und außerdem wollte er sich von der unsäglichen Geschichte rund um den *Vanity-Fair*-Artikel nicht unterkriegen lassen. Während Courtney mit dem Baby zu Hause blieb, willigte Eric Erlandson ein, Kurt zu begleiten. „Courtney sagte, ich sollte mitfahren. Es war diese Co-Abhängigkeitsgeschichte, meine Rolle als Kümmerer, und ich hatte das Gefühl, ihn beschützen zu müssen, weil es ihm wirklich nicht gut ging." Eric nahm eine Kamera mit, um den Auftritt zu dokumentieren.

Ihre gerade erst geplante Europa-Tournee hatten Nirvana abgesagt. Anton Brookes erinnert sich noch gut an die Atmosphäre, die nach dem schädlichen Artikel herrschte, und wie die Gerüchteküche mit Geschichten über Kurts Drogenkonsum überkochte: „Bei jedem Gespräch, bei jedem Telefonat spürte ich, dass mein Gegenüber fest davon überzeugt war, dass Nirvana gar nicht spielen würden. Es hieß sogar, die Band hätte sich aufgelöst. Man ging einfach davon aus, dass aus dem Gig nichts werden würde. Selbst wenn ich den Leuten sagte, dass ich gerade mit den dreien was essen gewesen war oder aus ihrer Garderobe kam, glaubte die Presse, dass ich das nur erfand. Es war so typisch für das Drama, das Nirvana überallhin zu folgen schien."

Am Tag vor dem Konzert in Reading erschien ein Artikel von Keith Cameron im *NME*, der auf einem Interview basierte, das er zu Beginn des Sommers, noch vor Frances' Geburt, mit Kurt in Bilbao geführt hatte. Im Gegensatz zu Hirschberg war Cameron ein Autor, dem Kurt und Courtney eigentlich hätten vertrauen können sollen. Er hatte beinahe ebenso lange wie Everett True begeistert über die Band berichtet. Dennoch wiederholte er Hirschbergs Anschuldigung, dass Courtney während ihrer Schwangerschaft Heroin gespritzt hatte. Cameron schrieb zudem: „Hier geht es im Grunde aber nicht darum, ob Kurt Cobain auf Heroin ist (oder ob er es nicht ist oder war oder davon wegzukommen versucht), sondern darum, dass seine Frau eine einmalig blöde Zicke ist. Es hat den Anschein, dass niemand sie ausstehen kann. Ein Mitglied der Crew nannte sie ‚The Wicked Witch Of The West', nach der Schurkin aus dem *Zauberer von Oz*, und jemand anders sagte über Kurt, er sei in der Zeit ‚v. Crtn', ‚vor Courtney', ein netter Kerl gewesen." Cameron nannte Janet außerdem „eine Kreuzung zwischen Kindermädchen und menschlichem Schwamm, die allen Launen Courtneys nachgab und jeden Scheiß, den sie von sich gab, aufsaugte".

Über diese schlechte Presse sagte Kurt später einem britischen Journalisten: „Ein großer Teil davon ist schlicht auf Sexismus zurückzuführen. Courtney ist meine Frau, und die Leute wollten nicht akzeptieren, dass ich verliebt bin und glücklich sein könnte. Weil sie so eine energische und bedrohliche Persönlichkeit ist, haben sich alle Sexisten im Musikbusiness gegen sie verschworen und versucht, uns beide aufzuknüpfen." Einmal beklagte er sich bei mir über die bohrende Neugier der Regenbogenpresse und meinte in ganz verwirrtem Ton: „Ich weiß nicht mal, wie Bonos Frau heißt." Der *Vanity-Fair*-Artikel hatte so weite Kreise gezogen, dass Kurt und Courtney inzwischen in einer eigenen Liga spielten, um die sie sicher niemand beneidete. In den Medien wurden sie vielfach nur noch wie Zeichentrickfiguren dargestellt.

Angesichts der Anwürfe gegen Courtney und den vielen anderen Belastungen, denen Kurt damals ausgesetzt war, hätte es sicherlich niemanden gewundert, wenn er den Festivalauftritt abgesagt hätte. In einem Interview mit dem *Scotsman* schilderte Dave, wie er die Situation damals empfand: „Ich dachte wirklich, das wird eine Katastrophe, damit geht unsere Karriere vor die Hunde. Kurt war zuvor immer wieder auf Entzug gewesen, und die Kommunikation innerhalb der Band wurde zunehmend komplizierter. Kurt lebte in L.A., Krist und ich in Seattle. Niemand wusste so recht, ob wir wirklich spielen würden. Vor dem Gig haben wir ein einziges Mal geprobt, am Abend zuvor, und das lief ziemlich mies. Am Ende war es aber eine ganz wunderbare Show, die zumindest für kurze Zeit für uns sehr heilsam war."

Tatsächlich lieferten Nirvana beim Reading Festival einen enorm kraftvollen Auftritt ab, der heute allgemein als einer ihrer besten betrachtet wird und viele Jahre später als Film veröffentlicht wurde. Kurt leitete ihn mit einem köstlichen Stück Improvisationstheater ein. Um sich wirkungsvoll über die Gerüchte lustig zu machen, laut denen er bereits an der Schwelle des Todes stand, verkleidete er sich mit einer blonden Perücke und einem Krankenhausnachthemd, besorgte sich einen Rollstuhl und setzte sich hinein. Brookes berichtet: „Kurt bat mich, ihn mit dem Ding auf die Bühne schieben, aber ich sagte ihm: Kommt nicht infrage, dass ich vor siebzig- oder achtzigtausend Leute trete! Everett bekam unser Gespräch mit und erklärte sich natürlich sofort dazu bereit." Craig Montgomery, der am Mischpult saß, war erleichtert. „Sie hatten eine ganze Weile nicht live gespielt und gerade jede Menge Probleme hinter sich, und da kam Kurt mit so einer wirklich lustigen Idee. Sie hatten ihren Humor nicht verloren."

Noch im Rollstuhl sitzend begann Kurt, klagend die erste Zeile von „The Rose" zu singen, einem Song, den Bette Midler für den gleichnamigen Film aufgenommen hatte, in dem sie eine Rock-Sängerin, Janis Joplin, spielt, die mit dem Ruhm nicht zurechtkommt und an einer Überdosis stirbt. Dann ließ er sich vornüber auf die Bühne fallen, als sei er ohnmächtig geworden, und Krist erklärte dem Publikum mit übertrieben besorgter Stimme: „Mit Hilfe seiner Freunde und seiner Familie wird er durchkommen."

Anschließend sprang Kurt so schwungvoll wie James Brown auf, hängte sich seine Gitarre um, jagte ein lautes Feedback durch die Boxen und setzte mit blitzenden Augen zu „Breed" an, einem der am meisten nach Punk klingenden Songs von *Nevermind.* Wenn ich heute, 25 Jahre später, höre, wie Kurt die ersten Zeilen des Songs herausschleudert – „I don't care, I don't care, I don't care" –, dann staune ich noch immer voller Ehrfurcht, was für ein Gefühl von Intimität er vermittelte. Es war, als wollte er dem riesigen Publikum sagen: „*Die anderen* sind mir scheißegal, was zählt, sind *wir.*"

Nach ein paar Songs nahm er die blonde Perücke ab, aber die Intensität und die musikalische Klarheit blieben. Bevor sie „Smells Like Teen Spirit" spielten, schickten Nirvana die Anfangsakkorde zu Bostons Hitklassiker „More Than A Feeling" voraus, ein Fickt-euch-doch-alle an die Kritiker, die darauf verwiesen hatten, dass Nirvanas größter Hit einige Ähnlichkeiten zu diesem Titel aufwies. Auch ein neuer Song wurde bei dem Gig vorgestellt, der zunächst noch als „The Eagle Has Landed" angekündigt wurde, später aber, als er auf *In Utero* erschien, den Titel „Tourette's" erhielt.

„Ich erinnere mich, dass ich meinen Blick über die Zuschauer schweifen ließ, die fast alle wegen Nirvana gekommen waren, und die Szene hatte etwas Biblisches. Nirvana waren für die Leute nicht nur eine Band. Als sie auf die Bühne kamen und loslegten, war die Synergie überwältigend. Das Publikum tanzte und sang und hatte Spaß. Etwas Spirituelles lag darin, etwas Kathartisches. Mehr konnte man sich nicht wünschen. Es war eines der großartigsten Erlebnisse meines ganzen Lebens. Ich stand mit meinem Geschäftspartner seitlich an der Bühne, und wir lachten und staunten, wie unglaublich das alles war." Michael Azerrad war nach Großbritannien geflogen, um für den *Rolling Stone* über den Auftritt zu berichten, und kam zu dem Schluss: „Es ist das größte Rock-Konzert, das ich je gesehen habe."

Dave erklärte später, die besondere Chemie der Band habe sich bei diesem Auftritt wie durch Magie wiederhergestellt. Kurt forderte Krist auf: „Erzähl doch mal einen Witz!“, und sein alter Freund lieferte prompt und kam mit der Geschichte von einem unsichtbaren Mann beim Arzt. An anderer Stelle sagte Kurt halb im Scherz: „Das ist unser letzter Auftritt“, und Krist wiedersprach: „Nein, ist es nicht.“ – „Na gut, dann gehen wir im November auf Tour. Willst du vorher noch eine Platte aufnehmen?“ Krist erwiderte: „Ja klar, machen wir eine Platte.“ Kurt nickte zustimmend. Es war, als ob sie das tatsächlich in diesem Augenblick auf der Bühne beschlossen.

Krist schrieb später über den Auftritt: „Wie Zehntausende bei ‚Lithium‘ mitsangen, war ein absolut cooler Augenblick in der Bandgeschichte.“ Kurz vor Schluss trat Kurt noch einmal ans Mikrofon, bat das Publikum um eine Minute Ruhe und sagte dann: „Dieser Song ist für meine zwölf Tage alte Tochter und für meine Frau. Über sie sind ziemlich extreme Dinge geschrieben worden, und jetzt glaubt sie, dass jeder sie hasst. Die Show hier wird mitgeschnitten, könntet ihr daher vielleicht bei drei alle mal rufen: Courtney, wir lieben dich?“ Die Menge machte gern mit, und dann spielten Nirvana „All Apologies“, das einige Monate später für *In Utero* aufgenommen wurde.

Die letzte Zugabe war „Territorial Pissings“. Im Anschluss daran spielte Kurt „The Star-Spangled Banner“ auf dieselbe psychedelische Weise wie Jimi Hendrix in Woodstock, während Dave sein Schlagzeug zertrümmerte.

Eric verließ den Backstage-Bereich mit Kurt, der sich eine Zigarette angezündet hatte. Ein Junge, der aussah, als sei er erst zehn, bat Kurt um ein Autogramm, und der gab es ihm gern, sagte ihm aber auch ganz ernsthaft: „Fang nicht an zu rauchen.“ Eric lacht wehmütig, als er sich an diesen Widerspruch erinnert. „Typisch Kurt.“

Zehn Tage später, am 9. September, wurde die Verleihung der MTV Video Music Awards (VMA) übertragen. Nirvana galten in mehreren Kategorien als aussichtsreiche Kandidaten für eine Auszeichnung und waren gebeten worden, bei der Show zu spielen. Ursprünglich hatten wir abgesagt, zum einen wegen der angespannten Gesamtsituation, zum anderen, weil Kurt Preisverleihungen an sich grässlich fand. Judy McGrath, die damalige MTV-Geschäftsführerin, drängte mich jedoch, Kurt umzustimmen. Später hieß es, MTV hätte damit gedroht, andernfalls keine Videos von Geffen- oder Gold-Mountain-Künstlern mehr zu spielen oder Amy Finnerty zu feuern. Das stimmt nicht. Die Leute bei MTV standen schwer unter Druck, gute Quoten zu erzielen, aber sie arbeiteten nicht mit Einschüchterung, sondern eher mit sanften Anstupsern.

Kurt war nicht begeistert, als ich ihm von der Award-Show erzählte, und fragte, welche Folgen es hätte, wenn sich Nirvana weigerten. Er war hin- und hergerissen: Einerseits war er ein frischgebackener Vater, der bei der Überwindung seiner Drogensucht an einem kritischen Punkt angelangt war und aktuell wieder mitten in einer Behandlung steckte. Andererseits hatte er in Reading gerade einen phänomenalen Gig abgeliefert, und das Verhältnis zwischen Nirvana und MTV war ihm stets besonders wichtig. Ich antwortete, dass sich kurzfristig sicher nichts daran ändern würde, dass Nirvana viel gespielt wurden, dass sich aber MTV natürlich sehr freuen würde, wenn die Band dem größten MTV-Event des Jahres nicht den Rücken kehrte.

Ich hatte Kurt von zuhause aus angerufen, und Rosemary, die auch wusste, worum es ging, bekam unser Gespräch mit und bat, auch kurz mit Kurt sprechen zu können. Sie hatte sich in den letzten Wochen intensiv mit den Folgen des Hirschberg-Artikels herumgeschlagen und wusste, wie stark ihn all das belastete. Ihr brach beinahe die Stimme, als sie ihm erklärte, ihre Befürchtung sei, dass es so aussehen würde, als sei er wirklich der unzuverlässige Gammler, als den ihn *Vanity Fair* gezeichnet hatte, wenn er MTV nun einen Korb gäbe.

Nachdem Rosemary mir den Hörer wieder zurückgegeben hatte, seufzte Kurt: „Dann ist das wohl so eine Sache, die ich machen muss. Wer weiß, in ein paar Jahren gehe ich vielleicht im Smoking auf solche Events." Der Selbsthass, der in seinen Worten mitschwang, schmerzte mich, aber ich hielt es für die richtige Entscheidung.

Am Tag der Show wurde es jedoch noch stressiger. McGrath rief mich nachmittags an und beschwerte sich darüber, dass die Band bei der Probe einen neuen Song gespielt hatte, der den Titel „Rape Me" trug. Sie sorgte sich, dass der Text es so aussehen lassen würde, als ob MTV Vergewaltigungen verharmloste. Ich erinnerte sie daran, dass Kurt sich immer entschieden für Feminismus ausgesprochen hatte und dass „Polly" ein starkes Statement gegen Gewalt gegen Frauen gewesen war; der neue Song, versicherte ich, ginge in dieselbe Richtung, und kein Nirvana-Fan würde ernsthaft einen falschen Eindruck von Kurts diesbezüglicher Einstellung bekommen. Außerdem fügte ich hinzu, dass es doch cool sei, wenn die Band einen brandneuen Song bei den Video Music Awards vorstellte, da *Nevermind* inzwischen gut ein Jahr draußen war. McGrath ließ sich davon nicht beeindrucken. Sie wollte schlicht nicht riskieren, dass das Wort „Vergewaltigung" in den Mittelpunkt der Show rückte, und Nirvana sollten doch bitteschön ihre neueste Single „Lithium" spielen.

„Kurt war fassungslos, dass sie es nicht kapierten", sagt Finnerty. „Er war überzeugt, dass er MTV ein echtes Geschenk angeboten hatte." In der nächsten Stunde pendelte ich zwischen Kurt und McGrath hin und her, aber sie hielt an ihrer Meinung fest, und am Ende gab Kurt nach. Schließlich war es der ganze Sinn und Zweck des Auftritts, MTV um den Bart zu gehen.

Als ich am Pauley Pavilion der University of California in Los Angeles ankam, in dem die Show stattfand, stieß ich dort auf Jaimie Manelli, die inzwischen Frances' offizieller Vormund war, und staunend die vielen Prominenten hinter der Bühne betrachtete. „Ich glaub's nicht, eben gerade habe ich mit Whitney Houston gequatscht", stieß sie atemlos hervor. Ich fragte mich nervös, ob Kurt wegen des „Rape Me"-Debakels sauer sein würde, aber er und Courtney waren voll und ganz damit beschäftigt, mit dem Baby zu spielen und hatten gute Laune.

Obwohl er normalerweise nichts von solchen Award-Shows hielt, an diesem Tag waren doch einige Künstler anwesend, auf die Kurt sehr neugierig war. Als Peter Gabriel erschien, ging Kurt sogar zu ihm und stellte sich vor, was ich vorher noch nie bei ihm erlebt hatte. Anschließend berichtete er mir mit jungenhafter Begeisterung: „Er hat so nette Sachen über unsere Band gesagt!"

Als Teenager hatte Kurt sehr gern Queen gehört, die gerade ein Revival erlebten, nachdem ihr Song „Bohemian Rhapsody" im Film *Wayne's World* prominent eingesetzt worden war; der Rock-Klassiker war jetzt als „Bester Song in einem Film" nominiert. Kaz Utsunomiya hatte, als er noch in England lebte, mit Queen gearbeitet, und er kam mit Roger Taylor und Brian May in den Wohnwagen, der Kurt als Garderobe diente, um ihn den beiden Queen-Musikern vorzustellen. „Ich weiß noch wie heute, wie seine blauen Augen leuchteten, als die beiden durch die Tür kamen", erinnert sich Kaz. „Er stand so überwältigt da wie ein Kind im Süßwarenladen."

Direkt vor dem Soundcheck saß John Rosenfelder allein an einer Seite der Bühne. In letzter Zeit hatte er nicht mehr so viel Kontakt mit Nirvana gehabt; Kurt hatte Abstand gehalten, seit der Promoter ihn dazu hatte bringen wollen, sich bei den Heavy-Metal-Radiosendern anzubiedern. „Kurt gab mir im Vorbeigehen einen kleinen Klaps auf den Kopf, als ob er mir sagen wollte, dass zwischen uns alles wieder okay war, dann setzte er sich neben mich und spielte eine perfekte Version des alten Jim-Croce-Songs ‚Time In A Bottle', bevor er lächelnd wieder aufstand und sich auf die Suche nach Courtney machte." Es war ein Augenblick, den Rosie nie vergaß.

Kurz darauf saßen Kurt, Courtney und Frances mit Rosemary und mir an einem Tisch im VIP-Bereich, wo es Essen und Trinken für die Künstler gab, die bei der Show auftraten. Am Nebentisch nahmen Axl Rose, seine Freundin Stephanie Seymour und zwei muskelbepackte Bodyguards Platz. (Wenn Kurt diese Begegnung später schilderte, sprach er oft von fünf oder mehr Leibwächtern, aber in meiner Erinnerung waren es nur zwei sowie ein Kameramann, der Rose wahrscheinlich für eine spätere Dokumentation oder dergleichen filmen sollte.)

In dem Jahr seit der Veröffentlichung von *Nevermind* war das anfängliche Wohlwollen, das Axl Nirvana entgegengebracht hatte, völlig verschwunden. Schließlich hatte Kurt kein Geheimnis daraus gemacht, dass er für die Macho-Posen von Guns N' Roses nur Verachtung übrighatte. Nachdem Kurt und ich uns einmal heimlich aus der Garderobe geschlichen hatten, um Axl Rose aus dem Weg zu gehen, hatten Nirvana etwas später auch noch die Anfrage abgelehnt, auf seiner Geburtstagsparty aufzutreten. (Zwar spielten Rockstars manchmal bei Geburtstagen oder Hochzeiten anderer Prominenter, aber Punk-Bands taten so etwas nie. Schon allein eine solche Anfrage zu stellen war absurd gewesen.) Dann hatte ich noch ein ziemlich lukratives Angebot für eine Stadion-Tournee mit Guns N' Roses und Metallica ausgeschlagen. Zwar hatte sich einer der Metallica-Musiker noch einmal direkt an Kurt gewandt, aber der hatte daraufhin erklärt, dass er auf gar keinen Fall auf derselben Bühne stehen wollte wie Rose, und diese Bemerkung war ihm vermutlich hinterbracht worden.

Vielleicht war Axl Rose aber auch nur neidisch, weil Nirvana inzwischen nicht nur einen wesentlich größeren Schatten in der Rock-Szene warfen als seine eigene Band, sondern das auch noch auf demselben Label geschafft hatten. Jedenfalls hatte er erst kurz zuvor bei einem Gig in Florida laut getönt: „Kurt Cobain ist nichts weiter als ein Scheiß-Junkie mit einer Junkie-Frau. Und wenn das Baby behindert zur Welt kommt, dann gehören die beiden meiner Meinung nach in den Knast."

Courtney warf Rose einen Blick zu und fragte laut in spöttischem Ton: „Hey, Axl, willst du der Pate unserer Tochter sein?" Stephanie Seymour wandte sich daraufhin Courtney zu und fragte gehässig: „Bist du ein Model?" Woraufhin Courtney schlagfertig zurückgab: „Bist du Astrophysikerin?"

Dann standen Axl und einer seiner massigen Bodyguards auf und kamen zu uns herüber. Der Roses-Sänger beugte sich zu Kurt hinunter und sagte: „Sorg dafür, dass deine Alte die Klappe hält, sonst schick ich dich auf die Bretter." Ich konnte kaum glauben, dass wir so ein Klischeeverhalten wirklich erlebten und musste mir alle Mühe geben, nicht zu lachen. Amy Finnerty saß neben Kurt, und er raunte ihr kichernd zu: „Jetzt habe ich aber Angst." Dann wandte er sich mit subversivem Grinsen an Courtney und erklärte: „Halt's Maul, du Schlampe." Sein Ton machte unmissverständlich klar, dass er Axls Forderung damit ins Lächerliche zog. Wir fingen alle an zu lachen, und Rose marschierte beleidigt davon. Kurt war zwar sauer über den platten Einschüchterungsversuch, aber wir beendeten in Ruhe unsere Mahlzeit.

Krist und Dave waren stinksauer auf Rose, als sie von dem Zwischenfall erfuhren. Dazu kam noch, dass ein paar Roadies von Guns N' Roses sowie der Bassist Duff McKagan den Wohnwagen schaukelten, der Nirvana als Garderobe diente, bis Finnerty sie anschrie, das gefälligst zu lassen, da Courtney und das Baby noch drinnen waren. McKagan bedrohte daraufhin auch Krist, aber es kam zu keiner Schlägerei. Um den Umbau zwischen den einzelnen Acts zu erleichtern, gab es bei der Show zwei Bühnen; als Nirvana zu ihrem Auftritt gingen, kamen sie an der vorbei, die gerade für Guns N' Roses vorbereitet wurde, und Kurt spuckte auf Axls Keyboard.

Seinen eigentlichen Auftritt begann er dann mit der Anfangssequenz von „Rape Me", die auch genau diese Worte mehrfach enthielt – nur, um MTV zu ärgern. „Ich stand neben Judy McGrath, und sie umklammerte meine Hand", erinnert sich Finnerty. Jemand von der Regie sah zu ihnen hinüber und deutete pantomimisch die Frage an, ob hier geschnitten werden sollte. McGrath schüttelte den Kopf, atmete aber erleichtert auf, als die Band zu „Lithium" überging. Am Schluss des Songs rief Dave Grohl spöttisch: „Hallo, Axl! Hallo, Axl! Wo ist Axl?" Und als sei an diesem Tag nicht schon genug passiert, warf Krist auch noch seinen Bass in die Luft und bekam ihn anschließend so heftig auf den Kopf, dass er beinahe bewusstlos zusammengebrochen wäre.

Direkt vor der Überreichung des Awards für das Beste Video entdeckte Kurt Eddie Vedder an der Bühne und erkannte in dem Pearl-Jam-Sänger nach der üblen Auseinandersetzung mit Rose eine verwandte Seele. Während Eric Clapton live auf Sendung „Tears In Heaven" spielte, zeigten die beiden Seattle-Rocker ein langsames

Tänzchen, das erahnen ließ, dass die öffentlichen Streitereien zwischen beiden allmählich der Vergangenheit angehörten.

Nirvana erhielten den Preis für das beste Alternative-Video für „Smells Like Teen Spirit", und Kurt, der stets bestrebt war, sämtliche Rock-Klischees auszuhöhlen, schickte einen Michael-Jackson-Imitator auf die Bühne, um die Trophäe in Empfang zu nehmen. Als sie jedoch einen zweiten Award als beste neue Künstler erhielten, kamen Nirvana selbst, um ihn abzuholen. „Ich möchte meiner Familie danken, unserer Plattenfirma und unseren wahren Fans", begann Kurt und hielt dann kurz inne. Krist, dem klar war, dass Kurt diesem riesigen Publikum seine Meinung zu der ganzen *Vanity-Fair*-Sache darlegen wollte, unterbrach ihn mit den Worten: „Man darf nicht alles glauben, was man sieht oder hört, oder?" Kurt formulierte es noch einmal anders: „Wisst ihr, es ist wirklich schwer, alles zu glauben, was man liest." Dabei lächelte er in die Kamera, aber es war ein gezwungenes Lächeln, das schließlich zu einer Grimasse wurde. Nach der Sendung wurden die Preisträger in ein Pressezelt geführt, wo Kurt mit seinem unfehlbaren Gespür für die effektivste Ausnutzung von Medienaufmerksamkeit sofort erzählte, wie Rose ihn und seine Frau vor dem Auftritt bedroht hatte.

In den folgenden Wochen ging Kurt bei allem Stress, den die unsägliche *Vanity-Fair*-Geschichte immer noch bedeutete, ganz darin auf, sich um seine Tochter zu kümmern. Er und Courtney widmeten sich der Kleinen mit der verliebten Hingabe junger Eltern. Da ihnen keine Großeltern zur Seite standen, die er vertrauensvoll hätte um Rat fragen können, bat Kurt oft Rosemary um ihre Meinung zu den verschiedensten Dingen, bis hin zu der Frage, ob man etwas unternehmen sollte, und wenn ja, was, wenn ein Baby einige Tage lang gar kein größeres Geschäft in die Windel machte.

Courtney tat alles, was man von ihr verlangte, um die städtischen Behörden davon zu überzeugen, dass sie selbst das Sorgerecht für ihr Kind übernehmen konnte. Dr. Fremont stellte ihr am 22. September eine Bestätigung aus, die besagte: „Seit dem 9. September wurde Courtney zu unangekündigten Urintests gebeten, die allesamt negativ ausfielen. Sie geht regelmäßig zu einem Suchtberater, einem klinischen Psychologen, nimmt ihre Nachsorge-Termine in der Universitätsklinik wahr und wird jede Woche in meiner Praxis untersucht. Sie vermittelt den Eindruck, es unbedingt schaffen zu wollen, und ihre Prognose ist, solange die genannten Unterstützungsmaßnahmen weiterhin genutzt werden, sehr gut."

Da die Behörden aufgrund eines Zeitschriftenartikels überhaupt erst tätig geworden waren, ging ich im Umkehrschluss davon aus, dass eine positive Geschichte vielleicht auch zu einer Beruhigung der Situation beitragen konnte. Robert Hilburn, der langjährige Musikredakteur der *Los Angeles Times*, hatte stets die Rockmusiker verteidigt, die er bewunderte (beispielsweise John Lennon und Bruce Springsteen), und nach dem Erscheinen von *Nevermind* hatte er sofort um ein Interview mit Kurt gebeten. Das sollte er jetzt bekommen.

Hilburns Artikel erschien am 11. September in der *LA Times*, zwei Tage nach den Video Music Awards, und er vermittelte genau das Bild, das wir hatten zeigen wollen. Entscheidend waren vor allem die abschließenden Sätze, die Kurt geäußert hatte: „Ich will nicht, dass meine Tochter eines Tages in der Schule von den anderen Kindern gehänselt wird … Ich will nicht, dass die Leute ihr sagen, dass ihre Eltern Junkies waren."

Ruhig, aber voller Nachdruck erklärte Kurt zudem, er sei inzwischen völlig weg von den Drogen. „Es gibt nichts Besseres, als ein Kind zu haben. Kinder habe ich schon immer geliebt. Im Sommer habe ich früher im YMCA gearbeitet und mich dabei um etwa dreißig Kinder im Vorschulalter gekümmert. Jetzt mein Baby im Arm zu halten, ist die beste Droge der Welt." Auch betonte er, auf keinen Fall ein schlechtes Vorbild für junge Nirvana-Fans sein zu wollen, und ich bin mir sicher, dass Kurt das auch wirklich so meinte. Hilburn interviewte auch mich für seinen Artikel.

In einem separaten Interview bestätigte mir Danny Goldberg, dass sich Kurt nach seinem Dafürhalten seit dem letzten Frühjahr enorm geändert hat.

„Kurt fand es sehr schwer, mit der unerwarteten Intensität seines Erfolgs zurechtzukommen", erklärte Goldberg. „Er kommt aus gänzlich anderen Verhältnissen, er hatte noch nicht einmal eine eigene Wohnung, als ich sein Management übernahm. Und dann, nur wenige Monate später, ist er eine internationale Berühmtheit. Das hat ihn eine Weile durcheinandergebracht, aber als er dann die ersten Ultraschallbilder des Babys sah, war er wie ausgewechselt. Er hängte sie sich zuhause an die Wand. Jetzt ist er belastbarer, als ich es je erlebt habe."

Gleichzeitig hatte Kurt wie immer auch seine Karriere im Blick und versicherte den Fans, dass es schon bald neues Material von Nirvana geben würde. Allerdings formulierte er das so, dass die Behörden auf keinen Fall den Eindruck bekommen konnten, er nähme seine Vaterpflichten nicht ernst: „Wir könnten neue Aufnahmen machen und hin und wieder auftreten, aber mir jetzt eine Tournee von sieben Monaten zuzumuten, wäre für mich körperlich zu anstrengend. Mir ist es wichtiger, gesund und lebendig zu sein. Ich möchte weder mich noch meine Familie für meine Arbeit opfern."

Am nächsten Tag gratulierte ich mir noch dazu, dass mit dem Artikel alles so wunderbar geklappt hatte, als mich Hilburn in ungewöhnlich schlechter Stimmung anrief. Wir kannten uns schon lange und hatten seit fast zwanzig Jahren miteinander gearbeitet; es gab keinen anderen Rock-Journalisten, von dem ich mehr hielt. Nun hatte ich ihm nicht erzählt, dass Kurt und Courtney vor Gericht mit den Behörden über das Sorgerecht stritten, aber das hatte nach dem Artikel wohl ein Kollege besorgt. „Ich komme mir benutzt vor", sagte Hilburn und klang dabei verletzt und verärgert zugleich, was mir umso mehr unter die Haut ging, weil er normalerweise so umgänglich war. Damit hatte er mich erwischt. Hastig versuchte ich, mir irgendeine Entgegnung einfallen zu lassen, aber es gelang mir nicht. Nach einer langen Pause fuhr Hilburn resigniert fort: „Tja, vielleicht kann ich mich zumindest damit trösten, dass ich zwar benutzt worden bin, aber immerhin, um einem Genie zu helfen." Jahre später, lange nach Kurts Tod, fragte ich ihn, ob er noch immer so dachte, und er antwortete: „Absolut."

In der letzten Ausgabe des Jahres kürte *Spin* Nirvana zu den Künstlern des Jahres und nahm Kurt, Courtney und Frances aufs Cover; dazu gab es einen positiven Artikel von Jonathan Poneman, der die Überschrift „Familientugenden" trug.

Irgendwo zwischen den musikalischen Höhen und den drogeninduzierten Tiefen des vergangenen Jahres hatte Kurt die psychische Energie aufgebracht, die politischen Ideen, die ihm wichtig waren, in das Ökosystem der Rock-Kultur zu projizieren. Für viele seiner Fans war das ebenso wichtig wie seine Musik.

Elftes Kapitel
CITIZEN KURT

Rückblickend ist es unglaublich, mit wie vielen intensiven Erlebnissen sich Kurt binnen weniger Wochen auseinandersetzen musste. Der Artikel in *Vanity Fair* erschien am 12. August 1992. Frances kam am 18. August zur Welt. Der Auftritt beim Reading Festival war am 30. August, und die Video Music Awards wurden am 9. September verliehen.

Am folgenden Tag, dem 10. September, flogen Nirvana nach Portland, wo sie als Headliner bei einem Benefiz-Gig auf dem Open-Air-Gelände Portland Meadows vor zehntausend Leuten auftraten. Der Erlös wurde zur Finanzierung der Kampagne „No on 9" verwendet, die sich gegen eine Volkinitiative für eine Verfassungsänderung des Bundesstaates Oregon zur Beschneidung der Rechte Homosexueller wandte, über die im November abgestimmt werden sollte.

Ein Jahr zuvor hatte Kurt mich noch gebeten, bei DGC dafür zu sorgen, dass die Pressemappe zur Band weniger stark auf politische Themen ausgerichtet war. Er wollte nicht, dass Fans, die die Band gerade erst entdeckten, den Eindruck bekämen, sie seien politische Aktivisten wie die Dead Kennedys oder Fugazi, obwohl beide Bands ihn stark beeinflusst hatten. Nach der Veröffentlichung von *Nevermind* fasste er seine Befürchtungen in einem Interview mit einem malaysischen Journalisten in Worte: „Wir sind Menschen mit politischem Bewusstsein, aber wir möchten andere nicht bekehren. Politische Bands waren bisher nie sehr effektiv, und man kann nicht erwarten, dass eine Rock-Band wirklich viel bewegt. In erster Linie sind wir Entertainer."

Nun jedoch, da sich *Nevermind* so viele Millionen Mal verkauft hatte, war er bereit zu einer Kursänderung. Die Rolle, die Kurt sich erschaffen hatte, vermischte Humor, Musik und den Zorn des Punk mit progressiven Werten. Er stand zwar im Einklang mit der Seite seiner Persönlichkeit, die schlichte Unterhaltung liebte, hasste es aber gleichzeitig, wenn Leute an beschränkten Ansichten festhielten. Für ihn brachte der Ruhm auch eine größere Verantwortung mit sich, und aus diesem Grund beschloss er, sich politisch stärker zu engagieren, vor allem für Feminismus und die Rechte der LGBT-Community, die Menschen umfasst, die sich als schwul, lesbisch, bisexuell oder transgender betrachten.

Von daher war es keine Überraschung, dass Nirvana gern bereit waren, bei dem Benefizkonzert dabei zu sein. Einige Monate zuvor hatte mich der Regisseur Gus Van Sant angerufen, der hoch gelobte Filme wie *Drugstore Cowboy* und *My Private Idaho* gedreht hatte, und mich gefragt, ob ich bei einer Fundraising-Aktion gegen die schwulenfeindliche Initiative in Oregon eine Rede halten würde. Bei dem Treffen im Haus seines Agenten John Burnham sollten auch Roseanne (die damals noch politisch links stand) und Tom Arnold einige Worte sagen, aber man wünschte sich zudem jemanden von der Bürgerrechtsorganisation ACLU und war daher auf mich gekommen. Nachdem ich ihm zugesagt hatte, kam Van Sant zu seiner eigentlichen Anfrage. Ob Nirvana vielleicht ein Benefizkonzert in Portland geben wollten, um der Kampagne mehr Aufmerksamkeit und damit auch mehr Geldmittel einzubringen? Ich wusste, dass Kurt Van Sants Filme liebte und das Thema sicher auch gern unterstützt hätte, aber da es hier doch um ein sehr großes Engagement ging, bat ich den Regisseur, sein Anliegen persönlich vorzubringen.

Rosemary und ich arrangierten daher bei uns zu Hause ein Treffen mit Kurt, Courtney, Van Sant und seinem Lebenspartner Dirk-Jan Haanraadts, der sich nur DJ nannte. Eine Teilnahme an dem Fundraising-Event mit all den Hollywood-Größen lehnte Kurt ab, da er sich in diesem Milieu nie wirklich wohlfühlte, aber zu einem Benefizkonzert war er sofort bereit.

DJ erinnert sich, dass Kurt und Courtney sehr ernst darüber sprachen, wie sehr es sie schockiert hatte, dass ein Vergewaltiger seinem Opfer kürzlich Nirvanas „Polly“ vorgesungen hatte. Van Sant blieb von dem Abend vor allem in Erinnerung, wie sie alle vier zum Rauchen in den Garten gegangen waren und Courtney eine Zeitschrift mit einem Pearl-Jam-Interview zückte. Sie las jede Aussage von Eddie Vedder laut vor und „kommentierte die Zitate anschließend bissig, während Kurt ihr zusah und grinste“. Obwohl Kurt Vedder inzwischen persönlich recht gern mochte, betrachtete er ihn noch immer als Rivalen „und genoss diese Abfertigung sichtlich“. Es war das einzige Mal, dass Van Sant und Kurt sich begegneten.

Die schwulenfeindliche Initiative war von einer rechtsgerichteten Gruppe namens Oregon Citizens Alliance ins Leben gerufen worden. Bei dem sogenannten Oregon Ballot Measure 9 handelte es sich um ein Volksbegehren, das darauf abzielte, einen neuen Passus in die Verfassung des Bundesstaates aufzunehmen: „Allen Regierungsinstitutionen in Oregon ist es untersagt, ihre Gelder oder Vermögen dazu einzusetzen, um Homosexualität, Pädophilie, Sadismus oder Masochismus zu bewerben, zu fördern oder zu erleichtern. Die Regierung ist gehalten, es auf allen Ebenen, so auch in allen Institutionen für Bildung und Erziehung, als Standard zu etablieren, dass junge Menschen in Oregon ein solches Verhalten als abnorm, falsch, unnatürlich und pervers erkennen und dementsprechend meiden.“ Abgesehen von vielen anderen abscheulichen Auswirkungen hätte eine solche Verfassungsänderung bedeutet, dass homosexuelle Lehrer in Oregon nicht mehr hätten unterrichten dürfen.

Zwar galt Oregon eigentlich als recht liberaler Bundesstaat und hatte beispielsweise auch eine eigene Punk-Szene, aber es gab dennoch eine beträchtliche Anzahl äußerst religiöser, konservativer Bürger. Volksbegehren dieser Art sind stets unberechenbar, weil eine gut mobilisierte, leidenschaftliche Minderheit sich dabei durchaus durchsetzen kann, wenn die überwiegende Zahl der Wahlberechtigten sich nicht besonders für das Thema interessiert und der Abstimmung fernbleibt.

Scot Nakagawa, der die Kampagne damals leitete, erklärt: „Die gesamte LGBT-Community war entsetzt. 1988 hatte die Oregon Citizens Alliance eine ähnliche Initiative gestartet, um die Verfügungen von Gouverneur Neil Goldschmidt auszuhebeln, die jegliche Diskriminierung von Menschen untersagte, die als lesbisch, schwul, bisexuell oder transgender wahrgenommen werden. Sie waren vor allem deswegen erfolgreich, weil die OCA die Auffassung verbreitete, dass alle schwulen Männer ständig auf der Suche nach Sex seien, und dass sexuelle Belästigung in Kindheit oder Jugend dazu führen könne, später homosexuell zu werden. Und jetzt wurde eine Community, die nur vier Jahre zuvor diffamiert, beleidigt und besiegt worden war, erneut ins Scheinwerferlicht gezerrt. Bei der Kampagne ging es um Wiedergutmachung."

Soweit mir bekannt ist, hat Kurt nie mit Männern geschlafen. Allerdings fühlte er sich der schwulen Community in ihrem Kampf gegen Intoleranz und Unterdrückung immer sehr verbunden, und viele seiner Idole waren schwul. Den Fanzine-Autoren Jim Crotty und Michael Lane beschrieb Kurt seine Heimatstadt Aberdeen als „kleine Gemeinde mit vielen kleingeistigen Menschen. Wenn man nicht als Holzfäller arbeiten will, dann wird man zusammengeschlagen oder aus der Stadt gejagt." Er setzte hinzu: „Wenn ich nicht auf Courtney stünde, wäre ich bisexuell." (Das Interview fand in der Wohnung der beiden statt, und Courtney, die seine Antwort hörte, rief spaßeshalber: „Schwuchtel!")

Michael Azerrad gegenüber sagte Kurt, er sei auf der Highschool stolz gewesen, „fast schwul" zu sein. „Ich hatte einen Kumpel, der einmal bei mir zu landen versuchte. Daraufhin sagte ich ihm geradeheraus, ich sei nicht schwul, würde aber gern weiter mit ihm befreundet sein. Fast hatte ich meine Identität gefunden." Die feministische Rock-Kritikerin Ann Powers war nach eigenem Bekunden beeindruckt davon, „wie Kurt der Welt gegenüber deutlich machte, dass er Queerness propagierte, obwohl er selbst auf Frauen stand. Heute, 2018, gibt es den Begriff ‚genderqueer' oder ‚drittes Geschlecht', womit man jemanden bezeichnet, der sich nicht nach ausschließlich heteronormativen Mustern einordnen lassen will. Das traf auf Kurt durchaus zu, nur gab es Anfang der Neunziger noch keine Bezeichnung dafür."

Während Nirvana als Headliner bei der Benefizveranstaltung auftraten, spielten vorher Bands wie Poison Idea oder Helmet. Jello Biafra führte durchs Programm. Er war der Sänger der Dead Kennedys gewesen, einer Band, die Kurt gern als Beispiel für die radikale Politik heranzog, die in der Punk-Szene teilweise vertreten wurde. 1992 war Biafra vor allem als Spoken-Word-Künstler unterwegs und freute sich, dennoch bei dem Festival mitwirken zu können. „Es war eine ziemlich coole Ehre, wenn man bedenkt, wie groß diese Bands damals waren, während ich mich noch immer ziemlich weit unterhalb der gläsernen Decke befand und mein Underground-Ding machte. Es hatte mich positiv überrascht, wie stark sich viele der wichtigsten Grunge-Bands engagierten und wie offen sie Dinge ansprachen. Es war doch etwas anderes als der Macho-Rock der Siebziger."

Biafra sagt weiter: „Schon allein die Tatsache, dass Nirvana zugunsten einer solchen Sache spielten, war eine politische Aussage. Ich fand es großartig." Zwischen den einzelnen Auftritten ging er ein wenig durchs Publikum und hörte unter anderem Bemerkungen wie: „Ich dachte, das wäre einfach nur ein Nirvana-Konzert. Ich wusste nicht, dass es hier um Schwuchteln geht." Biafra ist überzeugt, „dass der Auftritt dazu beitrug, einigen die Augen zu öffnen und sie vielleicht zum Umdenken zu bewegen".

Nirvana spielten einen ihrer längeren Sets, machten bis kurz vor Ende des Gigs aber wenig direkte Aussagen zum Thema. Nach „Blew" schilderten Kurt und Krist jedoch die Auseinandersetzung mit Axl vom Vortag.

Kurt: Wisst ihr, gestern saßen meine Frau und ich in einem Zelt bei den MTV Music Awards, dann kam Axl Rose bei uns vorbei, und wir riefen ihm zu: „Axl, willst du der Pate unseres Kindes sein?" Und er blieb stehen, drehte sich um und zeigte mit dem Finger auf meine Frau.

Krist: Mit seinem Bodyguard.

Kurt: Genau, er hatte noch ungefähr zwanzig Bodyguards bei sich.

Krist: Und du hattest ein drei Wochen altes Baby auf dem Arm.

Kurt: Ich hatte ein kleines, hilfloses Kind auf dem Arm, und deswegen sagte er zu meiner Frau: „Pass mal auf, halt besser dein Maul, du Schlampe, nerv mich heute nicht mit irgendwelchem Scheiß", denn offenbar war „heute" der Höhepunkt seiner Karriere – Arschloch!

Krist (zitiert Axls berüchtigten Text zu „One In A Million"): „Niggers and faggots" – „Nigger und Schwuchteln", hat er ja mal so gesagt.

Kurt: Und dann hat er mich angeguckt und gesagt: „Du solltest besser dafür sorgen, dass deine Frau die Fresse hält, sonst schick ich dich auf die Bretter." Ich habe richtig gezittert und gefragt: „Was willst du denn machen? Mich zusammenschlagen oder was?" Und er meinte wieder: „Sorg dafür, dass deine Frau die Fresse hält. Du blamierst jeden, du blamierst deine Frau, du blamierst deinen Alten, du blamierst mich." Was habe ich gezittert.

Krist: Eine wahre Geschichte. Ihr habt sie hier zuerst gehört! Mir ist dann noch Duff McKagan begegnet, und der Typ wollte mir eine reinhauen. Er hatte drei Bodyguards dabei, die mich herumgeschubst haben."

In diesem Augenblick sprang ein junger Mann von vielleicht achtzehn auf die Bühne und versuchte, Kurts Aufmerksamkeit auf sich zu lenken. Kurt gab den Sicherheitskräften ein Zeichen und ließ den offenbar zugekifften Fan ans Mikrofon treten.

Fan: Hey, Mann, ich will jetzt nicht Axls Partei ergreifen oder so, aber auch nicht die von Kurt.

Krist: Du musst dich entscheiden, Alter, entweder bist du für die Initiative oder dagegen, eins geht nur.

Fan: Ich bin dagegen, aber jetzt geht's mir um Axl.

Krist: Dir geht's um ein Arschloch.

Fan: Alter, ich meine, Musik sollte nur Musik sein, aber nicht mehr als das. Lasst alle ihre Meinung sagen, wie sie wollen, egal, ob das Hard Rock ist oder Nirvana.

Ich beobachtete Kurt, der dem Jugendlichen zugehört hatte und dann ebenfalls ans Mikrofon trat, ihm den Arm um die Schultern legte und wie ein großer Bruder zu ihm sprach: „Aber du kannst einen Rockstar nicht mögen, dem es ganz offensichtlich gefällt, Frauen zu schlagen, Frauen zu kontrollieren und Frauen zu sagen, dass sie die Fresse halten sollen, und der ganz offensichtlich ein Rassist und Schwulenhasser ist. Klar hat der das Recht, seine Meinung zu sagen, wir aber auch."

Der Jugendliche nickte verlegen und schüttelte Kurt die Hand, und das Publikum johlte begeistert. Es war, als hätte Kurt den Jungen vor aller Augen dazu gebracht, seine Einstellung zu ändern. Für mich war es einer der großartigsten Augenblicke der Rock-Geschichte. Dann spielte die Band „Rape Me", das sie am Abend zuvor bei MTV nicht hatten bringen dürfen, und anschließend kam „All Apologies", das damals auch noch nicht erschienen war. Ich war in Reading nicht dabeigewesen, und daher hörte ich den Text mit der Zeile „What else could I say? Everyone is gay" zum ersten Mal.

Biafra erinnert sich: „Kurt wirkte sehr fragil. Würde er wirklich auf die Bühne gehen und spielen? Aber an diesem Abend machte es den Eindruck, als ob er wirklich viel Spaß hatte, so richtig loszulegen und auf diese ganz urwüchsige Energie zurückzugreifen, mit der Nirvana immer am besten war."

Nach Nirvanas Auftritt stellte ich Kurt und Biafra einander vor. „Er hatte sich jede Menge Scheiße von den Boulevardzeitungen gefallen lassen müssen", sagt Biafra, „das konnte man ihm ansehen. Er wirkte ausgefranst, nervös, als würde er nur darauf warten, dass die nächste Katastrophe über ihn hereinbrach. Mir tat er wirklich leid, aber ich konnte es nicht lassen und sagte im Spaß, dass ich ja schon ein bisschen beleidigt sei, weil er sein Kind nicht nach mir benannt hatte. Er dachte, ich meinte das ernst, also ruderte ich schnell wieder zurück, und dann redeten wir noch ein bisschen."

Kurt war begeistert, eine so positive Begegnung mit einem seiner Helden gehabt zu haben und grinste mich zufrieden an, als ich davon schwärmte, wie großartig die Band gewesen war. Ausnahmsweise war er dieses Mal nicht überkritisch, was den Auftritt anging.

Jahre später bezeichnete Nakagawa Nirvanas Auftritt in einer E-Mail als Schlüsselmoment für die Kampagne. „Eine evangelikale, rechtsgerichtete Gruppierung hatte in Rekordzeit genug Unterschriften für ein Volksbegehren gesammelt, dessen Frage im Grunde genommen lautete: ‚Handelt es sich bei dieser Minderheit wirklich um Menschen?' Für unsere Gegenkampagne bekamen wir kaum Spenden zusammen. Wir mussten unsere Geschichte anders erzählen, und das gelang uns mit dem Nirvana-Konzert. Dadurch wurde unsere Kampagne attraktiv. Die Zahl unserer Mitstreiter wuchs enorm, es kamen immer mehr Spenden herein, und die Community fühlte sich rehabilitiert. Die Leute fühlten sich nicht mehr so allein, nicht mehr so verängstigt. Wir wurden cool, und Coolness ist mehr, als nur eine Sonnenbrille aufzusetzen. Cool bedeutet angesagt, kulturell relevant, einflussreich und dazugehörend." Im November scheiterte der Vorstoß zur Verfassungsänderung.

Kurts öffentliche Solidarisierung für die LGBT-Community wurde auch anderswo in der Schwulenszene wahrgenommen. Kurz nach dem Konzert nahm die Band Pansy Division den Titel „Smells Like Queer Spirit" auf und schrieb auf dem Cover über Nirvana: „Keine andere erfolgreiche amerikanische Rock-Band hat je zuvor den Mumm gehabt, sich so offen für die Schwulenrechte einzusetzen."

Marco Collins, der Programmdirektor des größten Alternative-Rock-Senders in Seattle, KNDD, hatte seinen Job erst kurz nach der Veröffentlichung von *Nevermind* übernommen und damals noch niemandem gesagt, dass er schwul war. „Ich hatte mich noch nicht geoutet. Kurt war der größte Rockstar der Welt. Zu wissen, dass er so pro-gay war, gab mir ein viel besseres Gefühl."

Einige Monate später schlachtete Kurt noch immer die Geschichte mit Axl Rose aus und erzählte beispielsweise Patrick Chng von dem in Singapur erscheinenden Magazin *Big O*: „Ohne jetzt übertreiben zu wollen, für mich ist das ein Kreuzzug. Ich denke, Guns N' Roses propagieren die falschen Werte, wie zum Beispiel Sexismus. Wogegen rebellieren die denn? Rebellion ist, gegen Leute wie Guns N' Roses aufzustehen."

Am Tag nach dem Benefiz-Gig in Portland spielten Nirvana in Seattle zugunsten der Washington State Music Coalition, einer Initiative, die von der ACLU und anderen Aktivistengruppen im Kampf gegen Zensur ins Leben gerufen war und sich gegen ein neues Gesetz, die so genannte Erotic Music Bill, wandte. Es sah vor, dass Jugendliche unter 18 Jahren keinen Zugang zu Platten oder Konzerten mehr bekommen sollten, bei denen sie möglicherweise mit Texten in Berührung kommen würden, die von der Regierung als unangemessen betrachtet wurden. Damit hätten Schüler beispielsweise viele Gigs vor allem von Punk-Bands nicht mehr besuchen dürfen.

Der Gouverneur von Washington, Booth Gardner, hatte sich kürzlich erst damit gebrüstet, dass sein Staat „die Heimat von Nirvana" war, daher rief ich sein Büro an und stellte mich als einer der Manager dieser Band vor. Zwar nahm er meinen Anruf entgegen, erklärte aber, die Gesetzesvorlage unterzeichnen zu wollen (vermutlich, um konservative Wähler nicht zu vergraulen). Allerdings gab er mir mit auf den Weg, die Band sollte sich trotzdem keine Sorgen machen; die Gerichte würden schon verhindern, dass das Gesetz ratifiziert werde. Sein Mangel an politischem Mut stieß mich ab, aber er behielt recht – das Revisionsgericht des Staates Washington erklärte das Gesetz wenig später für nicht verfassungskonform.

Da die Medien inzwischen mit Interviews gesättigt waren, lehnte Kurt nun die meisten Anfragen ab, willigte aber ein, mit dem LGBT-Magazin *Advocate* zu sprechen. Kevin Allman schrieb dort später über Kurt: „Auf mich wirkte er clever, lustig, sarkastisch und völlig unbeeindruckt von seinem Status als größter Rockstar der Welt. Tatsächlich schien es ihm eher Angst zu machen, dass er nicht nur Teil der kommerzialisierten Musikindustrie geworden war, sondern dass ihn jetzt teilweise diese total vernagelten Typen toll fanden, die er nicht ausstehen konnte. Er identifizierte sich eher mit den Ausgestoßenen, mit den Kids, die von anderen herumgeschubst wurden. Kurt und Courtney wollten wissen, ob ich eher ein Beatles- oder ein Stones-Typ sei. Sie sagten, sie seien Beatles-Typen."

Kurt postulierte noch einmal seine Theorie, dass er die reaktionären Strukturen von innen unterwandern wollte und sagte, selbst wenn MTV eine Ausgeburt des Kapitalismus war, „dann hat der Sender doch dazu beitragen können, das Problembewusstsein zu schärfen. – Ich glaube, unter Rockstars gibt es eine neue Bereitschaft, sich zu engagieren, wie sich bei Rock The Vote zeigt [eine MTV-Kampagne, die in den USA dafür warb, sich in die Wahlregister eintragen zu lassen, um sein Wahlrecht auch wahrnehmen zu können] ... Es wäre natürlich schon toll, wenn Jello Biafra ein großer, internationaler Star wäre. Aber er ist nicht auf einem großen Label, und seine Musik ist nicht kommerziell genug, dass man sie hier als Werkzeug einsetzen könnte."

Kurt sagte Allman, dass man ihn auf der Highschool „Schwuchtel" genannt hätte, und dass er und Krist einmal, als sie noch jünger waren, „HOMO SEX RULES" an eine Böschungsmauer gesprayt hatten. „Ich dachte eine Weile, ich sei schwul, weil ich kein Mädchen an meiner Schule irgendwie attraktiv fand. Sie hatten alle schreckliche Frisuren und beschissene Einstellungen ... aber ich bin sexuell doch eher an Frauen interessiert. Im Geiste bin ich ganz bestimmt schwul, und vielleicht könnte ich bisexuell sein. Aber ich bin verheiratet, und ich fühle mich zu Courtney mehr hingezogen als zu jedem anderen Menschen."

Kurz bevor der Artikel erschien, behauptete ein New Yorker Klatschreporter in seiner Kolumne, Kurt und Courtney würden sich in dem Interview beide als homosexuell outen, was nicht stimmte. Allman fürchtete, dass die beiden daraufhin glauben würden, er habe den Text lanciert, und rief sie an, um sich zu entschuldigen, aber Kurt lachte nur und sagte: „Mach dir deswegen keine Sorgen, so was passiert dauernd."

Ein Jahr später schrieb Kurt in einem Brief an den Herausgeber: „Ich habe 1993 unglaublich viele Interviews gegeben, in denen ich mich komplett nackt gemacht und äh ... ziemlich herumgejammert habe, aber ich habe mich nirgendwo so gut aufgehoben gefühlt wie beim *Advocate*. Was kann ich da sagen? Vielen Dank an die Redaktion. Ich werde das Schwuchtelsein immer verteidigen."

Kurt verband politische Standpunkte und Rockmusik auf seine ganz eigene Art miteinander. Bands wie R.E.M. oder Pearl Jam traten zwar bei Benefizkonzerten auf, sprachen politische Themen aber kaum jemals in ihrer Musik an. Andere Bands wie Rage Against The Machine, deren Debütalbum ein Jahr nach *Nevermind* erschien, vermittelten in ihrer Sprache und in ihren Bildern hingegen plakativ linksgerichtete und anarchistische Konzepte. Kurt ging einen Mittelweg, indem er seine Werte in Nirvanas Musik integrierte, ohne missionierend zu wirken. Er betrachtete diese Art von Aktivismus nicht als Ergänzung seiner Musik, sondern als integralen Bestandteil. In seinem Tagebuch schrieb er: „Ein kleiner Teil der Bevölkerung wurde mit der Fähigkeit, Ungerechtigkeit zu detektieren, GEBOREN. Diese Kids neigen dazu, Ungerechtigkeit zu hinterfragen und nach Antworten zu suchen. Meist handelt es sich um hyperaktive, unkontrollierbare Blagen, die nie wissen, wann Schluss ist."

Genau das war der Kontext, in dem Kurt es als seine Aufgabe betrachtete, das Konzept von Männlichkeit innerhalb der Rock-Szene zu erweitern. So wie die Beatles lange Haare und David Bowie die Androgynität sexy und aufregend erscheinen ließen, propagierte Kurt die Idee, dass ein cooler Typ sarkastisch und stark, aber auch sensibel und mitfühlend sein konnte.

Kurz, nachdem die beiden zusammengezogen waren, erklärte Courtney mir stolz: „Kurt wird den Rock'n'Roll verweiblichen." Er hatte erkannt, dass er jetzt ein Publikum erreichte, das Heavy Metal und Pop hörte und teilweise überhaupt keine Verbindung zu den Wertvorstellungen hatte, die ihm so viel bedeuteten. Bei Rock-Festivals haderten Kurt und Krist oft damit, dass die Leute, die jetzt im Publikum standen und lautstark nach Nirvanas großen Hits verlangten, vielleicht ganz ähnliche Typen waren wie die, die sie früher an der Schule drangsaliert hatten, oder dass einige vielleicht überhaupt nur deshalb zuhörten, weil Nirvana gerade angesagt waren. (2017 erklärte beispielsweise Ivanka Trump, sie habe eine „Punk-Phase" gehabt und Nirvana „geliebt". Kurt wäre entsetzt gewesen.)

Ann Powers meint: „Nach meinem Verständnis war Kurt Cobain die Apotheose einer gewissen Entwicklung im Indie Rock, die als Korrektiv für die Exzesse in der Rockmusik funktionierte. Einerseits ein wenig puritanisch und negativ, aber andererseits ein notwendiges Aufbegehren gegen die Vorstellung, dass Frauen nur als Objekte zu betrachten sind und dass Lust und Ausbeutung für Frauen Hand in Hand gehen. Seine Arbeiten lassen ein Weltbild erkennen, in dem Frauen als kreative Kräfte gleichberechtigt wahrgenommen werden, und das nicht nur ganz allgemein, sondern ganz besonders bezogen auf die Rock-Szene. Für das Coverfoto von *Sassy* tauschten Kurt und Courtney ihre Sweatshirts. Sie stellten sich der Welt als gleichberechtigte Künstlerbeziehung dar."

Nach Kurts Tod schrieb Jessica Adams im britischen Musikmagazin *Select*: „Kurt war sehr nett zu mir, als ich Nirvana in Sydney interviewte. Kurt, wo auch immer du jetzt bist, du solltest wissen, wie sehr du geliebt wurdest und wie wichtig du warst, vor allem für Frauen, für die du immer eingetreten bist."

Bedenkt man, dass Nirvana nur drei Studioalben veröffentlichten und Kurt dazu neigte, nicht lineare, impressionistische Texte zu schreiben, ist es erstaunlich, wie viele seiner Songs einen feministischen Subtext aufweisen. In einem Interview für DGC, das Kurt einige Monate nach der Veröffentlichung von *Nevermind* gab, stellte er die Bedeutung des Textes von „In Bloom" besonders heraus: „Ich mag keine Rednecks, ich mag keine Macho-Typen, ich mag keine Leute, die andere missbrauchen." Einem italienischen Journalisten erklärte er, „Territorial Pissings" beziehe sich teilweise auf die Art und Weise, wie die amerikanischen Ureinwohner in der Gegend um Aberdeen behandelt wurden, als er dort aufwuchs. „Es geht um all diese Leute, die in den Reservaten wohnen, um Leute, die den Angriffen wütender Amerikaner ausgesetzt sind." Aber auch Sexismus sei ein Thema in dem Song: „Gleichzeitig handelt er davon, dass man Frauen wertschätzt. Ich stehe auf ihrer Seite, weil ich es hasse, wie viel Gewalt sie erleben und dass es eine ganz alltägliche Ungerechtigkeit gibt – nur wegen der Zugehörigkeit zu einem anderen Geschlecht."

Nachdem durch die Presse gegangen war, dass ein Vergewaltiger seinem Opfer tatsächlich „Polly" vorgesungen hatte, nutzte Kurt immer öfter die Gelegenheit, die Bedeutung seiner Songs deutlich herauszustellen, und er schrieb zudem „Rape Me". Als er den Song beim Halloween-Konzert in Seattle vorstellte, erklärte er dem Publikum, er handele von „haarigen, verschwitzten, Macho-Rednecks, die Frauen vergewaltigen".

Dabei fand er es schwer, das richtige Gleichgewicht zwischen Musik und Mission zu finden. Phil Sutcliffe vom *Q*-Magazin erklärte er, er sei schockiert gewesen, als bei einem Konzert in New York „eine junge Frau über die Köpfe der Menge emporgehoben wurde und die ganzen Typen im Publikum anfingen, sie auszupfeifen und anzuschreien. Es hat mich wirklich aufgeregt, aber was hätte ich tun sollen? Meine Gitarre hinschmeißen und diese Typen anbrüllen? Das bringt doch nichts. Fugazi machen das dauernd, und die werden deswegen auch nur angepisst."

Ende des Jahres 1992 unternahmen Nirvana eine kurze Tour durch Lateinamerika, und Kurt war außer sich, als das Publikum in Buenos Aires ihre Support-Band ausbuhte. Calamity Jane waren eine feministische Punk-Band aus Portland, deren Mitglieder mit Courtney befreundet waren. Craig Montgomery erinnert sich, dass Kurt „die Sache ziemlich persönlich nahm und das Gefühl hatte, dass ein recht machomäßiger und frauenfeindlicher Vibe von den Zuschauern ausging". Kurt fiel dazu keine andere Retourkutsche ein, als ihnen „Smells Like Teen Spirit" zu verweigern; er spielte zwar die Anfangsakkorde, fing aber nicht an zu singen. Anschließend erklärte er einem Lokalreporter: „Das Publikum hatte den Song nicht verdient."

Im Gegensatz zu einigen Punk-Anarchisten hatte Kurt kein Problem damit, klar zwischen utopischen Idealen und Wahlentscheidungen zu differenzieren. Er verabscheute die Politik der Regierungen von Reagan und Bush und sagte mir mehr als einmal: „Republikaner sind böse."

1992 fanden in den USA Präsidentschaftswahlen statt. Kurt begeisterte sich für den ehemaligen kalifornischen Gouverneur Jerry

Brown, einen Demokraten, der sämtliche Erwartungen übertroffen hatte, als er bei einigen Vorwahlen sogar Bill Clinton aus dem Feld schlagen konnte. Nachdem sie Brown bei einer Radio-Ansprache gehört hatten, riefen Kurt und Courtney ganz aufgeregt bei mir an und sagten, sie hätten jeder 100 Dollar für die Wahlkampagne des Politikers gespendet. Brown konnte sich am Ende allerdings doch nicht durchsetzen, und bei der Präsidentschaftswahl stimmte Kurt für Clinton, erwähnte das aber, soweit ich weiß, nur einmal einem Journalisten aus Argentinien gegenüber, der fragte, ob er den parteilosen Ross Perot in Erwägung gezogen hatte. Kurt antwortete: „Der Typ ist scheiße. Er ist reich. Ich traue ihm nicht, und ich will meine Stimme nicht verschwenden. Lieber will ich sicher gehen, dass Bush auf keinen Fall noch einmal ans Ruder kommt."

Eines Abends nahm ich an einer Debatte mit dem konservativen Talkmaster Dennis Prager teil, in der es um die Trennung von Kirche und Staat ging. Als Vorstandsmitglied der Bürgerrechtsorganisation ACLU engagierte ich mich häufig bei solchen Gelegenheiten, sprach aber nie mit den Künstlern, die ich vertrat, über solche Themen, nicht einmal mit den Angestellten im Büro. Ich wollte nicht, dass sie sich dazu gedrängt fühlten, meiner Meinung beizupflichten oder sogar an den betreffenden Veranstaltungen teilzunehmen, wobei es sich gerade bei diesem Termin um eine sehr trockene Diskussion handelte. Entsprechend verblüfft war ich, als ich Kurt und Courtney unter den etwa hundert Gästen im Hillel Center der UCLA entdeckte. Ich bin mir nicht sicher, ob jemand von den anderen Zuschauern wusste, wer da in ihrer Mitte saß.

Bei der Debatte stellte Prager mir unter anderem eine hypothetische Frage: Wenn ich eine dunkle Straße entlangginge und mir eine Gruppe von Leuten entgegenkäme, würde ich mich dann sicherer oder eher weniger sicher fühlen, wenn ich wüsste, dass es sich dabei um eine religiöse Gruppierung handelte? Ich zögerte einen Moment, und das nutzte Courtney für einen lauten Zwischenruf aus dem Publikum: „Wenn ich gerade auf dem Weg zu einer Abtreibung wäre und wüsste, da kommt ein Haufen christlicher Abtreibungsgegner, dann hätte ich definitiv mehr Angst." Weder Prager noch einer der Zuschauer wollte das bestreiten.

Anschließend gingen wir zum Abendessen in Canter's Deli, das nicht weit von der Wohnung der beiden entfernt war; Kurt mochte diesen Laden sehr. Mich quälten Zweifel, ob ich mich gegen den herausragenden Demagogen Prager gut geschlagen hatte, aber Kurt versicherte mir mit strahlendem Lächeln: „Nein, es war toll. Das war doch vor allem Unterhaltung." Es war berührend, wie sich in diesem Augenblick unsere Rollen verkehrten: Normalerweise war es mein Job, *ihn* zu beruhigen.

Kurt befürwortete die Arbeit der progressiven Mediengruppe FAIR, die es sich zum Ziel gesetzt hatte, konservative Voreingenommenheit in den Massenmedien anzuprangern, und er unterstützte Krist in seinem politischen Engagement. Krist, dessen Familie aus Kroatien stammte, hatte im Auftrag von Bob Guccione von *Spin* einen Artikel über den Balkankrieg geschrieben und die 3.000 Dollar Honorar einer Hilfsorganisation gespendet, die sich um die Vergewaltigungsopfer dieses Krieges kümmerte; Nirvana spielten im Cow Palace in San Francisco bei einem Benefizkonzert für denselben guten Zweck. Als Kurt vor dem Gig von MTV gefragt wurde, weshalb er nicht beabsichtigte, auf der Bühne ausführlich zu dem Thema Stellung zu beziehen, sagte er: „Ich glaube nicht, dass es sehr effektiv wäre, eine lange Rede zu halten. Die Tatsache, dass wir an diesem Event teilnehmen, und die Informationslektüre, die für alle Interessierten verfügbar ist, reicht vollkommen aus." Dave unterstützte seine Bandkollegen bei all diesen Aktionen ebenfalls. Er selbst ergänzte das Nirvana-Image um eine arbeiter- und gewerkschaftsfreundliche Haltung, und in einigen Interviews wies er darauf hin, dass seine Mutter jahrzehntelang als Lehrerin an öffentlichen Schulen gearbeitet hatte.

In dem *Advocate*-Interview erläuterte Kurt seine Vorstellung von Aktivismus genauer: „Ich war zwölf Jahre alt und hilflos, als Reagan gewählt wurde; es gab damals nichts, was ich hätte tun können. Aber jetzt wird meine Generation allmählich erwachsen, die Leute sind

Mitte zwanzig, und sie nehmen nicht mehr alles hin. Mir wäre es zwar lieber gewesen, wenn Jerry Brown das Rennen gemacht hätte, aber ich bin froh, dass Clinton es geschafft hat. Chelsea scheint ziemlich gut drauf zu sein, ein Birkenstock-Kid." Er setzte hinzu: „Nach dem, was ich gehört habe, ist Amy Carter aber auch ziemlich cool. Sie wurde schon bei Konzerten der Butthole Surfers gesehen!"

So engagiert Kurt politisch aber auch sein mochte, er verlor darüber nie aus den Augen, welchen musikalischen Fußabdruck Nirvana seiner Meinung nach hinterlassen sollte.

Zwölftes Kapitel

INCESTICIDE

Einige Monate nach der Veröffentlichung von *Nevermind* erfuhren wir, dass Sub Pop unter dem sarkastischen Titel *Cash Cow* eine Compilation mit frühem, bisher unveröffentlichtem Nirvana-Material herausbringen wollte. Kurt bat uns, mit Geffen darüber zu sprechen, und das Label leitete schließlich einen Deal in die Wege: Sub Pop gab die eigenen Veröffentlichungspläne auf und lizenzierte die Rechte an den Frühwerken an DGC, sodass Kurt seine eigene Compilation zusammenstellen konnte. Zunächst lief das Album bei ihm unter dem Titel *Throwaways*, später nannte er es dann *Incesticide*, und es erschien kurz vor Weihnachten 1992.

Im Jahr zuvor hatte Bob Dylan das erste seiner „offiziellen Bootlegs" veröffentlicht und damit zweierlei bewiesen: Zum einen konnte man sorgfältig ausgewähltes Material aus den Anfangstagen durchaus als ernsthaften künstlerischen Beitrag präsentieren, und zum anderen gab es einen Markt für solche Sachen. Obwohl er es öffentlich nie zugegeben hätte, wusste ich doch, dass Kurt seine eigenen Werke schon viel früher in diesem Licht betrachtet hatte. *Incestide* war zudem ein Zugeständnis an die Punk-Fans der Band, die sich mehr Material im rauen Sound von *Bleach* wünschten, und das zahlte sich aus. 2013 widmete der Nirvana-Kenner Nick Soulsby diesem Album ein ganzes Buch – *Dark Slivers: Seeing Nirvana In The Shards Of Incesticide.*

Auf dem Album befanden sich einige Tracks, die bereits auf der nur in Japan und Australien vertriebenen *Hormoaning*-EP enthalten gewesen waren. Da die Aufnahmen teilweise lange vor *Nevermind* entstanden waren, hörte man schließlich gleich vier Drummer auf *Incesticide*: Chad Channing, Dale Crover, Dan Peters und natürlich Dave Grohl.

Jenn Pelly widmete der Platte 2018 im Magazin *Pitchfork* einen langen Artikel und schrieb: „*Incesticide* verkörpert die Freiräume des Punk – zum Teil visuelle Außenseiter-Kunst, zum Teil Punk-Fanzine, aufregend ungeschliffen … Nirvana haben ihren Fans ein Mixtape rübergeschoben … Peel-Sessions, Covers, Demos … mit Vocals wie von sterbenden, wilden Tieren, mit schamlosem Feminismus und, jawohl, ein Macho-Rock-Song zum Pommesgabel-in-die-Luft-recken namens ‚Aero Zeppelin' ist auch dabei." (Im Pressetext zum Album sagte Kurt über die Entstehung dieses Titels: „Das lief so – scheiße, Leute, wir schmeißen einfach ein paar unsortierte Heavy-Metal-Riffs zusammen und geben dem Ganzen in Anlehnung an einige unserer liebsten Gitarrenwichser-Bands aus den Siebzigern einen lustigen Namen.")

Über das Cover hatte Kurt sich wieder selbst Gedanken gemacht. „Als ich eines Tages im Büro erschien, stand Kurt mit diesem Bild da", erinnert sich Fisher an Kurts surreale und bewegende Zeichnung skelettartiger Gestalten. Für die Cover-Rückseite suchte Kurt ein Foto heraus, das eine seiner vielen Gummienten zeigte, die er im vergangenen Jahr gesammelt hatte.

Den Auftrag für das Musikvideo zu „Sliver" bekam wieder Kevin Kerslake. Es war ein stilisierter Auftritt in einem Proberaum, in dem Kurt mit wildem Blick in die Kamera sang und dem mitreißenden Refrain dadurch eine ganz besondere Intensität verlieh. Zusätzlich waren einige sehr niedliche Bilder der kleinen Frances eingefügt worden, die wieder deutlich zeigten, wie „normal" dieser Teil von Kurts Leben gerade verlief. Er bestand zudem darauf, dass Kerslake als Geste des Respekts vor der Indie-Subkultur die Punk-Bibel *Maximum Rocknroll* für den Clip abfilmte. Bis 2018 wurde das Video auf Youtube mehr als 33 Millionen Mal angeklickt – nicht schlecht für einen „Wegwerfsong".

Die vorherigen Nirvana-Alben waren ohne Liner Notes ausgekommen, und ich hatte keine Ahnung, dass Kurt einen solchen Text für *Intesticide* vorbereitete, bis er ihn mir kurz vor der Deadline für das

Artwork ins Büro faxte. Für ihn war es eine Plattform, um sich direkt, ohne einen Interviewer als Vermittler, an seine Fans zu wenden.

In dem Text beschrieb Kurt, wie wichtig ihm die Interaktion mit Künstlern war, die er bewunderte, beispielsweise mit den Raincoats, Shonen Knife oder Sonic Youth („die uns absolut unter ihre Fittiche genommen und uns gezeigt haben, was Würde wirklich bedeutet"). Er erwähnte zudem die Benefizveranstaltungen für Rock For Choice und No On 9 als Beispiele für „Augenblicke, die das Leben lebenswert machen", und dann schrieb er: „All das waren ganz entscheidende Momente, aber nichts davon war so bewegend wie ein Kind mit der Person zu haben, die das Paradebeispiel für Würde, Ethik und Ehrlichkeit ist. Meine Frau kämpft gegen Ungerechtigkeiten, und der Grund für die Rufmordkampagne gegen sie liegt darin, dass sie sich entschieden hat, nicht so zu funktionieren, wie der weiße, kapitalistische Mann es vorgibt." Kritikern aus Olympia hielt Kurt entgegen: „Ich fühle mich kein bisschen schuldig, weil ich eine völlig erschöpfte Jugendkultur ausbeute, denn an diesem Punkt der Rock-Geschichte ist Punk Rock tot (auch wenn er einigen noch immer heilig sein mag)."

Besonders bemerkenswert war die direkte Aufforderung an seine Fans, die Kurt in diesem Text formulierte: „Ich habe eine Bitte. Solltet ihr einen wie auch immer gearteten Groll gegen Homosexuelle, Menschen anderer Hautfarben oder Frauen hegen, dann tut uns einen Gefallen – lasst uns in Ruhe, verdammte Scheiße! Kommt nicht zu unseren Konzerten und kauft nicht unsere Platten."

Den Abschluss bildete der Satz: „Wenn diese Leute nicht wären, würde die Welt nichts auf die Reihe kriegen", gefolgt von einer Liste mit Namen, die mit „Danny Goldberg, John Silva, Gary Gersh, Rosemary Carroll" begann; dann folgten unter anderem Janet Billig, Anton Brookes, Craig Montgomery, Mark Kates, John Rosenfelder, Ed Rosenblatt, David Geffen, Amy Finnerty, Jonathan Poneman, Bruce Pavitt sowie Nils Bernstein von Sub Pop, Everett True, der *Spin*-Herausgeber Bob Guccione Jr., Lauren Spencer, die die Titelstory für *Spin* geschrieben hatte, Nirvanas Booking-Agent in Europa, Russell Warby, und Nirvanas Roadmanager Alex MacLeod. Jenn Pelly schrieb in *Pitchfork*: „Diese Liner Notes zeigen mit einzigartiger Deutlichkeit, wie umfassend Nirvana auf die Popkultur Einfluss zu nehmen versuchten."

Auch ein Vierteljahr nach Erscheinen des *Vanity-Fair*-Artikels fuhr Lynn Hirschberg fort, Kurt und Courtney Ärger zu machen. Am 19. November antwortete Rosemary auf ein aggressives Schreiben von Hirschbergs Anwalt Richard Bernstein:

> Kurt Cobain und Courtney Love bestreiten in aller Schärfe, Lynn Hirschberg wiederholt mit Telefonanrufen belästigt und bedroht zu haben. Sie haben Ms. Hirschberg nicht, wie Sie behaupten, am Abend des 27. Oktobers 1992 in ihrem Hotel in Kalifornien angerufen. Sie wussten nicht einmal, dass sie sich in Kalifornien aufhält. Der einzige Kontakt zu Ms. Hirschberg bestand darin, dass Courtney zwei Nachrichten auf Ms. Hirschbergs Anrufbeantworter hinterließ, kurz nachdem der Artikel veröffentlicht wurde. Diese Nachrichten liegen einige Monate zurück und sind weder als Belästigung noch als Drohung zu werten, sondern erfolgten lediglich in der Absicht, eine Erklärung für den verleumderischen und diffamierenden Artikel zu erhalten, ein Thema, das ich bereits in meinem an Sie gerichteten Schreiben vom 2. September 1992 ausgeführt habe.
>
> Meine Klienten fordern hiermit Ms. Hirschberg dazu auf, sie in Ruhe zu lassen. Sie empfinden ihr besessenes Interesse an ihrer Familie als sehr beängstigend, und sie sind verärgert darüber, dass sie es nicht unterlässt, Einfluss auf ihre Karrieren nehmen zu wollen.

Ich habe oft versucht, mich in Hirschberg hineinzudenken. Vermutlich war sie aufgrund ihrer gesellschaftlichen Vorurteile zu dem Schluss gekommen, es sei gerechtfertigt gewesen, Kurt und Courtney auf eine solche Weise darzustellen, aber auch das ist keine Entschuldigung dafür, wie weit sie letztlich ging. Sie degradierte die beiden zu holzschnittartigen Figuren und nutzte namentlich nicht genannte Quellen für Aussagen, die Kurt und Courtney beinahe das Sorgerecht für ihre Tochter gekostet hätten. Und als hätte Hirschberg mit dem Artikel nicht bereits genug Schaden angerichtet, kursierte auch noch das Gerücht, dass sie das Paar bei anderen Journalisten schlecht machte.

Im Januar 2018 arbeitete Hirschberg als Redakteurin beim Modemagazin *W*, und Courtney schrieb mir höchst irritiert in einer Textnachricht, dass jemand von diesem Blatt Frances zu einem „It-Girl"-Lunch mit Hirschberg eingeladen hatte. Offenbar hatte eine junge Angestellte, die keine Ahnung von der alten Geschichte hatte, diese Einladung verschickt. Frances ließ durch ihre Presseagentin mitteilen: „Lynns Einladungen sind hier ganz sicher nicht willkommen." Courtney erinnerte mich bei dieser Gelegenheit daran, dass Frances tatsächlich, als sie als Teenager an einem Schauspiel-Workshop in den Catskill Mountains teilgenommen hatte, von einigen Idioten dort als „Crack-Baby" beschimpft worden war – so lange wirkte dieser Artikel tatsächlich noch nach.

Anfang 1993 kam es zu einer weiteren Episode, die Kurt und Courtney das Gefühl gab, die ganze Welt gegen sich zu haben. Britt Collins und Victoria Clarke, zwei Journalistinnen, die für das britische Musikmagazin *Lime Lizard* schrieben, hatten dem zum Disney-Konzern gehörenden Hyperion-Verlag eine Buchidee mit dem Arbeitstitel *Nirvana: Kitty Pettin', Baby Kissin' Corporate Rock Whores* verkauft – ein Slogan, der bereits auf frühen Nirvana-T-Shirts erschienen war. Zunächst kam die Band überein, mit den beiden in gewissem Rahmen zu kooperieren. Clarke erhielt einen Backstage-Pass für mehrere Konzerte auf der Europa-Tour und machte ein kurzes Interview mit Kurt, stellte dabei aber einige Fragen zu Courtney, die ihm unangenehm aufstießen. Offenbar schien sich das Nirvana-Buch zu einem Werk über Kurt und Courtney zu entwickeln. Clarke wurde daraufhin von weiteren Konzerten ausgeschlossen.

Nur wenig später interviewten die beiden Autorinnen Lynn Hirschberg und reisten für weitere Recherchen nach Seattle. Courtney erfuhr schon bald, dass sie sich dabei hauptsächlich auf schmutzige Wäsche und Drogengeschichten konzentrierten, und wir bekamen den Eindruck, als ob das Buch einen erneuten Angriff auf ihren guten Leumund darstellen würde. „Sie haben sogar bei Kurts Tante Judy angerufen!", berichtete mir Courtney, die über das Projekt richtig in Wut geriet. Kurt stand bei all diesen Dingen hundertprozentig hinter seiner Frau: Er betrachtete jeden Angriff auf sie als einen Angriff auf ihn.

Janet erklärte allen, die deswegen nachfragten, dass Nirvana das Buch keinesfalls autorisiert hatten, und die meisten von Kurts Freunden lehnten es daraufhin ab, mit Collins und Clarke zu sprechen. Dessen ungeachtet steigerten sich Kurt und Courtney bezüglich des Projekts in eine Panik hinein, die mir trotz allem unangemessen erschien. Zwar hatte Kurt einmal geschrieben, dass paranoide Menschen durchaus auch echte Feinde haben können, aber genauso traf der Umkehrschluss zu: Nur, weil sie hinter dir her sind, heißt das nicht, dass du *nicht* paranoid bist. Es war eine der wenigen Gelegenheiten, bei denen Kurts sonst so brillantes Gespür für den richtigen Umgang mit Medien versagte.

Ein Tiefpunkt dieser Entwicklung war, dass Kurt und Courtney abwechselnd bei Clarke anriefen und wütende Drohungen auf ihrem Anrufbeantworter hinterließen, was dem Projekt nur unnötige Aufmerksamkeit einbrachte. Man konnte einen deutlich bekifften Kurt sagen hören: „Ihr beschissenen, kleinen, widerlichen Parasiten – wenn auch nur *irgendwas* in diesem Buch steht, das meine Frau verletzt, dann werde ich euch verdammt noch mal weh tun. Mir ist es scheißegal, dass diese Drohung aufgezeichnet wird. Meine Geduld ist jetzt zu Ende. Noch nie war mir eine Sache so ernst … Ich vermute mal, wenn ich ein paar tausend Dollar in die Hand nähme, könnte ich euch für immer zum Schweigen bringen. Vielleicht probiere ich es aber erst mal auf juristischem Weg."

Die beiden Möchtegern-Biografinnen spielten die Aufnahmen jedem Journalisten vor, der sie hören wollte, und einige riefen anschließend mich an und baten um eine Stellungnahme. Gegenüber der *New York Times* behauptete ich, die Nachrichten seien entweder „ein Streich, den jemand diesen Frauen gespielt hat, oder sie haben da schlicht etwas fabriziert, um auf ihre unautorisierte Biografie aufmerksam zu machen". Bei Steve Hochman von der *Los Angeles Times* versuchte ich es mit einer ähnlichen Geschichte, aber er hielt mir kopfschüttelnd entgegen: „Ich habe mit Kurt und auch mit Courtney schon viel Zeit verbracht, und ich erkenne ihre Stimmen." Hochman war ein Freund, ein anständiger Mensch und ein gewissenhafter Journalist, aber ich blieb bei meiner Behauptung: „Ich bin ihr Manager, ich bestreite, dass sie es sind, und mein Dementi musst du wohl oder übel so abdrucken." Hochman seufzte frustriert, zitierte mich aber mit meiner Lüge. Ich habe nie bedauert, dass ich versucht habe, Kurt und Courtney auf diese Weise Rückendeckung zu geben. Schließlich stand ich nicht unter Eid oder sprach für eine Regierung, ich machte meinen Job und hielt zu meinen Klienten. Allerdings sorgte ich mich sehr, dass sie sich mit ihrer überzogenen Reaktion selbst schaden würden.

Courtney hatte erfahren, dass Clarke behauptete, mit Dave Grohl geschlafen zu haben. Auf einer der Webseiten, auf denen man sich die Anrufbeantworter-Nachrichten der beiden anhören konnte, fand sich auch eine Nachricht, die Dave zugeschrieben wurde, aber Courtney sagt heute, auch die sei von Kurt gewesen, der lediglich seine Stimme verstellte. „Hi, Victoria, hier ist Dave Grohl von Nirvana. Mir ist zu Ohren gekommen, dass du ein paar Leuten gesagt hast, ich hätte mit dir geschlafen … Das ist beleidigend und ziemlich eklig, deswegen solltest du wissen: Wenn du nicht jedem klarmachst, dass diese Geschichte kompletter Quatsch ist, dann werde ich rechtliche Schritte gegen dich einleiten."

Kurt und Courtney dachten sogar darüber nach, eine Anzeige in *The Rocket* zu schalten, einer in Seattle erscheinenden Wochenzeitung, um klarzustellen, dass es sich um ein unautorisiertes Buch handelte, aber Janet und ich brachten sie davon ab, da wir überzeugt waren, dass diese Aktion den entgegengesetzten Effekt gehabt hätte. Ich hielt Kurt und Courtney einen Vortrag, in dem ich vorschlug, sie sollten

Rosemary die Schlacht vor Gericht ausfechten lassen, sich der Presse gegenüber gar nicht äußern und bitte, bitte damit aufhören, irgendwelche Nachrichten auf Anrufbeantwortern zu hinterlassen. Einige Tage später rief Kurt mich an und petzte, dass Courtney den Anruf eines Journalisten von *Entertainment Weekly* angenommen und dabei ihrer Wut auf Collins und Clarke freien Lauf gelassen hatte. „Ich habe ihr gesagt, sie soll auflegen", betonte er. Das Magazin druckte prompt nicht nur Auszüge aus dem Telefonat mit Courtney, sondern auch eine Abschrift der fraglichen Nachrichten.

Kurz darauf stießen Kurt und Courtney, als sie sich im Hollywood-Club Raji's eine Band ansehen wollten, dort zufällig auf die Autorinnen, die bereits an einem Tisch saßen. In einem Blog-Eintrag aus dem Jahr 2011 (in dem sie erklärte, Courtney jetzt „vergeben zu haben"), schilderte Clarke ihre Version der Ereignisse: „Ich spürte einen harten Schlag auf meinem Kopf, dann rann mir eine Flüssigkeit übers Gesicht, und ich fand mich auf dem Boden wieder, während Courtney an meinen Haaren riss. Sie schleifte mich über den Boden, und Kurt sah dabei zu … Als ich um Hilfe schrie, schritt ein Türsteher ein."

Ich war nicht dabei, und Courtney sagte, es sei vielmehr so gewesen, dass sie selbst körperlich angegriffen worden sei. Mir wollte es scheinen, als ob Clarke den „Vorfall" ausnutzen wollte, um erneut Publicity für das Buch zu kreieren. Sie brachte die Sache zur Anzeige und ließ sich von einem der Anwälte von Axl Rose vertreten. Im Februar wurde der Fall nach einer Anhörung vom zuständigen Richter abgewiesen.

In ihrem Blog schreibt Clarke, die lange Zeit mit Shane MacGowan von den Pogues zusammen war, dass sie die Dinge rückblickend anders beurteilt.

> Kürzlich erhielten Shane und ich das Manuskript zu einer neuen Biografie über die Pogues. Wir beide wurden darin sehr unvorteilhaft dargestellt. Ich war nach der Lektüre einige Tage lang sehr aufgebracht und verletzt. Allein die Vorstellung, dass

jemand anders dein Leben unter die Lupe nimmt und darüber schreibt, kann bereits sehr wehtun. Ich frage mich, wie es sich für Kurt und Courtney angefühlt haben muss, die immerhin wussten, dass Britt und ich möglicherweise etwas veröffentlichen konnten, das nicht nur sie, sondern auch ihr Kind belasten könnte? Wäre ich in ihrer Situation wütend genug gewesen, um die Autoren zu bedrohen? Höchstwahrscheinlich!

So wenig Mitleid ich damals für die beiden Möchtegern-Biografinnen empfand, fürchtete ich doch, dass Kurt und Courtneys Überreaktion auf ihre Recherche sich als kontraproduktiv erweisen könnte. Dann, wenige Wochen vor dem Erscheinen von *Incesticide,* faxte mir Kurt eine Ergänzung für die Liner Notes zu, in denen er sich über die Bösartigkeit von Lynn Hirschberg, Britt Collins und Victoria Clarke sowie der Medien allgemein erging. Es war Gott sei Dank zu spät, um den Text für die Erstauflage noch zu ändern, da die bereits fertig im Lager auf die Auslieferung wartete, aber Kurt verlangte, dass seine Zusätze für alle weiteren Pressungen berücksichtigt werden sollten. Durch seine giftige Abrechnung mit den Medien hätte er alles neutralisiert, was er in dem Text zuvor geschrieben hatte. Er scherte sämtliche Journalisten über einen Kamm, als ob jeder, der sich über Musik äußerte, so verachtenswert sei wie Hirschberg.

Janet beschwor mich, alles daranzusetzen, dass diese neuen Liner Notes nicht gedruckt wurden. „Du warst doch immer der Kurt-Flüsterer", erinnert sie sich heute. „Du warst älter und wusstest mehr als wir anderen von der wahren Welt." Auch ich machte mir Sorgen, dass Kurts Ausfälle sein Image auf eine Weise beschädigen würden, die ihm später leidtun und die sich kaum rückgängig machen lassen würde. Allerdings war ich frustriert, weil meine Telefonate ihn offenbar nicht beeindruckt hatten, und deshalb schrieb ich ihm einen Brief. Abgesehen von geschäftlichen Memos und einigen kurzen Zeilen zu Weihnachtsgeschenken war es das einzige Mal, dass ich Kurt meine Gedanken schriftlich mitteilte. Der Brief ist auf den 23. November 1992 datiert.

Lieber Kurt,
ganz allgemein lassen Angriffe gegen die Presse einen Künstler nie gut aussehen, und in deinem Fall wäre es besonders schädlich, weil sowohl Hole als auch Nirvana bisher von den meisten Journalisten unterstützt wurden, auch wenn einige verabscheuungswürdige Zeitgenossen es euch sehr schwer gemacht haben. Zu den „Medien" gehören auch all jene Autoren und Redakteure, die sich nicht mit *Vanity Fair* gemein gemacht und die eure Musik gefeiert und respektiert haben. Wieso also all diese Unschuldigen durch eine solche Generalisierung vor den Kopf stoßen? Die Mitarbeiter von *Newsweek*, *LA Times*, *Spin*, *The Rocket* und so weiter, die in der Vergangenheit auf eurer Seite standen, werden euch in Zukunft viel weniger Wohlwollen entgegenbringen. Die ständigen Angriffe gegen eine Kollegin würden auch jene verunsichern, die Lynn Hirschberg oder ihre Story kritisch sehen.

Die Wut, die aus diesen Liner Notes spricht, läuft allen Bemühungen zuwider, dich als stabile, verantwortungsbewusste Person darzustellen. Falls es, was Gott verhüten möge, doch noch einmal zu Problemen mit den Behörden käme, könnten Ausschnitte aus dem Text ein seltsames Licht auf dich werfen. Zudem sind die „Insider", auf die sich Hirschberg in ihrem Artikel größtenteils stützte, immer noch da draußen und könnten dazu verleitet werden, ihre hässlichen Kommentare zu bekräftigen. Diese Reaktion lenkt die Aufmerksamkeit auf die Darstellung eurer Gegner, anders als beispielsweise die Titelstory in *Spin*, die sich auf die positiven Aspekte in eurem Leben und eurer Karriere konzentriert.

Gerade jetzt, da Rosemary noch einmal sehr wirkungsvoll gegen Lynn Hirschberg vorgegangen ist und sie aufgefordert hat, euch endlich in Ruhe zu lassen, würde ein solcher Text Hirschberg nur einen Vorwand bieten, sich erneut an die Medien zu wenden und es so aussehen zu lassen, als wärt ihr von ihr besessen und nicht umgekehrt. Macht es ihr nicht so leicht!

Auch Victoria und Britt würde es nur nützen, wenn ihr sie öffentlich beim Namen nennt. Je mehr Aufmerksamkeit sie durch euch erhalten, desto besser wird sich ihr Buch verkaufen. Courtneys ursprüngliche Idee ist noch immer die beste: Sucht euch jemanden, der eine autorisierte Biografie schreibt, am besten einen renommieren Autor (z.B. Danny Sugerman, Everett True, Michael Azerrad), dann wird jedes unautorisierte, von Amateuren verfasste Buch im Vergleich keine Chance mehr haben.

Sich über Ungerechtigkeiten zu beschweren, während man große Erfolge feiert, macht in der Presse immer einen schlechten Eindruck. Auch wenn ihr im letzten Jahr viel Ärger und viel Leid erfahren habt, sieht es für die Öffentlichkeit dennoch so aus, als hättet ihr gerade sehr viel Glück gehabt.

MTV hat eine Gegendarstellung zu Kurt Loders ursprünglichem Beitrag gesendet, und ihr habt euch enorm viel Mühe gegeben, den Sender bei der Preisverleihung auf eure Seite zu ziehen. Das ist euch auch gelungen, und zwar so gut, dass MTV nicht nur Nirvana stark unterstützt, sondern auch Hole sehr positiv gegenübersteht. Zwar werdet ihr niemals alles kontrollieren können, was man dort über euch von sich gibt, aber MTV ist dennoch euer Verbündeter. Wieso also diese Wunde neu aufreißen und zerstören, was ihr gerade erst aufgebaut habt?

Es gab zudem einen weiteren Punkt, der berücksichtigt werden musste. Rosemary und Silva arbeiteten damals gerade daran, den Deal mit Geffen neu zu verhandeln; die Band sollte einen Scheck über 4,5 Mio. Dollar sowie eine Erhöhung der Tantiemen um mehrere Prozent erhalten.

Die Neuverhandlungen mit Geffen sind noch nicht unterschrieben, und das Unternehmen hatte ein äußerst schlechtes Jahr. Das ist der denkbar ungünstigste Augenblick, um das Label zur Neuverpackung eines bereits fertigen Albums zu zwingen – das kostet Geld, Zeit und sieht noch dazu peinlich aus. Wenn du unbedingt darauf bestehst, dass die Liner Notes ergänzt werden, wäre es zumindest besser, damit zu warten, bis ihr den Vorschuss sicher in der Tasche habt. Geffen ist nicht dazu verpflichtet, eure Tantiemen zu erhöhen oder euch Gelder zu zahlen, die über die im aktuellen Vertrag festgelegte Summen hinausgehen.

Ich bin fest davon überzeugt: Mit eurer Musik, einer cleveren Medienstrategie (wie du sie mit den ursprünglichen Liner Notes sowie den Artikeln in *Spin* und in der *LA Times* eingeschlagen hattest), mit guten Videos, ausgewählten Benefizveranstaltungen wie dem Konzert für Rock For Choice sowie der Tatsache, dass ihr anständige Menschen, gute Freunde und großartige Eltern seid, werdet ihr Leute wie Lynn, Victoria und Britt völlig bedeutungslos erscheinen lassen.

In bestimmten Situationen ist eine entschlossene Konfrontation – wie beispielsweise eure Stellungnahme zum *Vanity-Fair*-Artikel oder das jüngste Schreiben an Hirschbergs Anwalt – der richtige Weg. Aber wenn man den Anschein einer Überreaktion erweckt, dann schwächt man die Gegenseite nicht, sondern stärkt sie. Anstatt sie blass wirken zu lassen, macht ihr sie nur sichtbarer. Anstatt selbst stark dazustehen, erscheint ihr schwach. Ihr seid in jeder Hinsicht wichtiger als sie. Es läuft gerade alles gut für euch. Bitte schadet euch nicht unnötig.

Bei all dem möchte ich noch einmal wiederholen, du bist der Boss. Wenn du darauf bestehst, dann wird Gold Mountain die Überarbeitung veranlassen. Ich denke, du weißt, dass ich dich und Courtney liebe und euch in jeder denkbaren Hinsicht unterstützen möchte, so wie auch alle anderen bei Gold Mountain. Aber ich wäre kein guter Freund und auch kein guter Manager, wenn ich dir meine Überlegungen vorenthielte.

Dieser Brief ist eine Sache nur zwischen dir und mir. Bitte lass mich wissen, was du denkst.
In inniger Zuneigung, Danny

Damit war der Höhepunkt der Krise überschritten. Am nächsten Tag baten mich Kurt und Courtney, bei ihnen vorbeizukommen, und Kurt willigte ein, die zorntriefende Überarbeitung zurückzuziehen. Zudem rief er Michael Azerrad an, um mit ihm über eine Nirvana-Biografie zu sprechen. Wenig später bekam Rosemary eine frühe Fassung des Manuskripts von Collins und Clarke in die Hände und wandte sich daraufhin an Hyperion, da sie in dem Text eine ganze Reihe von Abschnitten ausgemacht hatte, die sie für verleumderisch hielt. Der Verlag nahm Abstand von dem Buch, das danach auch kein anderes Unternehmen mehr veröffentlichen wollte.

Eine einzige Rechnung war noch offen. Mitte Januar 1993 zog Courtney gegen das Cedars-Sinai vor Gericht; sie warf der Klinik vor, ihre Rechte verletzt und ihr hohe Kosten und großen Stress verursacht zu haben. In Rosemarys Stellungnahme hieß es: „Das Krankenhaus und seine Mitarbeiter reagierten auf einen verleumderischen Bericht, der über meine Klientin in einer Zeitschrift erschienen war. Die Angeklagten ließen den tatsächlichen Zustand der Klägerin außer Acht und fälschten Teile ihrer Patientenakte, bis sie dem Image entsprach, das in dem Zeitschriftenartikel aufgebaut worden war. Im Folgenden verletzten sie ihre Rechte und ihre Privatsphäre, indem sie diese Patientenakte, inklusive der gefälschten und unrichtigen Abschnitte, an die Medien weitergaben." Zu den Klagepunkten zählten „unrechtmäßige Weitergabe medizinischer Informationen, Verletzung der Privatsphäre, Veröffentlichung gefälschter Informationen und fahrlässiges Auslösen von emotionalem Stress". Das Krankenhaus einigte sich wenig später hinter verschlossenen Türen mit Courtney und kam zu einem Vergleich.

Wenn man die Konflikte jener Zeit schildert, dann darf man dabei nicht vergessen, dass Drogen bei all dem zweifelsohne eine Rolle spielten. Junkies machen manchmal völlig verrückte Sachen, und für schlaue, talentierte und erfolgreiche Junkies ergeben sich dazu noch viel mehr Möglichkeiten. Courtney begann beispielsweise eine ausgedehnte Fehde mit der aus Boston stammenden Singer-Songwriterin Mary Lou Lord, die lange vor Courtneys Zeit eine kurze

Beziehung mit Kurt gehabt hatte. (Lord war zudem eng mit Slim Moon aus Olympia befreundet.)

Wenn man andere Menschen bedroht, gibt es dafür keine Entschuldigung, und natürlich ist jeder für seine oder ihre Taten verantwortlich, selbst, wenn man zur fraglichen Zeit high war – dennoch muss das Verhalten von Kurt und Courtney im Licht ihrer Abhängigkeit betrachtet werden. Für sie beide war es zwingend notwendig, mit den Opiaten aufzuhören. (Wie so viele Junkies behauptete Kurt fast immer, er nähme keine Drogen mehr, und wenn er nicht gerade stoned war, tat er das auch sehr überzeugend. Ich bin sicher, dass er das meistens sogar selbst glaubte.)

Es war jedoch erstaunlich, wie gut Kurt in der Regel trotz aller Drogenprobleme funktionierte. Thurston erinnert sich an Gespräche, die er damals mit ihm führte: „Er sagte: ‚Ich werde wieder einen Schritt zurückgehen, raus aus diesem Irrsinn und dorthin, wo ich am glücklichsten war.‘ Damit meinte er die Phase, bevor *Nevermind* erschien, als sie vor einem ähnlichen Publikum spielten wie auf der Tour mit Sonic Youth. Aber gleichzeitig erlebte ich ihn, wenn er von einer großen Stadionbühne kam, wo ihn gerade eine riesige Menge begeisterter Zuschauer gefeiert hatte, und er hatte diesen federnden Schritt, der deutlich sagte: ‚Bei mir läuft's gerade richtig gut.‘“

Dennoch wusste Kurt genau, dass auch der größte Erfolg im Rock'n'Roll oft nur eine kurze Halbwertzeit hat. *Nevermind* hatte sich erschöpft, und damit es weiter „richtig gut lief“, brauchten Nirvana ein neues Album.

Dreizehntes Kapitel

IN UTERO

Kurt hatte bereits seit dem Erscheinen von *Nevermind* über das nächste Album nachgedacht. Er war, wie Krist sagt, „jemand, der stets alles plante", und einige der Songs, die später auf *In Utero* enthalten waren, existierten in der einen oder anderen Version bereits seit Jahren. „Dumb", „Pennyroyal Tea" und „All Apologies" spielte die Band schon auf der UK-Tour Ende 1991. Zu einem kompletten neuen Album fehlten allerdings noch einige Titel. Im Januar 1993, als Nirvana in Rio de Janeiro einen freien Tag hatten, nahmen sie mit Craig Montgomery an den Reglern neue Demos auf, darunter auch „Heart-Shaped Box". Hole nutzten die Studiozeit ebenfalls, um die Rohversionen neuer Songs aufzunehmen, die später auf *Live Through This* erschienen.

Nach ihrer Rückkehr in die Staaten gaben Kurt und Courtney ihr Apartment in Hollywood auf und kauften sich ein Haus in Seattle, wo sie sich mehr zuhause fühlten. Allerdings waren sie weiterhin oft in Los Angeles und wohnten dann im Four Seasons. Einige Male meldete sich Kurt bei Kaz Utsunomiya und bat ihn, ihm Gesellschaft zu leisten, wenn Courtney in ihrem Zimmer Workout machte. „Kurt kam nach unten, und wir gingen etwas trinken oder essen", sagt Kaz. „Einmal saßen wir in einer Bar, und er gab mir Demos der späteren *In-Utero*-Songs, die mich absolut umhauten." Kurt betrachtete Kaz als echten Rock-Experten und zog viel Kraft aus dessen emotionaler Unterstützung, aber er genoss ihre Gespräche auch, weil er sich dabei mit einem anderen Vater austauschen konnte. Kaz' Sohn war damals sieben. „Ich riet ihm: Verbring so viel Zeit wie möglich mit Frances, bevor sie in die Schule kommt. Bis dahin geht es nur um Daddy, und anschließend zählen nur noch die Freunde."

Da er stets fürchtete, zu wichtigtuerisch zu erscheinen, spielte Kurt die Qualität seiner Texte herunter, als er mit Azerrad darüber sprach: „Mal sind sie sarkastisch, mal eher liebevoll. So entstehen die Songs einfach. Es geht immer um Sachen, dir mir auf den Sack gehen, um den Konflikt zwischen Gut und Böse. Manche Menschen tun anderen ohne Grund etwas an, und dann würde ich ihnen am liebsten in die Fresse schlagen. Ich kann aber nichts weiter tun, als in ein Mikrofon zu brüllen."

Obwohl die Songs zu ganz verschiedenen Zeiten entstanden waren, formte Kurt aus ihnen eine holistische Vision über das Zusammenspiel von Geburt, Krankheit, Tod und Wiedergeburt. „Rape Me" passte dort gut hinein, und viele andere Titel auf dieser Platte waren ebenfalls geprägt von Kurts Überzeugung, dass ein großer Teil der Negativität, die Courtney entgegengebracht wurde, schlicht und einfach auf Frauenfeindlichkeit zurückzuführen war. „Pennyroyal Tea" war aus dem Blickwinkel einer Frau geschrieben, die abtreiben will. Montgomery meint: „Manche Leute behaupteten, dass Courtneys Songwriting stark von Kurt beeinflusst wurde, aber ich denke, es war genau andersrum."

Thematisch traf das sicherlich zu. Andererseits war Songwriting für Kurt ein zentrales Element seines künstlerischen Selbstverständnisses, wie sich an einer anderen Episode zeigte. Courtney gab einige Monate nach Frances' Geburt ein Solokonzert und spielte dabei eine Akustikversion von „Pennyroyal Tea", in der sie die Aussage des Songs wirklich perfekt auf den Punkt brachte. Am nächsten Tag rief Kurt mich ungewöhnlich aufgeregt an. Courtney hatte ihn gefragt, ob sie den Titel für das nächste Hole-Album aufnehmen könnte, und er wollte sichergehen, dass ich ihr nicht etwa noch zuredete. „Der ist fürs nächste Nirvana-Album. Den gebe ich auf keinen Fall weg!"

„Frances Farmer Will Have Her Revenge On Seattle" beruhte auf William Arnolds biografischem Roman über die Schauspielerin, die in den 1940ern nach einer Zwangseinweisung fünf Jahre lang in einer Nervenheilanstalt im Staat Washington lebte und dort Misshandlungen ausgesetzt war. Der Film *Frances* mit Jessica Lange orientierte sich ebenfalls stark an diesem Buch. Kurt kam in vielen Interviews, die er zu *In Utero* gab, auf die traurige Geschichte der Protagonistin zu sprechen.

Einige der Songs entstanden nach der Geburt von Frances Bean Cobain und waren stark von diesem Ereignis geprägt. Ann Powers hebt hervor, dass sich nur wenige Songwriter damit auseinandersetzen, welche Befürchtungen und Ängste mit dem Vater- oder Mutterwerden einhergehen: „John Lennon beschäftigte sich auf seinem letzten Album damit, aber Kurt setzte sich mit Emotionen auseinander, die Lennon nicht erreichte. ‚Heart-Shaped Box' lässt auch anklingen, dass es für einen Mann Grenzen dabei gibt, sich in eine Frau hineinzuversetzen. Das Album als Ganzes zeigt eine Nahaufnahme des Vaterwerdens – wie man miterlebt, dass der Mensch, den man liebt, schwanger wird und ein Kind bekommt. Die körperliche Veränderung spiegelt sich sogar in der Covergestaltung." Zudem wird „Heart-Shaped Box" von einer der eingängigsten Melodien geprägt, die Kurt jemals schrieb.

„Scentless Apprentice" entwickelte sich bei einer Jam-Session und zählt daher zu den wenigen Songs, bei dem weiterhin alle drei Nirvana-Musiker als Urheber eingetragen wurden. Der Text war inspiriert von Patrick Süskinds Roman *Das Parfum – die Geschichte eines Mörders*, einem historischen Horrorroman, den Kurt immer wieder las.

Bevor Nirvana mit den Aufnahmen zu *In Utero* begannen, bat mich Kurt, ihm einen genauen Überblick über seine finanzielle Situation verschaffen. Wenn ein Künstler einmal den großen Durchbruch geschafft hat, wächst der Druck auf alle Beteiligten, die Zukunft und alle Schritte, die mit dem Album zu tun haben, umfangreich zu planen, weil viele der großen Festivals und Stadien schon weit im Voraus ausgebucht sind, und das stand nun auch für Nirvana an. Kurt hatte es geliebt, durch die kleinen Clubs zu tingeln, als sie noch mit einem Transporter von Ort zu Ort gefahren waren, aber die durchorganisierte Rockstar-Variante der Tourneeroutine fand er wesentlich weniger spannend. Ob es nun daran lag, dass er sich in den großen Hallen isoliert fühlte, lieber bei Frances zuhause gewesen wäre oder allgemein mehr schreiben und zeichnen wollte – Kurt war jedenfalls nicht wirklich begeistert von der Aussicht, im kommenden Jahr viel unterwegs zu sein. Aber er wollte auch sichergehen, dass er nie wieder pleite sein würde. Die Kosten, die unter anderem nach dem *Vanity-Fair*-Artikel für Anwälte und sonstiges angefallen waren, beliefen sich auf eine ziemlich hohe Summe, und trotz des 1,5-Millionen-Schecks von der Plattenfirma, den Kurt Ende des Vorjahres erhalten hatte, stand er Anfang 1993 finanziell wieder sehr unter Druck.

Kurz nach der Rückkehr der Band aus Südamerika fragte mich Kurt, wie viel Geld ihm „nach Abzug von Steuern und Kommissionen", wie er öfter wiederholte, noch übrigbleiben würde. Ich sollte einmal das Worst-case-Szenario prüfen: Wie würde es finanziell um ihn stehen, wenn sich das nächste Nirvana-Album nicht gut verkaufte und wenn er nur ein paar Monate auf Tour ginge, ohne große Stadionkonzerte oder Festivalauftritte? Würde das gutgehen?

Zwar versicherte ich ihm, dass er sogar dann zurechtkommen würde, wenn er ganz auf Tourneen verzichtete, aber er drängte mich, ihm schriftlich eine detaillierte Schätzung auszuarbeiten, die er dann mit Courtney noch einmal gründlich durchgehen könnte. Daher setzte ich am 19. Februar 1993 ein Memo für ihn auf mit dem Titel „Prognose des von Nirvana erzielten Einkommens für das kommende Jahr".

Er hatte sich eine konservative Berechnung gewünscht, und daher belief sich meine Prognose auf 2.190.000 Dollar nach Abzug der fälligen Kommissionen und Steuern. Davon wurden nur etwa 500.000 Dollar, weniger als ein Viertel, durch Tourneen erwirtschaftet, jedenfalls, wenn man den von ihm genannten Rahmen zugrunde legte (vierzig Shows weltweit, keine Stadien oder große Hallen). Dass er darauf bestanden hatte, den Löwenanteil der Songwriter-Tantiemen einzustreichen, hatte sich für ihn ausgezahlt. Solange er und Courtney keine völlig unvorhergesehenen Ausgaben tätigten, würde er tun und lassen können, was er wollte, und dabei einen guten Lebensstandard genießen.

Theoretisch hätte ihm das einiges von dem Druck nehmen sollen, aber Kurt wusste sich durch viele andere Dinge verrückt zu machen, und daher verpuffte die beruhigende Wirkung meines Memos schnell wieder.

Wie die meisten Menschen, die mit ihm arbeiteten, erlebte auch ich ihn manchmal als warmherzig und zugänglich, aber zu anderen Zeiten fühlte es sich an, als sei er von einem unergründlichen, spannungsgeladenen Kraftfeld umgeben, das mich auf Abstand hielt. In den folgenden Monaten wiederholte sich das Muster, das ich in den vorangegangenen zwei Jahren bereits kennengelernt hatte: Bei Kurt wechselten sich Depressionen und inspirierte Kreativitätsschübe immer wieder ab. Zwar wurde in der Rock-Presse immer wieder behauptet, Nirvana seien ausgebrannt, aber Kurts schöpferisches Hirn funktionierte noch immer auf hohem Niveau. Wie Krist schon sagte, wenn es um seine Arbeit ging, war Kurt nie faul.

Er beklagte sich nur ein einziges Mal bei mir über Geffen Records – als sich deren internationale Abteilung sehr viel Zeit damit ließ, einige Videoaufnahmen aus Europa, die er sich gern ansehen wollte, auf den amerikanischen Standard zu konvertieren. Nachdem er sie dann endlich bekommen hatte, begann er fieberhaft an einem langen Videofilm zu arbeiten; wenn ich ihn besuchte, war er jedes Mal damit beschäftigt. Er stellte eine Montage aus Aufnahmen zusammen, die Nirvana beim Zertrümmern ihrer Instrumente zeigten. Andere Sequenzen, die er auswählte, stammten aus Fernsehinterviews. Beispielsweise antwortete Krist auf die Frage, ob Nirvana ihr Publikum provozierten: „Nein, die Leute provozieren uns." Und Kurt erwiderte auf die Frage nach dem Einfluss von Nirvana: „Falls wir wirklich andere Bands beeinflussen, dann hoffentlich vor allem durch die Aufrichtigkeit, die wir auszustrahlen versuchen."

Er hatte eine kurze Aufnahme von Gary Gersh gefunden, wie der sagte: „Das hier ist nicht nur eine erfolgreiche Platte, es ist ein Phänomen." Ein anderer Schnipsel zeigte mich bei einer Debatte auf CNN: „Unterhaltung trägt dazu bei, dass sich die Menschen nicht so allein fühlen, und das ist etwas Positives." Ich kann mir nicht vorstellen, dass diese kurzen Statements für einen Nirvana-Fan wirklich interessant waren. Aber daran zeigte sich Kurts Bemühen, uns allen das Gefühl zu geben, ein Teil von Nirvanas Karriere zu sein. Nach Kurts Tod sorgten Krist und Dave dafür, dass das Video mit Kevin Kerslake als Regisseur fertiggestellt wurde. Es erschien unter dem Titel *Nirvana: Live! Tonight! Sold Out!!* und entspricht, soweit mir bekannt ist, ganz und gar Kurts Vision.

Kurt entwarf zudem eine Linkshänder-Gitarre, die Elemente der Fender-Reihen Jaguar und Mustang kombinierte. Seinen Entwurf für das Unternehmen erstellte er mit Polaroid-Fotos, die er von beiden Modellen gemacht hatte, und Fender entwickelte daraus die „Jag-Stang". Einen Prototyp dieses Instruments spielte er einige Male auf Nirvanas letzter Europa-Tournee.

Währenddessen hatte Michael Azerrad mit der Recherche zu *Come As You Are* begonnen, dem Nirvana-Buch, über das wir gesprochen hatten. Er führte dazu zahlreiche Interviews mit Kurt, der darin so nuanciert wie selten Auskunft über sich und die Band gab. Kurz vor dem Abgabetermin für das Manuskript überlegte Kurt, noch eine Liste aus fünfzig Alben zusammenzustellen, die Nirvana beeinflusst hatten, aber Azerrad sagte mir: „Courtney überzeugte ihn, darauf zu verzichten. Sie hielt das für aufgesetzt."

Hauptsächlich konzentrierte sich Kurt allerdings auf das neue Nirvana-Album. Er wünschte sich dafür einen anderen Sound, um zumindest symbolisch eine Rückkehr zu den Punk-Wurzeln der Band anzuzeigen. Da *Nevermind* aufgrund des enormen Erfolgs inzwischen nach „Mainstream" klang, kam eine neuerliche Zusammenarbeit mit Butch Vig oder Andy Wallace nicht infrage.

Kurt hatte Steve Albini schon seit langem bewundert, jenen Indie-Puristen, der einige Jahre zuvor so hart mit Sonic Youth ins Gericht gegangen war, weil sie zu DGC gewechselt waren. Albini war früher Sänger und Gitarrist von Big Black gewesen, einer Band, die Kurt als Jugendlicher geliebt hatte, und er betrachtete sich selbst nicht als Produzenten, sondern benutzte lieber den Ausdruck „recordist" – Aufnehmer. Zwar verlangte er für die Alben, an denen er mitwirkte, keine Tantiemen, aber für seine Arbeit an *In Utero* erhielt er ein Honorar von 100.000 Dollar.

Damals beurteilte ich Kurts Wahl mit etwas zynischem Blick als reine PR-Strategie, aber Janet ist davon überzeugt, dass Kurt tatsächlich viele von Albini aufgenommene Alben schätzte. Courtney stimmt dem zu: „Kurt liebte das Album *Rid Of Me* von P.J. Harvey, das Albini gerade betreut hatte."

In einem Interview mit Phil Sutcliffe vom *Q*-Magazin schwärmte Kurt später davon, wie großartig Albini Nirvanas Sound seiner Meinung nach eingefangen hatte. „Ich wollte schon immer eine Platte aufnehmen, die eine ganz persönliche Atmosphäre hat und so klingt, als stünde man direkt neben einer Band in einem Raum. Wir haben dazu jede Menge Mikrofone verwendet. Ich dachte, wenn man drei oder vier Mikrofone an der Snaredrum aufstellt, dann könnte man so den echten Sound dieser Trommel einfangen. Das habe ich schon Butch Vig und Jack Endino vorgeschlagen, aber die wollten das nicht ausprobieren."

Kurt vermutete, dass Albini auf zwei seiner Lieblingsalben, *Surfer Rosa* von den Pixies und *Pod* von den Breeders, genau so vorgegangen war.

In Utero entstand im Pachyderm Recording Studio in Cannon Falls, Minnesota, ganz in der Nähe von Minneapolis, wo es im Februar sehr kalt ist. Krist erinnert sich: „Albini ist sehr eigensinnig, und er hat ziemlich starre Ansichten. Wir fuhren raus ins ländliche Minnesota, und da war dann dieses Studio in einem Haus, das wie ein an die Natur angepasster Siebzigerjahre-Bau wirkte." Allerdings fiel Krist sofort auf, dass die Umgebung zwar hinterwäldlerisch wirken mochte, aber im Studio „das gleiche Mischpult stand wie das, auf dem AC/DC *Back In Black* aufgenommen hatten. So ein großes, herrliches Pult."

Vor Beginn der Aufnahmen wurden etwa dreißig Mikrofone an die Wände, den Boden und die Decke geklebt, um den Sound einzufangen, den Kurt sich vorstellte. Krist berichtet weiter: „Albini hatte keine Ahnung, wie wir tickten. Wir probten die ganze Zeit über. Viele andere Bands hatten Mädchen dabei, wenn sie ins Studio gingen, oder wollten nur Party machen. Wir wollten nichts als spielen. Albini stand mit verschränkten Armen neben der Bandmaschine, so nach dem Motto: ‚Okay, dann legt mal los.' Und wir so: ‚Drück einfach auf *record*.' Dann spielten wir ‚Serve The Servants', und anschließend guckten wir uns an und sagten: ‚Alles klar, Steve, den Titel können wir schon mal so lassen. Jetzt spielen wir den nächsten Song.' Wir haben einen Track nach dem anderen rausgehauen, und oft hatten wir die Nummer beim ersten oder zweiten Durchgang im Sack. Ich glaube, wir haben ihn beeindruckt."

Kurts Leadgesang für alle Songs wurde separat aufgenommen, an nur einem einzigen Tag im Verlauf von etwa sechs Stunden. Die gesamten Albumaufnahmen an sich dauerten zehn Tage. Albini bestand darauf, dass sich weder jemand vom Label noch von Gold Mountain in dieser Zeit im Studio blicken ließ. Der Journalistin Gillian Gaar, die Nirvanas Karriere von Anfang an begleitet hatte, erklärte er: „Ich will keinerlei Beziehung zu irgendeinem Managertyp einer großen Firma aufbauen. Das sind im Großen und Ganzen alles Drecksäcke. Mit denen will ich nichts zu tun haben."

Nachdem Albini das Album fertig abgemischt hatte, besuchte Thurston die Band im Studio. Er erinnert sich: „Krist und Dave spielten mir ein paar Sachen von *In Utero* vor, und wir jammten zu dritt miteinander, während wir darauf warteten, dass Kurt zu uns stieß. Er kam aber nie. Von den Songs, die ich damals hörte, erschienen einige später gar nicht auf der Platte, ‚Moist Vagina' zum Beispiel. Ich sagte damals: ‚Das sollte euer erster Song sein, denn der ist völlig durchgeknallt. Wenn ihr schon total verrückt aufdrehen wollt, dann doch am besten gleich richtig. Der ist echt gut.'" Letztlich nahm Kurt den Song nicht mit aufs Album, nutzte ihn aber als B-Seite der Single „All Apologies". Sonic Youth coverten ihn später auf der B-Seite ihrer 1998 erschienenen Single „Sunday".

Kurt brachte mir, Janet, Silva, Gersh und einigen anderen Leuten Cassetten des fertig abgemischten Albums mit. So sehr Thurston sich auch stets für die sperrige Seite Nirvanas begeisterte, Kurt verlor das Massenpublikum nicht aus den Augen und erklärte mir, „Heart-Shaped Box" sollte die erste Single sein. Wie Montgomery mir sagte, hatte die Band bereits darüber nachgedacht, als sie einige Monate zuvor das Demo eingespielt hatte.

Zwar fand ich die Songs von Anfang an großartig, aber es störte mich, dass Kurts Gesang, der doch einen so integralen Bestandteil des Nirvana-Sounds darstellte, so schwer herauszuhören war. Während ich mich noch fragte, wie ich ihm das schonend beibringen sollte, rief Courtney bei mir an und erklärte, Kurt mache sich Sorgen, dass niemandem die Platte gefiele. Ich vertraute ihr meine Bedenken an, und sie drängte mich: „Das musst du Kurt sagen!" Dann fragte sie, ob Katie das neue Material schon kannte, und ich lachte und gab zu, dass meine Tochter im Auto entschieden erklärt hatte: „Ich will nicht die neuen Nirvana hören, ich will die *alten* Nirvana!" Courtney wiederholte: „Sag Kurt das!"

Ich wollte ihm nicht damit kommen, was eine Dreijährige über das Album dachte, aber ich rief Kurt trotzdem an und erklärte ihm, dass ich die Songs unglaublich gut, den Mix aber irgendwie seltsam fände, und dass ich es vermisste, seinen Gesang klar hören zu können. Das Feedback von Gersh fiel offenbar ähnlich aus. Kurt erklärte mir, Albini hätte sich mit dem Abmischen sehr beeilt und im Durchschnitt einen Song pro Stunde fertiggestellt. (Normalerweise bearbeitete man – vor allem bei Bands, bei denen Geld keine Rolle spielte – ein oder zwei Songs pro Tag.) Azerrad sagt dazu: „Es hatte den Anschein, als hätte Kurt die Low-Budget-Philosophie zwar in der Theorie großartig gefunden, aber nicht in ihrer Umsetzung."

Courtney, die wusste, dass Kurt nicht nur Radio-Hits landen, sondern auch ein Album einspielen wollte, das in der Punk-Szene Beachtung fand, bat auch Thurston, mit Kurt zu sprechen. Er tat das und mahnte Kurt dabei: „Hier denkt jeder an seinen Vorteil. Ihr seid inzwischen die supergroße Nummer. Ihr habt eine tolle Platte gemacht. Jetzt bleibt einfach stark." Heute erinnert er sich wehmütig: „Das war das letzte Mal, dass ich mit ihm sprach."

Etwa zu dieser Zeit rief David Geffen bei mir an. Er sagte, Nirvana seien im vergangenen Jahr die erfolgreichste Band auf seinem Label gewesen, und er fügte hinzu: „Da ist es schon ein bisschen peinlich, dass ich Kurt nie persönlich getroffen habe." Als Kurt erfuhr, dass David Geffen ihn kennen lernen wollte, fürchtete er zunächst, das Label wolle auf diesem Weg Druck auf ihn ausüben, aber ich war mir sicher, dass David Geffen die neue Platte nie persönlich kritisieren würde. 1983 hatte Neil Young für sein Label eine Rockabilly-Platte eingespielt, und das unmittelbar nach einem Electro-Album, das kommerziell komplett gefloppt war. Geffen hatte Young daraufhin vor Gericht gebracht und ihm vorgeworfen, Platten abzuliefern, die für den Stil, mit dem er erfolgreich geworden war, „unrepräsentativ" waren. Das hatte ihm jede Menge schlechte Presse eingebracht, und als sich dann noch herausstellte, dass Young in seinem Vertrag die volle künstlerische Freiheit zugesichert worden war, wurde die Klage wieder zurückgezogen. Geffen entschuldigte sich, und Young spielte für sein Unternehmen noch zwei weitere Alben ein.

Nun, zehn Jahre später, war der Labelchef Milliardär und zählte zu den gefeiertesten Persönlichkeiten der Unterhaltungsbranche. Eine öffentliche Auseinandersetzung mit einem gerade sehr angesagten Künstler, die nur wieder an seinen Lapsus von damals erinnern würde, war da sicherlich das Letzte, was er brauchen konnte.

So fuhr ich eines Tages mit Kurt zu David Geffens Haus am Strand von Malibu, und wir aßen zusammen zu Mittag und verbrachten eine sehr angenehme Stunde, in der Geffen seinen ganzen Charme spielen ließ und Kurt mit einer lebhaften Schilderung seines bewegten Lebens unterhielt. Über das neue Nirvana-Album fiel kein Wort. Als wir wieder gehen wollten, fragte Kurt, ob David etwas davon mitbekommen hatte, dass einige Leute beim Label dachten, die Platte solle noch einmal überarbeitet werden. Geffen erwiderte mit Nachdruck: „Achtet überhaupt nicht darauf, was irgendwer sagt, macht einfach die Platte, die ihr machen wollt." Zwar hatte ich Kurt vorher schon versichert, dass er sich keine Sorgen zu machen brauchte, aber er war trotzdem sehr erleichtert über diese Reaktion, und als wir nach

Hollywood zurückfuhren, schwärmte er: „Er war so ganz anders, als ich ihn mir vorgestellt hatte."

Wenig später beschloss Kurt, dass „Heart-Shaped Box" und „All Apologies", das als zweite Single vorgesehen war, doch noch einmal neu abgemischt werden sollten. Ich fragte ihn, wieso er sich nicht das ganze Album noch einmal vornähme, aber er meinte, viele der Probleme mit der Lautstärke des Leadgesangs seien beim Mastering noch zu beheben. Offenbar versuchte Kurt, einen Kompromiss zu finden; er wollte sich nicht völlig mit Albini überwerfen, aber trotzdem dafür sorgen, dass es Singles mit Hit-Potenzial gab.

Während Kurt noch dabei war, die Nachbearbeitung zu planen, sprach Albini mit Greg Kot von der *Chicago Tribune*, die das Interview unter der Überschrift „Plattenfirma findet wenig Gefallen an neustem Nirvana-Material" druckte. Albini behauptete darin: „Geffen und das Management der Band hassen diese Platte", und außerdem hätte jemand beim Label gesagt, das neue Material sei „nicht veröffentlichungstauglich". Nun war ich nicht dabeigewesen, als Gersh mit Kurt über die neuen Sachen diskutierte, und Gersh hat seit Kurts Tod in der Öffentlichkeit kaum über Nirvana gesprochen, aber mir erscheint es unvorstellbar, dass er einen Ausdruck wie „nicht veröffentlichungstauglich" verwendet haben soll, oder dass er geäußert haben könnte, dass er die Platte „hasste". Es versteht sich von selbst, dass auch Silva, Janet oder ich Kurt niemals so etwas gesagt hätten; und außerdem dachten wir das auch nicht. Silva, der sich nur selten in den Medien zu Wort meldete, erklärte nun diplomatisch, aber in aller Deutlichkeit: „Wenn die Band sagt, die Platte ist fertig, dann ist die Platte fertig. Zum gegenwärtigen Zeitpunkt gibt es noch keine neue Nirvana-Platte, die veröffentlicht werden könnte."

Aber unabhängig davon, welche Wutreden Albini vom Stapel gelassen hatte – die Sache war ganz einfach. Kurt hatte komplette Kontrolle über den Entstehungsprozess der neuen Platte, und das nicht nur rein rechtlich, sondern auch vom Gefühl her. Es kam auf seine Stimme an, und er fällte eine Vernunftentscheidung. Jon Savage sagte er: „Steve ist ein guter Toningenieur und brillant bei Aufnahmen, aber meiner Meinung nach ist er ein grottenschlechter Mixer. Bei jeder Albini-Platte, die ich je gehört habe, war der Gesang zu leise abgemischt." Die Songs waren großartig. Die Aufnahme war auch genau so, wie Kurt sie sich vorgestellt hatte. Der Mix war für jeden, der Kurt gern singen hörte, aber eine Enttäuschung. Das Problem war leicht zu lösen.

Damals dachte ich, Albini habe ganz zynisch eine Geschichte erfunden, in der Geffen die Schurkenrolle zugeschrieben wurde, damit er sich als der aufrechte Purist gebärden konnte, der gegen die Philister der Unterhaltungsbranche kämpfte. Janet meint jedoch, Kurt hätte Albini höchstwahrscheinlich selbst erzählt, dass es Druck vom Label gäbe, „weil *er* nicht in die Schusslinie geraten wollte. Wenn er Courtney oder dem Label oder uns den Schwarzen Peter zuschieben konnte, dann machte er das." Courtney bestätigt: „Kurt mochte keine Konfrontationen."

Bei der Suche nach einem neuen Remixer fiel die Wahl auf Scott Litt, der die letzten vier R.E.M.-Alben produziert hatte – die erfolgreichsten, die die Band je eingespielt hatte. Zwar zählte er seitdem zu den begehrtesten Produzenten im Musikgeschäft, aber Litt, der damals Ende dreißig war, hatte zuvor zehn Jahre lang als Toningenieur und Remixer für die verschiedensten Künstler gearbeitet und war ein eher ruhiger, sensibler Typ ohne das typische Plattenindustrie-Gehabe. Schon als Gersh und Kurt über einen geeigneten Produzenten für *Nevermind* diskutiert hatten, war sein Name gefallen, aber damals stand er kurz vor seiner Hochzeit und hatte uns daher einen Korb gegeben, eine Entscheidung, die er bis heute bereut. Als ich ihn anrief und fragte, ob er einige Songs von *In Utero* neu abmischen wolle, sagte er sofort zu.

Litt und die Band machten sich an die Arbeit, diesmal im Bad Animals Studio in Seattle, das Ann und Nancy Wilson von Heart gehörte. Litt erinnert sich, als er Kurt, Krist und Dave zum ersten Mal traf, waren „alle drei der Meinung, dass Albini beim Abmischen viel zu hastig gewesen war, und es hatte sie gestört, dass er sich geweigert hatte, auch nur einen der Songs noch einmal neu anzugehen". Litt sagt, er habe die Tracks nur einmal hören müssen um zu erkennen, dass „die Aufnahmen reines Dynamit waren. Sie waren großartig."

Zwar hatte Litt natürlich auch von den Drogengerüchten gehört, die damals kursierten, aber er gewann bei der Zusammenarbeit den Eindruck, dass Kurt clean war. Jedenfalls arbeitete er sehr konzentriert. „Kurt hatte im Studio so ein enormes Gespür. Er war ein Perfektionist und wusste genau, was er wollte. Es bereitete ihm keine Probleme, Entscheidungen zu fällen." Kurt ließ Litt zunächst allein mit dem Remix von „All Apologies" beginnen, und als er sich einige Stunden später dazugesellte, war er begeistert von dem, was er hörte. Zudem fand er die Atmosphäre im Studio so locker, dass er vorschlug, die Strophen spontan mit einer zweiten Stimme zu versehen. „Er sang die Harmonien in nur einem Take, bumm, bumm, bumm, dann war das Ding im Kasten", berichtet Litt auch 25 Jahre später noch ganz ehrfürchtig.

Kurt war auf Wolke sieben, als er mich anschließend anrief. Nicht nur, dass er den neuen Mix in jeder Hinsicht großartig fand, der ganze Prozess hatte ihm ein positives Gefühl vermittelt. „Scott ist so ein netter Typ!", schwärmte er. „Kein Wunder, dass R.E.M. gern mit ihm arbeiten!" Am nächsten Tag mischte Litt „Heart-Shaped Box" neu ab, und Kurt hatte seine beiden Singles.

Die Gratwanderung, bei der PR für das Album irgendwie die Punk-Credibility im Blick zu behalten und trotzdem all das zu erreichen, was Kurt sich vorgenommen hatte, wurde noch schwieriger, als in *Newsweek* ein Artikel von Jeff Giles erschien, der in dieselbe Kerbe schlug wie Albinis Interview für die *Chicago Tribune*, dabei allerdings eine wesentlich größere Reichweite hatte. Für den normalerweise unerschütterlichen Eddie Rosenblatt war es ein Unding, dass man dem Label unterstellen wollte, es würde einen seiner Künstler nicht unterstützen. Davon abgesehen war es auch deshalb ein kniffliger Moment, da Gary Gersh gerade beschlossen hatte, von Geffen zu Capitol Records zu wechseln, und Rosenblatt lag viel daran, dem ganzen Musikgeschäft zu beweisen, dass Geffen nach wie vor einmütig hinter Nirvana stand und alles dafür tat, dass die Band ihre kreativen Ideen umsetzen konnte.

Kurt beleidigte schon allein die Vorstellung, dass man von ihm glauben konnte, er hätte sich je auf ein Projekt eingelassen, das er nicht bis ins letzte Detail selbst kontrollierte. Das hier war die Platte von Nirvana, nicht die von Steve Albini. Davon abgesehen war es ihm wichtig, dass er jetzt, so kurz vor der Veröffentlichung von *In Utero*, ein gutes Verhältnis zu seinem Label pflegte. Die Band schaltete eine ganzseitige Anzeige in *Billboard*, um darauf hinzuweisen, dass nur sie allein bestimmt habe, wie sich die neue Platte anhört. Zusätzlich erarbeiteten Janet und ich gemeinsam mit Kurt einen Brief an *Newsweek*, der in der Ausgabe vom 17. Mai erschien.

An den Herausgeber:
Der von Jeff Giles über unsere Band Nirvana verfasste Artikel gibt weder die Ansichten der Band wieder, noch basiert er auf Informationen, die von unseren Business-Vertretern freigegeben wurden. Stattdessen hat Giles Zitate von „namentlich nicht genannten Quellen und Branchen-Insidern“ zusammengestellt … Er lässt ausführlich Steve Albini zu Wort kommen, ohne sich jemals an unser Management gewandt zu haben, um unsere Stellungnahme einzuholen. Nach der Feststellung, dass Albini über „die Nirvana-Rauferei“ nicht sprechen will, zitiert Giles ihn noch im selben Absatz mit einer langen Wutrede über (unser Label) Geffen Records. Wie ausgewogen kann ein solcher Bericht sein, wenn der Gegenstand der „Rauferei“ dazu überhaupt nicht befragt wurde?

Uns ist besonders dadurch großer Schaden entstanden, dass Giles unsere Beziehung zu unserem Label durch eine völlig fehlerhafte Berichterstattung der Lächerlichkeit preisgegeben hat. Geffen Records hat uns bei der Arbeit an dieser Platte stets voll und ganz unterstützt.

Wir hoffen, dass in Zukunft die Informationen, die von uns selbst kommen, ernst genommen werden, während Klatsch als das enttarnt wird, was es ist.
Kurt Cobain, Dave Grohl, Krist Novoselic

Dessen ungeachtet machte Albinis frei erfundene Geschichte von der Einmischung durch Management und Plattenfirma weltweit die Runde und wurde gerade von Journalisten, die der Punk-Szene nahestanden, gern wiederholt. Die Legende hielt sich hartnäckig und wurde auch zwanzig Jahre später anlässlich der Wiederveröffentlichung von *In Utero* wieder ausgekramt.

In einem Interview mit *Q* bewies Kurt, dass er sich nicht scheute, dem selbsternannten Punk-„Recordist" auf die Füße zu treten, nachdem die ganze Kontroverse sowieso bereits durch die Presse gegangen war. „In Wahrheit ist es so, dass Steve Albini ziemlich paranoid ist. Tatsächlich habe ich noch nie zuvor mit so vielen Leuten zu tun gehabt, die ich respektiere. Ich habe mit vielen Kollegen gearbeitet, die einen guten Job machen, und jetzt muss ich bedenken, dass das hier mein Job ist. So verdiene ich mein Geld. Bei DGC gibt es niemanden, der uns nicht unterstützt hätte. Wir könnten diesen ganzen Mythos, laut dem sie die Platte gar nicht rausbringen wollten, sofort widerlegen, indem wir unseren Vertrag offenlegten: Da steht drin, dass wir zu hundert Prozent die kreative Kontrolle haben."

Hinsichtlich der stressigen Zeit staunt Litt heute noch, wie gut sich Kurt im Griff hatte und wie souverän er diesem Druck standhielt. „Ich glaube nicht, dass es in der Rockmusik jemals so etwas gegeben hat wie Nirvana, außer den Beatles. R.E.M. waren großartig und sehr erfolgreich, und ich mag sie sehr, aber die Sprengkraft, die Nirvanas Erscheinen in der Rock-Welt hatte, die Spannung, mit der das zweite Album erwartet wurde, und die ganze Geschichte rund um Kurt und Courtney, die leidenschaftliche Bewunderung der Fans – das war alles noch einmal eine Nummer größer. Wie geht man mit so etwas um? Die Beatles waren wenigstens zu viert."

Unmittelbar nach Beendigung der Aufnahmen war Kurt entschlossen, das Album *I Hate Myself And Want To Die* zu nennen. Ich war nicht der Einzige, der hoffte, dass er sich das noch einmal überlegte. Krist sagte Kurt, ein solcher Titel könne leicht gegen die Band verwendet werden, falls sich jemals ein Nirvana-Fan das Leben nehmen sollte. 1990 waren Judas Priest von den Eltern eines Jungen verklagt worden, der sich erschossen hatte; angeblich hatten „geheime Botschaften" in ihrer Musik ihn dazu gebracht. Kurt taufte das Album schließlich *In Utero*, nach der Zeile aus einem Gedicht, das Courtney geschrieben hatte, als sie schwanger war.

Nachdem der Titel feststand, machte sich Kurt an das Coverdesign. Normalerweise war er vor allem von abstrakter oder impressionistischer Kunst inspiriert, aber er wollte, dass das Cover die Faszination widerspiegelte, die Tod und Geburt gegenwärtig auf ihn ausübten. Robert Fisher entwarf die Vorderseite nach den Ideen Kurts, der sich unter anderem wünschte, dass die abgebildete Figur, eine Anatomiepuppe, Flügel bekam. Die Rückseite zeigte eine von Kurts Collagen, die unter anderem aus mehreren Fötus-Abbildungen bestand. Bei den Fotos für das Booklet bestand Kurt darauf, dass eines dabei war, das ihn wieder einmal in einem Flipper-T-Shirt zeigte.

Bei der Veröffentlichung von *Nevermind* hatten wir damit gerechnet, dass es Probleme geben würde, weil der Penis des schwimmenden Babys deutlich zu sehen war, aber obwohl sich einige Kunden beschwerten, weigerte sich doch keine der großen Handelsketten, das Album zu führen. Die Covergestaltung von *In Utero* hingegen stieß sofort auf den Widerstand des Handelsriesen Walmart, der damals der größte Anbieter von Schallplatten für die breite Masse war. Geffens Vertriebsabteilung wurde davon in Kenntnis gesetzt, dass Walmart eine Platte mit einem solchen Cover nicht verkaufen würde, und man fragte mich, ob die Band sich eine Alternative vorstellen könnte.

Ich hielt Walmarts Reaktion für absurd. An dem Design war nichts Gewalttätiges, Erotisches oder Gotteslästerliches. Eine ähnliche Darstellung von Organen und Körperteilen fand sich in jedem medizinischen Lehrbuch. Nirvana waren weltweit von der Musikkritik gerühmt worden und hatten die größten Auszeichnungen abgeräumt. Ich vermutete, dass hier politische Fragen eine Rolle spielten und der Widerstand von Abtreibungsgegnern ausging, für die der Fötus etwas Unantastbares darstellte.

Erfüllt von heiligem Zorn und fest entschlossen, für die künstlerische Freiheit ebenso zu kämpfen wie für das Recht auf Abtreibung, berichtete ich Kurt von dem Problem und verkündete ihm stolz, dass ich Geffen selbstverständlich mit größter Genugtuung mitteilen würde, sie könnten uns in dieser Angelegenheit am Arsch lecken. Immerhin hatte es erst kürzlich einen ähnlichen Fall gegeben: Das aktuelle Album von N.W.A. war auch nicht bei Walmart erhältlich gewesen und trotzdem zu einer der erfolgreichsten Platten des Jahres geworden. Zu meiner Überraschung sah Kurt das anders. Er erklärte mir, in seiner Jugend in Aberdeen habe er Schallplatten nur bei Walmart und nirgendwo sonst kaufen können, und er wollte, dass Kids wie er damals die Möglichkeit haben sollten, sich das neue Nirvana-Album ohne große Probleme zu besorgen. Daher sollte ich mich bei Geffen erkundigen, was wir verändern müssten, damit *In Utero* keinen Anstoß mehr erregte.

Für die Auslieferung an Walmart (und an Kmart, eine weitere amerikanische Kette, die das ursprüngliche Cover abgelehnt hatte) wurde also die Rückseite des Covers in Absprache mit der Band vereinfacht, und die Föten wurden herausretuschiert. Auch die Nennung des Songtitels „Rape Me" war beanstandet worden, und Kurt schlug im Spaß vor, man sollte ihn vielleicht durch „Sexually Assault Me" ersetzen, aber da er wusste, dass sich für eine unkomplizierte Änderung am besten ein anderes Wort mit vier Buchstaben eignete, schlug er „Waif Me" vor, eine Wortkombination, die eigentlich keinen Sinn ergab.

Ich erfuhr später, dass die „künstlerische Freiheit", die Nirvana vertraglich zugesichert war, sich nicht auf jene Länder erstreckte, in denen solche Klauseln generell ignoriert wurden. In einem 2018 bei Discogs veröffentlichten Artikel beschreibt Ben Blackwell eine aus Saudi-Arabien stammende Cassette von *In Utero*, „auf deren Cover die Muskulatur des weiblichen Körpers völlig verdeckt wurde, als habe man ihn mit einem Tschador versehen, wie er von manchen muslimischen Frauen getragen wird … Gesicht, Arme, Füße und Flügel waren zu sehen, aber alles dazwischen war geschwärzt." Blackwell hatte auch eine saudische Cassette von *Nevermind* entdeckt, auf dem eine weiße Windel über den Penis des Babys retuschiert worden war. Ich vermute, dass Kurt diese Verfremdungen eher amüsiert als schockiert hätten; er wäre sicher in erster Linie froh gewesen, dass zumindest ein paar Jugendliche in Saudi-Arabien Gelegenheit gehabt hatten, seine Musik zu hören.

Damals hatte ich noch keine Ahnung, dass Kurt im Frühjahr 1993 wieder angefangen hatte, Heroin zu konsumieren. Ich pendelte zwischen New York und Los Angeles hin und her, und daher hatten wir vor allem telefonischen Kontakt. Zwar ist meine eigene Erinnerung recht verschwommen, aber es besteht kein Mangel an Berichten über die Ereignisse jener Zeit. Am 2. Mai 1993 beispielsweise rief Courtney in Seattle den Notarzt, weil Kurt eine Überdosis genommen hatte. Als der Rettungswagen eintraf, war es ihr bereits gelungen, ihn mit Medikamenten soweit zu stabilisieren, dass er nicht ins Krankenhaus musste. Einen Monat später, am 4. Juni, hatten die beiden einen so lauten Streit, dass ein Nachbar die Polizei rief, und da es in Seattle damals gesetzlich vorgeschrieben war, dass im Falle einer Anzeige von häuslicher Gewalt einer der Beteiligten festgenommen werden musste, brachte man Kurt auf die Polizeiwache. Die Anzeige wurde schnell wieder zurückgezogen, und Kurt und Courtney spielten den Vorfall herunter. In den folgenden Wochen erklärte Courtney, dass sie wieder an den Treffen der Narcotics Anonymous teilnahm, aber Kurt fand das Konzept einer Gruppentherapie nach wie vor furchtbar.

Dennoch hatte Kurt seine Sucht soweit unter Kontrolle, dass viele Menschen in seinem Umfeld sie überhaupt nicht bemerkten. Die Berichte über die *In-Utero*-Tour waren positiv, und die Kritiker schwärmten vor allem vom Gig im New Yorker Roseland Ballroom, obwohl durchsickerte, dass Kurt vor der Show völlig fertig gewesen war. Trotz seiner inneren Konflikte arbeitete Kurt immer noch mit aller Kraft darauf hin, Nirvana weiter nach vorn zu bringen. Für die Live-Auftritte holte die Band den Gitarristen Pat Smear hinzu, und bei einigen Konzerten trat auch die Cellistin Lori Goldston mit ihnen auf. Beim Auftritt im Roseland Ballroom baute Kurt einen zwanzigminütigen Akustik-Set in der Mitte ein, der gut ankam und bereits einen Vorgeschmack auf die einige Monate später aufgezeichnete *Unplugged*-Show gab. Jim Merlis, ein Presseagent der Plattenfirma, der erst seit kurzer Zeit mit der Band zusammenarbeitete, erinnert sich: „Er war nach dem Gig guter Laune, und wir redeten über eine Gitarre, die zum Verkauf stand und die angeblich schon einmal von Leadbelly gespielt worden war."

Dennoch erscheint es mir rückblickend so, dass in Kurts Leben alles mit erhöhtem Stress und besonderer Intensität verbunden war: Das nächste Video, der Clip zu „Heart-Shaped Box", zog beispielsweise schon wieder juristische Auseinandersetzungen nach sich.

Seit sich MTV in den 1980er Jahren allmählich zu einem der wichtigsten Medien gemausert hatte, das Künstlern zur Präsentation von Musik zur Verfügung stand, hatte sich auch das Verhältnis zwischen Bands, Plattenfirmen und Videoregisseuren verändert. Regisseure wie Bob Giraldi, der Michael Jacksons „Beat It"-Video gedreht hatte, oder David Fincher, der für Madonnas „Express Yourself" verantwortlich zeichnete, konnten ihr auf MTV erworbenes gutes Profil für eine solide Spielfilmkarriere nutzen und wurden wie Autorenfilmer gehandelt. Für andere blieben Videoclips eher zwiespältige Projekte, die mehr an einen Werbedreh als an einen Film erinnerten und bei denen man es zusätzlich mit Kunden zu tun hatte, die als Künstler ihre eigenen kreativen Ideen mitbrachten und das Medium Video als *ihre* Ausdrucksmöglichkeit und ihr Werkzeug zum Verkauf von Schallplatten betrachteten.

Wer wie wir Anfang der Neunziger mit Nirvana in Kontakt stand, erwarb ohne eigenes Zutun einen Nimbus, der uns offenbar in den Augen anderer Menschen schlauer und glamouröser erscheinen ließ. Das spürte wohl auch Kevin Kerslake, der drei Videos zu Songs von *Nevermind* und den Clip zu „Sliver" gedreht hatte.

Zwar bin ich überzeugt, dass die Ideen zu „Heart-Shaped Box" ebenso wie bei den früheren Clips von Kurt stammten, aber ich war nicht dabei, als er mit Kerslake über die Umsetzung diskutierte, und natürlich bin ich voreingenommen. Robin Sloan, die nach Seattle reiste, um mit Kurt die Pläne für das Marketing des Albums zu besprechen, berichtet allerdings: „Kurt hatte ein komplettes Storyboard erstellt. Das Mohnblumenfeld war sehr schön gezeichnet." Wenig später fragten Kurt und Courtney bei mir und Rosemary an, ob unsere damals dreijährige Tochter Katie das blonde kleine Mädchen im Ku-Klux-Klan-Outfit darstellen könnte, aber das lehnten wir ab.

Kerslake reichte einen Kostenvoranschlag von fast 500.000 Dollar ein, den Sloan heute noch als „völlig überzogen" bezeichnet. Daraufhin erinnerte ich Kurt daran, dass die Hälfte dieser Kosten abzugsfähig war, also von Tantiemen abging, die der Band zustanden. Kurt fühlte sich daraufhin ausgenutzt und entschied, statt Kerslake lieber den Niederländer Anton Corbijn zu verpflichten, der Nirvana bereits fotografiert und außerdem Videos für Echo And The Bunnymen gedreht hatte, die Kurt gut gefallen hatten. Corbijn übernahm das Video zu „Heart-Shaped Box" gern und kam mit weniger als der Hälfte des Kerslake-Budgets aus.

Sloan schlug vor, für den Clip die Technicolor-Optik der frühen Fünfzigerjahre zu benutzen, und Kurt war von der Idee begeistert. Ein Dreh in echtem Technicolor war nicht möglich, aber Corbijn fand ein Labor, das die satten Farben dieser alten Kinotechnik recht originalgetreu reproduzieren konnte. Er erinnert sich: „Kurt Cobain war ein wirklich netter Mensch. Er hatte Zeichnungen für das ganze Video angefertigt, die eine Detailfülle aufwiesen, wie ich sie noch nie gesehen habe." „Heart-Shaped Box" war viele Wochen lang das meistgespielte Video auf MTV und wurde bei den folgenden Video Music Awards mit zwei Preisen ausgezeichnet.

Kerslake jedoch hatte das Konzept offenbar rechtlich schützen lassen und zog nun gegen Nirvana vor Gericht. Kurt war außer sich; für ihn war dieser Vorwurf nicht nur völlig aus der Luft gegriffen, sondern auch eine Beleidigung seiner künstlerischen Integrität. Der Rechtsstreit wurde erst nach Kurts Tod beigelegt; Details dazu wurden nicht öffentlich bekannt.

Bei all dem Stress stand jedoch die Veröffentlichung von *In Utero* unmittelbar bevor und erforderte, dass man sich wieder vornehmlich auf die Musik konzentrierte. Anton Brookes erklärt: „Für mich war *In Utero* besser als *Nevermind.* Die Texte sind viel ausdrucksstärker. Das Artwork ist phantastisch. Damit stieg die Band in völlig neue Sphären auf. Wenn man sich allein ‚Pennyroyal Tea' einmal genau anhört, bleibt einem die Luft weg." Litt erinnert sich: „‚Heart-Shaped Box' kam im Radio, als ich mit meiner Nichte auf einer Geburtstagsparty war, und die Leute flippten völlig aus. Sie hatten alle auf etwas Neues von Nirvana gewartet, und jetzt war die Platte da und klang absolut großartig."

Als B-Seite für „Heart-Shaped Box" hatte Kurt „Marigold" ausgewählt, einen Titel, den Dave geschrieben hatte und bei dem er auch als Leadsänger zu hören war – vielleicht als eine Art Friedensangebot nach der Neuaufteilung der Songwriter-Tantiemen. „Heart-Shaped Box" war genau der Pop-Hit, auf den Kurt gehofft hatte; er stieg bis auf Platz 4 der amerikanischen Singles-Charts und erreichte in Großbritannien Platz 5.

Der Presseagent Jim Merlis war kurz nach dem Albini-Drama zu Geffen gestoßen, und Kurt mochte ihn sofort, teilweise auch deshalb, weil Merlis früher einmal selbst in einer Indie-Band gespielt hatte, die im Sommer 1990 auch in Seattle aufgetreten war. Übernachtet hatten die Musiker damals in der Wohnung von Kurts Freund Charles Peterson, jenem legendären aus Seattle stammenden Fotografen, der die heimatliche Rock-Szene ausführlich dokumentiert hatte. Kurt bat darum, dass Merlis ihn zu einem Pressetag mit Journalisten aus Europa begleiten sollte, und das funktionierte so gut, dass Merlis anschließend die Pressearbeit für *In Utero* in den gesamten USA übertragen wurde.

Kurt war Merlis gegenüber freundlich und offen, aber den Journalisten standen Kurt und Courtney inzwischen wesentlich misstrauischer gegenüber als vor dem Hirschberg-Desaster. Janet berichtet, dass sie Kurt und Courtney vorab „Kopien mehrerer Artikel eines jeden Autors faxen musste, die um ein Interview angefragt hatten. Das betraf sogar Jon Pareles von der *New York Times*, der schon zehn Jahre im Geschäft war und noch nie irgendwelchen Klatsch ungeprüft wiederholt hatte." Kurt wünschte zudem, dass Merlis bei allen

Gesprächen zugegen war und sie selbst mitschnitt, um auszuschließen, dass er später falsch zitiert würde.

Dennoch hatte Kurt sein gutes Gespür für den Umgang mit der Presse nicht verloren. Als Pareles in Seattle ankam, stellte der Journalist beeindruckt fest, dass das Interview oben auf der Space Needle stattfinden sollte, dem berühmten Aussichtsturm, der die größte Touristenattraktion der Stadt darstellte. Anschließend gingen Kurt und Dave mit Pareles und Merlis Achterbahnfahren.

Kurt dachte lange darüber nach, ob er auch mit David Fricke sprechen sollte, dem leitenden Musikredakteur des *Rolling Stone*, und schließlich rief er den Journalisten an und stellte ihm sogar in Aussicht: „Ich werde dir genau die Sachen verraten, die ich sonst niemandem erzählen werde." Das Interview fand in Chicago statt, wo Nirvana im Rahmen der *In-Utero*-Tour zwei Konzerte gaben. „Das erste war eine der besten Shows, die ich von ihnen je gesehen habe", sagt Merlis, „und das zweite, nach einem freien Tag, war eines der schlechtesten." Ausgerechnet nach diesem miserablen Gig war das Interview mit Fricke angesetzt, und Merlis fürchtete, dass Kurt es nach einer solchen Erfahrung vielleicht gern würde verschieben wollen. Als er jedoch hinter die Bühne kam, war der Sänger bester Laune und hielt Frances auf dem Arm. „Es ist ja oft die Rede davon, wie deprimiert er war, aber das traf nicht immer zu. In diesem Augenblick spielte er mit seiner Tochter und strahlte."

Als Merlis fragte, ob das Interview wie geplant stattfinden sollte, sah Kurt ihn an, als sei er verrückt. „Wo ist David Fricke? Hol ihn her. Wieso sollte ich dazu nicht bereit sein?" Man traf sich schließlich in Merlis' Hotelsuite zum Gespräch, und den neuen Regeln entsprechend zog der Presseagent seinen eigenen Cassettenrecorder hervor. Kurt tat so, als sei er schockiert, und rief: „Jim, das hier ist David Fricke! Das müssen wir nicht aufnehmen." Merlis lacht, als er sich daran erinnert. „Es war durch und durch inszeniert. Fricke merkte das auch, aber er wusste zu schätzen, was ihm Kurt damit sagen wollte. Sie redeten sechs Stunden lang miteinander. Ich bin irgendwann eingeschlafen."

Merlis fährt beeindruckt fort: „Kurt zeichnete in den Medien sein eigenes Porträt." Aber er war auch hypersensibel. „Ich faxte Kurt und Courtney sämtliche Presseschnipsel zu, die über sie erschienen. Die Kritiken für *In Utero* waren fast alle phantastisch, nur ein negativer Bericht vom *Boston Herald* war darunter. Einer von hundert." Kurz darauf rief Janet bei ihm an und fragte: „Hast du ihnen etwa eine schlechte Kritik geschickt? Sie reden über gar nichts anderes mehr!"

Kurt sprach auch mit seiner französischen Lieblingsjournalistin Youri Lenquette, die zusammen mit dem Gewinner eines Wettbewerbs im *Best*-Magazin nach Seattle reiste; der Preis bestand in einem Treffen mit der Band. Das Interview fand in einem Restaurant statt, und Kurt aß einen Cheeseburger mit Pommes Frites, „alles triefend vor Fett". Die Journalistin fragte ihn, ob das für seinen Magen gut sei, und Kurt erwiderte daraufhin, er habe keine Magenschmerzen mehr.

In Utero erschien am 21. September 1993, zwei Jahre nach *Nevermind.* In den USA wurden in der ersten Woche 180.000 Exemplare umgesetzt, und das Album stieg damit an die Spitze der *Billboard*-Charts – sogar ohne die Verkäufe bei Walmart und Kmart. (Da die Produktion der Plattenhüllen einen gewissen Vorlauf erforderte, stand die „zensierte" Version für die beiden Handelsriesen erst zwei Monate später zur Verfügung.) Zwar konnte *In Utero* den Erfolg von *Nevermind* nicht wiederholen, es verkaufte sich in den USA aber dennoch mehr als 5 Millionen Mal, und weltweit wurden weitere 5 Millionen abgesetzt. Als die britische Tageszeitung *Guardian* 2011 auf ihrer Webseite nach dem beliebtesten Nirvana-Album fragte, lag *In Utero* mit 43 Prozent an erster Stelle. Es ist auch meine liebste Nirvana-Platte.

Die Verkaufszahlen von *In Utero* wurden einen Monat später von Pearl Jams *Vs.* übertroffen, das in der ersten Woche mehr als 900.000 Mal über die Ladentische ging. Zwei Jahre, nachdem *Nevermind* die Rock-Welt auf den Kopf gestellt hatte, arbeitete nun auch das ultimative Establishment-Magazin *Time* an einer Titelstory über die „neue", Punk-beeinflusste Richtung in der Rockmusik. Kurt wollte dazu kein Interview geben, und ich erinnere mich vage, ihm dazu auch nicht geraten zu haben. Er sollte auf keinen Fall den Eindruck bekommen, dass er in eine Mainstream-Geschichte hineingedrängt wurde, die ihm nicht gefiel, und dazu kam, dass es sich für Rockmusiker nicht immer als vorteilhaft erwiesen hatte, von *Time* mit einer Titelstory bedacht worden zu sein.

Später erfuhr ich allerdings, dass Kurt sich fragte, ob er nicht doch lieber hätte zusagen sollen. Courtney hatte erfahren, dass Eddie Vedder einem Gespräch ursprünglich zugestimmt hatte, um dann, als sich *Time* voll und ganz auf ein Pearl-Jam-Cover eingerichtet hatte, sein Einverständnis zurückzuziehen – eine geschickte Strategie, um für Präsenz zu sorgen und sich gleichzeitig seine Integrität zu erhalten. Die Titelseite der fraglichen Ausgabe zeigte ein Live-Foto des Sängers, das mit der Überschrift versehen war: „Heiß vor Wut: Zornige junge Rocker wie Pearl Jam geben den Ängsten und Leidenschaften ihrer Generation eine Stimme". 25 Jahre später sagte Courtney mir seufzend: „Kurt war stinksauer. Er wütete einen ganzen Tag deswegen und schimpfte Eddie einen Poser. Kelly Curtis, der Manager von Pearl Jam, hatte diese Trumpfkarte besser ausgespielt als wir."

Michael Azerrads Buch *Come As You Are – die wahre Kurt Cobain Story* war in derselben Woche erschienen wie *In Utero*. Für mich war es eine anspruchsvolle Dokumentation der frühen Bandgeschichte und der Entstehung von *Nevermind*, und, was noch wichtiger war: Kurt und Courtney waren damit sehr zufrieden. Azerrad lebte in New York, und als Kurt im Rahmen der Promotion für das neue Album wegen eines MTV-Interviews in der Stadt war, schlug der Journalist vor, sich im Museum Of Modern Art zu treffen; er wusste, wie sehr Kurt Gemälde liebte. Kurt brachte Amy Finnerty mit und bestand darauf, für alle den Eintritt zu bezahlen. „Ich glaube, er war vorher noch nie im MOMA gewesen", sagt Azerrad, „und es gab damals eine große Ausstellung von Robert Ryman, der diese großen, weißen Leinwände erstellte, aber das war nichts für Kurt." Seine Augen leuchteten jedoch auf, als sie die Museumsbereiche mit den Klassikern betraten. „Er war vor allem begeistert davon, leibhaftig vor van Goghs Bildern zu stehen", berichtet Azerrad. „Wenn ich vielleicht auch sonst nichts Großes in meinem Leben vollbracht habe, immerhin habe ich dafür gesorgt, dass Kurt Cobain *Sternennacht* zu sehen bekam."

Bei dieser Reise nach New York kam Kurt auch endlich dazu, „Rape Me" im Fernsehen zu spielen; er bestand darauf, den Song als zweiten Titel nach „Heart-Shaped Box" zu bringen, als die Band am Wochenende nach der Albumveröffentlichung zum letzten Mal in *Saturday Night Live* auftrat.

Zu den Marketingmaßnahmen bei der Promotion eines Künstlers zählte damals oft ein „Electronic Press Kit", das ein Video mit einem Interview oder anderen Aufnahmen enthielt und Fernsehsendern weltweit zur Verfügung gestellt wurde, damit nicht jede Station ihre eigenen Beiträge drehen musste. Nirvana produzierte ein solches EPK mit dem Comedian Bobcat Goldthwait an der Fairfax High in Hollywood. Kurt hatte Goldthwait schon bei der Promotion für *Bleach* kennengelernt, als beide bei einem College-Radiosender in Ann Arbor eingeladen gewesen waren. „Er sagte, er sei ein Fan von mir", erinnerte sich Goldthwait später, „und das war ungefähr genauso, als hätte Jimi Hendrix offenbart, ein Fan von Buddy Hackett zu sein." Gemeinsam erstellten sie ein Video, bei dem Goldthwait so tat, als ob er Krist, Dave und Kurt als werdende Mütter bei ihren Geburten begleitete.

Vor Beginn der *In-Utero*-Tournee wurde Craig Montgomery als Soundmixer entlassen. Dem Tourmanager Alex MacLeod fiel es zu, ihm die schlechte Nachricht zu überbringen, aber den eigentlichen Grund für seinen Rauswurf erfuhr Montgomery nie. Ich erinnere mich auch nicht mehr an die Umstände, ebenso wenig wie Courtney, die über Montgomery sagt: „Er war ein klasse Typ." Von einigen Leuten aus dem Umfeld der Band erfuhr der Tontechniker, Kurt sei mit dem Sound bei *Saturday Night Live* sehr unzufrieden gewesen. Das macht insofern keinen Sinn, da der Sound bei der Übertragung letztlich von den Technikern bei NBC abhing, aber Logik ist bei Entscheidungen im Rock-Business nicht immer die bestimmende Kraft.

Montgomery fand anschließend eine neue Stelle bei Juliana Hatfield, und dann engagierte Courtney ihn, als sie die Veröffentlichung von *Live Through This* vorbereitete. Als er sie für eine Besprechung zuhause in Seattle aufsuchte, drückte sie ihm den Telefonhörer in die Hand, um mit Kurt zu reden, der in New York auf Promotiontour war. Es war eine kurze, aber freundliche Unterhaltung – die letzte, die Montgomery je mit Kurt führte.

Kurt engagierte Goldthwait als Opening Act für einige Konzerte der *In-Utero*-Tournee in den USA, und jeden Abend sah er vom Bühnenaufgang zu und amüsierte sich köstlich über Goldthwaits Programm. Bei der ersten Vorstellung in Chicago machte der Comedian einen Witz über Michael Jordans Vater, der vor kurzem erschossen worden war. Das Publikum buhte, aber Kurt fand den Sketch köstlich. Goldthwait überlegte später einmal, ob man nicht ein Video zu „All Apologies" drehen könnte, das sich mit der Ermordung John F. Kennedys beschäftigte und Kurt als Lee Harvey Oswald zeigte, aber selbst Kurt war klar, dass diese Idee zu weit gegangen wäre.

Hole nahmen im Oktober 1993 in Atlanta mit *Live Through This* ihr erstes Album für DGC auf. Kurt war an den ersten Tagen nicht mit dabei, weil er noch mit der Promotion für *In Utero* beschäftigt war, kam aber später dazu und blieb bis zum Ende der Aufnahmen. Für den Mix empfahl Kurt Scott Litt, der sich später im Ocean Way Recording in Los Angeles an die Arbeit machte. Er erinnert sich: „Kurt und Courtney kamen gut miteinander klar. Wenn sie Spaß hatten, dann hatten sie richtig Spaß. Ich habe sie nie miteinander streiten sehen, aber die Presse und die Welt draußen waren dennoch allgegenwärtig. Dem konnte man nicht entfliehen. Ich fand es unglaublich, dass er bei all dem Stress gelassen blieb und nicht durchdrehte." Kurt bat Scott bei der Gelegenheit, einen neuen Mix von „Pennyroyal Tea" anzufertigen, damit der Song schon fertig vorbereitet war, falls es eine dritte Single von *In Utero* geben sollte.

Das Label erhoffte sich mehr Promotion von Nirvana, vor allem in Form von Interviews oder Live-Auftritten bei Radiosendern. Es fiel in den Aufgabenbereich von Mark Kates, die Band dazu zu überreden;

er wusste allerdings auch, dass Kurt völlig gestresst war. Kates wandte sich daher zunächst einmal an die anderen beiden Bandmitglieder, biss aber auf Granit. „Dave sagte: ‚Ich bin nur der Schlagzeuger', und Krist meinte: ‚Sprich mal mit Kurt darüber.'" Kurt wollte sich zu dieser Zeit aus den Medien zurückziehen und beharrte darauf, eine Weile keine weiteren Interviews oder Radiosendungen mehr zu machen. Ich war ganz auf seiner Seite. Alles, was den Druck reduzieren konnte, den er fühlte, erschien mir in dieser Situation eine gute Idee.

Kates sollte sich auch darum kümmern, dass die Band ein weiteres Musikvideo produzierte, damit ein Nachfolger bereitstand, sobald „Heart-Shaped Box" bei MTV ausgedient hatte. „Kurt hatte sich damals weitgehend zurückgezogen und war ziemlich extrem drauf. Die Vorstellung, ihm auf den Pelz zu rücken, um ihn zu etwas zu überreden, was er eigentlich nicht machen wollte, war mir nicht gerade angenehm. Er wusste, was ich ihn fragen sollte. Ich wusste, was er mir antworten würde, und ihm war klar, dass ich das wusste, aber er verstand, dass ich trotzdem verpflichtet war, meine Aufgabe zu erledigen. Er reagierte sehr freundlich." Dennoch sagte Kurt nein, wie Kates bereits vermutet hatte. Sicher, er hatte schon längst beschlossen, dass „All Apologies" die nächste Single werden sollte, aber er hatte nach dem sehr aufwändigen „Heart-Shaped Box" noch keine Idee für einen neuen Clip. Später spielte Kurt mit verschiedenen visuellen Ideen zu „Rape Me" und „Pennyroyal Tea", aber tatsächlich drehten Nirvana nie wieder ein Musikvideo.

Für die letzten US-Konzerte nach der Veröffentlichung von *In Utero* holte Kurt die Meat Puppets ins Vorprogramm. Die Band stammte ursprünglich aus Phoenix, Arizona, und hatte ihre ersten Platten bei SST veröffentlicht; Kurt hatte sie noch als Teenager als Support von Black Flag gesehen. Ihr Schlagzeuger Derrick Bostrom erinnert sich: „Dave Grohl überreichte mir eine Rose, um mich auf der Tour willkommen zu heißen. Courtney und Frances reisten mit der Band, und das einzige Anzeichen für Stress, das ich wahrnahm, war die Tatsache, dass das Catering wegen Kurts Magenproblemen extrem fade gehalten war. Nirvana-Gigs waren auf ganz besondere Weise aufregend, und das lag nicht daran, dass sie eine große Band waren – wir haben schon vor anderen großen Bands gespielt –, sondern dass sie eine gewisse Magie vermittelten, das Gefühl, dass Risiken eingegangen wurden."

Das erste dieser Konzerte fand an Halloween 1993 in einer ausverkauften Halle der University of Akron statt, die 6.000 Zuschauer fasste. Kurt kam in einem lila Dinosaurier-Kostüm aus der Kinderserie *Barney und seine Freunde* auf die Bühne, und er hatte eine Flasche Jack Daniel's mitgebracht, um hin und wieder Whisky in das Riesenmaul des Dinosaurierkopfes zu gießen. Pat Smear hatte sich als Slash von Guns N' Roses verkleidet, und ganz nach der Nirvana-Tradition, Rock-Klischees zu parodieren, lieferten sich „Slash" und „Barney" ein Gitarrenduell. Dave trug ein Mumienkostüm, während Krist sich das Gesicht weiß geschminkt und die Buchstaben „PC" für „politically correct" auf die Stirn geschrieben hatte; er spielte damit auf die jüngste Kontroverse um das Blackfacing des Schauspielers Ted Danson an, der damals mit Whoopi Goldberg zusammen war.

„Es war total lustig", berichtet Bostrom. „Die Kostüme, die Späße, die Interaktion mit dem Publikum. Rückblickend ist es faszinierend, dass eine so große Band in einem so großen Rahmen auftrat und dabei die Intimität eines Clubkonzerts vermitteln und so viel Spaß haben konnte."

Kurt vergab allerdings nicht nur die Plätze im Vorprogramm der Nirvana-Gigs an Künstler, die er bewunderte, sondern war auch während der Arbeit an *In Utero* immer wieder bereit, geschätzte Kollegen auf andere Weise zu unterstützen.

Vierzehntes Kapitel

KURT AN DEN REGLERN

Als sie noch in Hollywood wohnten, kamen Kurt und Courtney oft bei uns vorbei. Wir lebten damals in der Nähe von Hancock Park, nur fünf Autominuten von ihnen entfernt. Kurt spielte gern mit Katie, die im Sommer 1992 mit ihren zwei Jahren schon viel und gern sprach und die Kurt abgöttisch liebte. Kurt und Courtney waren auch eines Abends zum Essen bei uns, als Doug Morris, mein neuer Boss bei Atlantic, uns besuchte. Anschließend stand Kurt von seinem Platz am Esstisch auf, schüttelte Doug die Hand und sagte ganz ernst: „Ich weiß nicht so richtig, was Sie beruflich machen, aber Sie sind ein sehr netter Mensch, und es war toll, Sie kennengelernt zu haben." Natürlich wusste Kurt genau, was er da tat.

Für mich schien es damals in Ordnung, es in meinem neuen Job durchaus gelegentlich als Trumpfkarte auszuspielen, dass ich mit Kurt in enger Verbindung stand. Gleichzeitig eröffnete ich ihm schließlich eine weitere Plattform, um Musiker zu unterstützen, die ihm wichtig waren. Nach meinem Arbeitsantritt bei Atlantic fragte ich Kurt als erstes, welche seiner Lieblingsbands noch nicht bei einem Major-Label unter Vertrag standen. Wie aus der Pistole geschossen nannte er als erstes Captain America. Auf Druck von Marvel Comics musste die Band ihren Namen ändern und nannte sich von nun an Eugenius, und damit war natürlich der Werbeeffekt von Kurts jahrelanger Vorarbeit dahin, aber Eugene Kelly war auch an sich ein großes Talent. Davon abgesehen wollte ich Kurt zeigen, dass ich für ihn da war. Steve Greenberg, ein junger A&R-Manager bei Atlantic, baute schnell ein gutes Verhältnis zu Kelly auf, und so nahmen wir die Band schließlich unter Vertrag.

Insgesamt sah es meistens so aus, dass Kurt mehr für mich tat als ich für ihn. Ich sorgte dafür, dass Atlantic das Indie-Label Mammoth Records kaufte, dessen erfolgreichste Künstlerin damals Juliana Hatfield war. Ihr Song „My Sister" lief recht häufig im Alternative-Rock-Radio und auf MTV, und außerdem hatte sie einen Song mit dem Titel „Nirvana" geschrieben, der davon handelte, wie viel ihr die Band bedeutete.

Scott Litt produzierte Julianas Album, kurz nachdem er die Remixe der *In-Utero*-Singles abgeschlossen hatte, und als Nirvana in New York spielten, nahm er sie mit hinter die Bühne, aber Kurt stand völlig neben sich und sagte nicht mehr als Hallo. Am nächsten Tag bekam Juliana jedoch ein Fax von ihm, in dem er schrieb, wie sehr er ihr neues Album mochte, und in dem er sich dafür entschuldigte, backstage so kurz angebunden gewesen zu sein: „Ich war ein bisschen desorientiert wegen dieses ganzen scheußlichen Meet-And-Greet-Theaters, das nach Konzerten immer läuft. Wir können uns glücklich schätzen, dass wir Danny Goldberg kennen. Er ist der ehrlichste Kerl im ganzen Showgeschäft, und solange wir mit ihm arbeiten, werden wir in guten Händen sein. Ich wünsche dir alles Gute, liebe Grüße Kurt." Von diesem Fax erfuhr ich erst nach seinem Tod, als Juliana mir eine Kopie davon schickte. Seitdem hängt es gerahmt bei mir an der Wand.

Das größte Projekt für Atlantic, das unter Kurts Beteiligung entstand, war das Melvins-Album *Houdini*, bei dem er die Produktion übernahm, aber daran denke ich heute mit gemischten Gefühlen zurück. Ich hatte die Band, die ein so wichtiger Einfluss auf Kurt gewesen war, von Anfang an zum Label holen wollen, und ich hatte gedacht, dass es Kurt eine Menge bedeuten würde, wenn er ihre erste Platte für Atlantic betreute – abgesehen davon natürlich, dass es eine Menge Aufmerksamkeit garantieren würde, wenn sein Name darauf stand. *Houdini* blieb das einzige Album, das Kurt offiziell je produzierte, und Atlantic blieb das einzige Major-Label, das je eine Melvins-Platte veröffentlichte.

Ich übertrug das Projekt Al Smith, einem jungen A&R-Manager, der ein großer Fan der Melvins war, nachdem ihn als Teenager – ganz genau wie Kurt und Krist – das Charisma des Leadsängers Buzz Osbourne sehr beeindruckt hatte. „Ich sah sie einmal im Vorprogramm von Gwar. Buzz spielte die ganze Zeit über nur einen einzigen Ton, noch dazu mit dem Rücken zum Publikum. Sie waren so eckig und sperrig und wussten so genau, wer sie sein wollten; sie hatten einen ganz einzigartigen Sound. Ich wusste, dass ich unbedingt mit ihnen arbeiten wollte."

Die Aufnahmen fanden in San Francisco statt, und für Smith war es eine entscheidende Phase in seiner Karriere. „Kurt war vermutlich der größte Rockstar auf dem ganzen Planeten, und ich fuhr ihn mit einem Leihwagen von seinem Hotel in ein winziges Studio im Mission District und wieder zurück. Für mich war Kurt ein verdammtes Genie, der John Lennon unserer Generation. Er hat in sehr kurzer Zeit mehr bewegt als die meisten anderen Menschen in ihrem ganzen Leben."

Zunächst sprach Kurt wenig mit Smith. Als Nirvana im Studio gewesen waren, hatte sich kein A&R-Manager bei ihnen blicken lassen, und Kurt gefiel es nicht, dass man ihm über die Schulter guckte. Eines Tages erschien ein Journalist im Studio, der von Atlantics PR-Abteilung geschickt worden war und angeblich einen Artikel über die Melvins schreiben wollte. Allerdings wandte er sich mit seinen Fragen vor allem an Kurt und Courtney, die sich dabei sehr unwohl fühlten. Al rief mich daraufhin an und schilderte die Situation, und ich sagte ihm, es sei völlig in Ordnung, den Journalisten rauszuwerfen. Nachdem Kurt erlebt hatte, dass Al sich für ihn einsetzte, wurde er gegenüber dem jungen A&R-Mann sehr viel offener und gab ihm seine private Telefonnummer.

Einmal fragte Smith ihn, wie es sich anfühlte, derartig geliebt zu werden. Kurt antwortete: „Al, ich mache das alles nur wegen der Musik. Den Rest, der damit einhergeht, mag ich nicht. Ruhm macht nicht besonders viel Spaß.“ Dann schlug Kurt vor, gemeinsam irgendwo Tacos essen zu gehen. Als sie die Straße entlanggingen, kam ein Typ an ihnen vorbei, „der ganz offensichtlich versuchte, wie Kurt Cobain auszusehen. Er hatte langes, blondes Haar und trug zerrissene Jeans, Chucks und einen gestreiften Pulli. Dass er gerade dem echten Kurt Cobain begegnet war, merkte er nicht einmal. Kurt sah mich nur an und sagte: ‚Siehste?‘“

Smith zufolge waren die Melvins, die schließlich bereits eine ganze Reihe von Platten veröffentlicht hatten, erfahrene Veteranen, die sich im Studio bestens auskannten, und von daher mischte sich Kurt bei den meisten Takes gar groß nicht ein. Gelegentlich zog er sich mit Buzz in eine Ecke zurück, und die beiden spielten ein wenig Gitarre. „Kurt hatte ein geniales Gespür für Refrains, und sein hauptsächlicher Beitrag bestand darin, sich darauf zu konzentrieren. Wir hörten uns die Takes auf dem Rückweg zum Hotel im Mietwagen an.“ Die ersten Tage herrschte im Studio gute Stimmung. „Kurt und Buzz mochten sich sehr. Buzz zählte zu den wenigen Leuten, die Kurt schon gekannt hatten, bevor er berühmt wurde, und er war überhaupt nicht beeindruckt von seinem Rockstar-Status. Kurt mochte außerdem den Melvins-Drummer Dale Crover sehr.“

Nachdem sich die ersten Berichte so positiv anhörten, hoffte ich darauf, dass Kurt vielleicht sogar einen Song für die Platte schreiben würde und ermutigte Buzz, ihn darauf anzusprechen. Ein paar Tage später erklärte Kurt mir allerdings am Telefon: „Buzz hat mich drum gebeten, einen Song für die Melvins zu schreiben. Das mache ich nicht. Ich will mir alle guten Songs für Nirvana aufheben.“ Ich fühlte mich schrecklich. An seinem Ton konnte ich zweifelsfrei erkennen, dass ihn dieses Projekt sehr stresste und ich lediglich den Druck, unter dem er stand, weiter erhöht hatte.

Die Aufnahmen dauerten drei Wochen. „Mir war schnell klar geworden, was Kurt für ein Genie war, und ich wollte unbedingt etwas davon auf der Platte spüren“, berichtet Smith. „Nach einer Weile bekam er das Gefühl, dass ich ihn bedrängte.“ Eines Tages rief mich Kurt an und beklagte sich darüber, dass Smith ihn ständig dazu bringen wollte, größeren Einfluss auf die Arrangements zu nehmen. Also machte ich dem jungen A&R-Manager unmissverständlich klar, er sollte Kurt gefälligst in Ruhe lassen. Smith hatte noch keine Erfahrung und dachte daher, es sei sein Job, „etwas zu unternehmen", um die Platte besser zu machen. Aber ich ertrug es nicht, wenn jemand, der mit mir in Verbindung gebracht wurde, Kurt stresste. Außerdem wusste ich, wenn man Kurt zu etwas bewegen wollte, dann nahm man sich besser zurück, als zu sehr aktiv zu werden. Um sich stärker einzubringen, hätte er mehr Selbstbewusstsein gebraucht, und daher war jede Art von Druck oder Kritik hier kontraproduktiv. Smith zog sich zurück, und ein paar Tage später, als er Kurt abholte, war der in richtig guter Laune, „weil er am Abend vorher einen Song für das nächste Nirvana-Album geschrieben hatte und noch ganz begeistert war".

Eines Abends gingen Smith, Kurt, Courtney, Dale Crover und seine Freundin ins Slim's zu einem Konzert von P.J. Harvey. Sie standen auf der Gästeliste, aber vor dem Eingang hatte sich eine lange Schlange gebildet. Courtney wollte gleich daran vorbei zur Tür gehen, während Kurt darauf bestand, dass sie sich wie alle anderen anstellten, doch dann wurden sie erkannt, und jemand von den Veranstaltern erschien und führte sie sofort in den Club. „Das Zusammenspiel von Kurt und Courtney war großartig", sagt Smith. „Sie übernahm das Reden beinahe komplett – sie war wie ein Twitter-Feed. Er kommunizierte nur mit Blicken, und sie wusste immer, was er meinte."

Die gute Stimmung hielt nicht lange, denn Kurt nahm wieder Heroin. „Kurt war nur die ersten zehn Tage bei den Aufnahmen dabei", erinnert sich Smith. „Er hatte gute und schlechte Tage, aber die schlechten überwogen. Im Studio war er entweder sehr engagiert oder er lag ausgeknockt auf einer Couch, während die Melvins ihre Songs einspielten. Ich hatte mit Heroin noch nie etwas zu tun gehabt und wusste daher auch nicht, woran man die Anzeichen erkennt. Manchmal war er ganz benebelt und schlief in einer Ecke.

Wir wussten jedenfalls nie, wie Kurt drauf sein würde, bevor er ins Studio kam."

Nachdem ein halbes Dutzend Songs im Kasten war, ließ Kurt sich nicht mehr blicken. Er war zu erledigt, und die Melvins stellten die Platte ohne ihn fertig. Jahre später erinnerte sich Buzz in *Kerrang!*:

> *Houdini* war das erste Album, das wir für Atlantic Records aufnahmen, und es verkaufte sich ganz klar besser als unsere gesamten anderen, auch wenn es trotzdem nicht für eine Anzahlung auf einen neuen Rolls-Royce gereicht hätte. Es schwamm natürlich auf der ganzen Nirvana-Welle mit, und ich bin mir sicher, wenn das nicht gewesen wäre, hätte sich kein Major-Label für uns interessiert. Wir wollten eine Platte machen, die unsere Fans nicht vor den Kopf stieß … und deswegen war uns klar, dass wir ganz bestimmt nicht gleich eine Platinscheibe am Start haben würden. Wir machten ein paar Sessions mit Kurt Cobain, aber er stand irgendwann so neben sich, dass wir ihn vor die Tür setzten und getrennte Wege gingen.

In Courtneys Erinnerung stellt sich die Sache anders dar: „Kurt war total begeistert von der Aussicht, die Platte produzieren zu können, aber Buzz war so negativ."

Was seinen Drogenkonsum betraf, waren sich viele der Menschen in Kurts Umfeld bewusst, dass sie keine Möglichkeit hatten, ihn zu kontrollieren, und ihn lediglich zur Selbsthilfe animieren konnten. Buddy Arnold wollte Kurt zu einem Zwölf-Schritte-Programm bewegen, aber so sehr Kurt den alten Jazzmusiker auch schätzte, davon wollte er nichts hören.

Es gibt noch andere spirituelle Wege als das Prinzip einer „höheren Macht", das den Zwölf-Schritte-Programmen zugrunde liegt. Zu Weihnachten schenkte ich Kurt und Courtney Statuen der Hindu-Gottheiten Ganesha und Durga. Sinnbilder wie diese hatten mir selbst stets sehr geholfen, und ich hoffte, dass Kurt vielleicht innerlich eine ähnliche Verbindung finden würde. Ohne eine derartige spirituelle Aufladung waren es natürlich nur Statuen und weiter nichts.

Kurt äußerte sich nie respektlos über mein hippiebeeinflusstes Interesse an fernöstlicher Spiritualität oder über die proaktiven, buddhistischen Gesänge, die Courtney und Eric praktizierten. Er sagte auch nie etwas Schlechtes über das Zwölf-Schritte-Prinzip einer höheren Macht, aber er schien zu dem Schluss gekommen zu sein, dass keines dieser Konzepte für *ihn* geeignet war. Etwas ganz in Ordnung zu finden, weil es für jemand anderen funktionierte, war das Eine, aber daran zu glauben, dass es eine Kraft im Universum geben sollte, die ihn verstand, das war etwas ganz Anderes.

In den kommenden Monaten sprach Kurt in Interviews häufig über das Melvins-Album, das am 21. September 1993 erschien, am gleichen Tag wie *In Utero*. Kurt kam auch zu der Release Party, die Atlantic als Teil eines Showcases beim New Music Seminar in New York veranstaltete. Smith erinnert sich: „Atlantic hatte Akustikauftritte verschiedener Bands in einem Hotel organisiert, unter anderem von den Melvins, den Lemonheads und Surgery. Dave Grohl und Kim Deal von den Pixies waren da, Courtney ebenfalls. Kurt kam nach dem Nirvana-Gig im Coliseum und trug dabei denselben rotschwarzgestreiften Pullover wie während der Aufnahmen." Courtney ist überzeugt: „Er war stolz auf das Melvins-Album."

Inzwischen gibt es die Melvins schon seit über 35 Jahren. *Houdini* war gewissermaßen nur ein kleines Zwischenspiel einer langen Karriere, in der sich die Band stets treu blieb. Allerdings berichtet Smith: „Viele Melvins-Fans, die ich heute treffe, bezeichnen *Houdini* als einen Höhepunkt der Bandgeschichte." Anfang 2018 fanden sich auf Spotify 26 Melvins-Studioalben, die aus der Zeit zwischen 1989 und 2017 stammten. Der bei weitem beliebteste Track mit 3,8 Mio. Streams ist „Honey Bucket" von *Houdini*; fünf der sechs meistgehörten Melvins-Titel stammen von dem Album, das Kurt produzierte.

Zu Kurts damaligen Lieblingskünstlern zählte auch Daniel Johnston, ein Singer-Songwriter, der stark unter psychischen Problemen litt. Bei einer Fotosession trug Kurt ganz bewusst ein T-Shirt, das mit dem Cover von Johnstons Indie-Cassettenveröffentlichung *Hi, How Are You* bedruckt war. Yves Beauvois, einer von Atlantics A&R-Managern, der eigentlich hauptsächlich Jazzkünstler betreute, war ebenfalls ganz begeistert von Johnston, und so gab ich schließlich grünes Licht für einen Vertragsabschluss. Johnstons Album *Fun* erschien im Herbst 1994 auf Atlantic, als Kurt schon nicht mehr lebte und Johnston wieder in eine psychiatrische Klinik eingewiesen worden war. Es blieb seine einzige Platte bei einem Major; nachdem ich Atlantic verlassen hatte, ließ man ihn fallen, und er veröffentlichte die nächsten Platten wieder bei unabhängigen Labels.

Kurt bestärkte mich darin, dafür zu sorgen, dass Atlantic eine Hälfte des Indie-Unternehmens Matador Records erwarb, das unter anderem Alben von Pavement oder Liz Phair herausgebracht hatte. Matador zählte zu den Labels, an die Kurt Briefe und Demos geschickt hatte, bevor Nirvana bei Sub Pop unterkamen.

Damals waren alle Major-Labels von der Idee besessen, „die nächsten Nirvana" zu entdecken. Ich wusste, dass es so etwas nicht gab, aber ich hatte keine Skrupel, nach Künstlern zu suchen, die genau das Publikum ansprachen, das durch *Nevermind* geprägt worden war, und damit dem Unternehmen, für das ich arbeitete, Profite einzubringen. Zwar hielt Kurt nichts von den Stone Temple Pilots und einigen anderen Bands, die ich damals zu Atlantic holte, aber er kritisierte mich nie deswegen und ließ sich auch in der Öffentlichkeit nicht negativ über diese Künstler aus.

Rein persönlich war Kurt allerdings ausschließlich an Musik interessiert, die für ihn einen bestimmten künstlerischen Anspruch erfüllte. In den Liner Notes von *Incesticide* hatte er die britische Art-Rock-Band The Raincoats erwähnt, und im Frühjahr 1993 schrieb er einen Text für eine Raincoats-Compilation, die in Großbritannien erschien. Als Einleitung beschrieb er zunächst, was die Band für ihn bedeutete: „Ich weiß eigentlich gar nichts über die Raincoats – aber sie haben Musik geschaffen, die mich so sehr bewegt hat, dass ich jedes Mal, wenn ich sie höre, an eine bestimmte Zeit meines Lebens erinnert werde, in der ich ausgesprochen unglücklich, einsam und angeödet war. Wenn ich damals nicht hin und wieder mein zerkratztes Exemplar des ersten Raincoats-Albums hätte auflegen können, hätte es sehr schlecht um meinen Seelenfrieden gestanden."

Am Schluss schrieb Kurt über die Raincoats: „Sie machen ihre Musik nur für sich", und als ich das las, spürte ich darin einen Anflug von Melancholie, als dächte er dabei über einen Weg nach, den er selbst nicht gegangen war. Kurt hatte schon zu einem frühen Zeitpunkt seiner Karriere beschlossen, dass sein Weg die Verbindung zu einem großen Publikum erforderte. Dennoch war er schon genauso lange fasziniert von dieser bestimmten Intimität in der Musik, wie die Raincoats sie erschufen. Nachdem er sich mit der Veröffentlichung von *Incesticide* und der Zusammenarbeit mit Steve Albini wieder zu seinen Punk-Wurzeln bekannt hatte, faszinierte ihn nun der Sound akustischer Instrumente. Sie boten ihm eine Möglichkeit, sich auf bisher unerprobte Weise auszudrücken und gleichzeitig Nirvanas Karriere um eine neue Dimension zu erweitern.

Fünfzehntes Kapitel

UNPLUGGED

MTV war Kurt immer noch sehr wichtig, und im Dezember 1993 bat er Amy Finnerty, mit Kurt Loder zu einem Konzert in Saint Paul zu kommen, damit auch die letzten Spannungen zwischen ihm, Courtney und dem Moderator wegen dessen Bericht über den *Vanity-Fair*-Artikel ausgeräumt werden konnten. Loder sagt, er habe Kurt nur ein paar Minuten gesehen, und der Sänger hätte über nichts anderes reden wollen als über Leadbelly.

1989 hatte MTV das „Unplugged"-Konzept etabliert und eine Erfolgsreihe daraus gemacht: Man lud Bands und Künstler ins Studio ein und ließ sie ihre Songs rein akustisch spielen. Einige dieser Shows wurden später auch auf Platte veröffentlicht, beispielsweise *Unplugged* von Eric Clapton, für das der Gitarrist 1992 mit einem Grammy ausgezeichnet wurde.

Dass *Nirvana: MTV Unplugged In New York* so eine große Sache wurde, lag auch daran, dass das Album nach Kurts Tod erschien. Es wurde nicht einmal zwei Monate nach der Veröffentlichung von *In Utero* aufgenommen, und Kurt betrachtete es ursprünglich vor allem als eine Möglichkeit, um mit Nirvana auf MTV weiterhin Profil zeigen zu können, ohne ein neues Video drehen zu müssen; davon abgesehen bot das Format eine ideale Plattform zur Erprobung neuer kreativer Möglichkeiten.

„Kurt übernachtete im Paramount Hotel in der Nähe des MTV-Studios", berichtet Amy Finnerty, „und er bat mich, bei ihm vorbeizukommen. Dann vertraute er mir an, dass er befürchte, aus *Unplugged* würde überhaupt nichts werden, weil Dave viel zu hart spielte." Nirvana lösten das Problem, indem Dave überwiegend Besen statt der üblichen Trommelstöcke benutzte, und Kurt setzte eine Extraprobe an, um die Arrangements auf die sanftere Perkussion abzustimmen.

Es fiel mir schwer, Kurt sagen zu müssen, dass ich bei der Aufzeichnung am 8. November 1993 nicht dabei sein konnte. Zwar war ich gerade Geschäftsführer der Plattenfirma Atlantic geworden, die ihren Sitz in New York hatte, aber ich pendelte trotzdem immer noch von Los Angeles an die Ostküste, da Rosemary im neunten Monat war – auf gar keinen Fall wollte ich in dieser entscheidenden Zeit fast fünftausend Kilometer von ihr entfernt sein. Unser Sohn Max kam zwölf Tage später zur Welt.

„Bis zum eigentlichen Auftritt war es für Kurt kein besonders guter Tag, körperlich gesehen", lautet Janets taktvolle Umschreibung dafür, dass er drauf war. Beim Soundcheck war sie zunächst noch damit beschäftigt, die MTV-Mitarbeiter zu umgarnen, aber dann bestand Kurt darauf, dass sie sich hinsetzte und sich ganz und gar auf die Probe konzentrierte. „In diesem Moment erkannte ich, dass dieser Auftritt etwas ganz anderes war als alles, was er vorher gemacht hatte."

Als Tonmeister für die Aufnahme, die „live" im Übertragungswagen aufgezeichnet wurde, hatte Kurt erneut Scott Litt engagiert. Litt erinnert sich, dass sich der Produzent der Sendung, Alex Coletti, vor allem Akustikversionen der bekannten Songs von *Nevermind* wünschte – die meisten Künstler spielten bei ihren *Unplugged*-Konzerten akustische Versionen ihrer Greatest Hits. Bei früheren Gelegenheiten hatte Kurt sich oft auf das MTV-Spiel eingelassen, ohne immer seiner eigenen kreativen Vision zu folgen, und beispielsweise eingewilligt, bei den Video Music Awards „Rape Me" durch „Lithium" zu ersetzen. Aber die Video Music Awards hatte Kurt eben auch als die große Show von MTV betrachtet – das Akustikkonzert hingegen sah er als reinen Nirvana-Auftritt. Für Kurt war der Gig ein Ausdruck seiner künstlerischen Vision und keine Werbung, und da ließ er sich von niemandem hineinreden. Abgesehen von „Come As You Are" eignete sich kein Song von *Nevermind* für ein akustisches Arrangement, und er hatte auch kein Interesse, „Heart-Shaped Box" dafür umzuschreiben.

MTV bedrängte ihn nicht weiter, und man gab auch nach, als Janet darauf bestand, dass es keine Gastauftritte bekannter Stars wie Eddie Vedder oder Tori Amos geben sollte – diesen Vorschlag unterbreitete sie Kurt gar nicht erst, da sie genau wusste, dass er überhaupt nicht zu seiner aktuellen künstlerischen Position passte. Stattdessen lud Kurt Cris und Curt Kirkwood von den Meat Puppets zu der Show ein. „Die Idee hatte er einen oder zwei Tage vor dem Auftritt", sagt Janet: „MTV begriff überhaupt nicht, was das sollte." Dennoch ließ der Sender ihn gewähren. Kurt sang schließlich drei Songs der Meat Puppets, die er noch nie öffentlich präsentiert hatte, und verlieh ihnen dabei eine Kraft, die selbst eine Indie-Rock-Spezialistin wie Janet nicht in ihnen vermutet hätte. „Wie hatte er gewusst, dass sie sich wie Meisterwerke anhören würden?"

In einer Dokumentation, die MTV Jahre später über die Entstehung von Nirvanas *Unplugged* drehte, äußerten sich Mitarbeiter des Senders hämisch darüber, dass die Band ganz auf berühmte Gäste und auf die großen Hits verzichtet hatte: Daran zeigte sich der Unterschied zwischen der Sichtweise eines Medienunternehmens, das dem aktuellen Geschmack eines Massenpublikums gerecht werden wollte, und der eines visionären Künstlers, der bestrebt war, etwas für die Zukunft zu erschaffen. Genau wie David Bowie, als er *Ziggy Stardust* aufgab, wie John Lennon, als er nach dem Ausstieg bei den Beatles „The dream is over" sang, oder wie Bob Dylan an den verschiedenen Wendepunkten seiner Karriere war Kurt entschlossen, die Kunstfigur zu zerstören, mit der er seinen Ruhm aufgebaut hatte; ein notwendiger Schritt, um als Künstler lebendig zu bleiben.

Kurt erklärte Coletti, dass er sich als Bühnendekoration weiße Lilien und Kerzen vorstellte. „Wie bei einer Beerdigung?", fragte der Produzent. „Ja", bestätigte Kurt, „wie bei einer Beerdigung." Nach seinem Tod, nur fünf Monate später, wiesen viele Journalisten darauf ebenso hin wie auf den Umstand, dass fünf der sechs zunächst ausgestrahlten Songs vom Tod handelten, aber damals erschien die Ausstattung ebenso wie die Setlist lediglich als typisches Beispiel für Kurts düstere Ästhetik.

In den Tagen vor der Sendung war er ein nervöses Wrack. Nachdem bis dahin jede Platte monatelang minutiös vorbereitet worden war, bevor es an die eigentliche Aufnahme ging, schlug Kurt nun ein neues musikalisches Kapitel für Nirvana auf, für das er nur drei Tage lang hatte proben können, bevor eine Sendung aufgezeichnet wurde, die dann ein Millionenpublikum zu Gesicht bekam.

„Ich wusste, wie empfindlich Kurt an diesem Tag war“, sagt Amy Finnerty, „deshalb blieb ich bei ihm. Und dann verschwand er im Badezimmer und kam nicht wieder raus.“ Sie vermutete, dass er sich einen Schuss gesetzt hatte und ohnmächtig geworden war. „Es war total beängstigend. Leute fragten mich: ‚Gibt es irgendwas, um ihn wieder aufzumöbeln? Wird ihm schlecht?‘ Ich weiß nicht, ob ihnen klar war, dass es auf Messers Schneide stand, ob die Show überhaupt stattfinden konnte. Wir wussten nicht, ob er wieder auf die Beine kommen würde.“ Einige Minuten vergingen, aber dann kam er endlich aus dem Bad und ging mit Finnerty zum Studio. „Er wollte sichergehen, dass einige seiner Freunde, vor allem Janet, in der ersten Reihe saßen.“ Dann bat er Finnerty, ihn in die Lobby zu begleiten, damit er kurz auf Tuchfühlung mit den Zuschauern gehen konnte, die dort darauf warteten, ihre Plätze zugewiesen zu bekommen. „Er wurde begeistert umringt, und genau das brauchte er. Er wollte die Fans umarmen.“

Selbst in seinem angeschlagenen Zustand dachte Kurt an andere, in diesem Falle an die ihn begleitende Amy Finnerty. Als sie hinter die Bühne gingen, entdeckte Kurt die MTV-Geschäftsführerin Judy McGrath und nahm sie kurz beiseite. Finnerty hatte gerade eine Beförderung und eine Gehaltserhöhung bekommen, und Kurt sagte zu McGrath: „Vielen Dank, dass Sie Amy haben aufsteigen lassen.“

Bei dem Auftritt trug Kurt ein T-Shirt der feministischen Punk-Band Frightwig, das unter der offenen, hellgrünen Strickjacke zu sehen war. Nirvana begannen mit „Come As You Are“, und erneut übertraf Kurt sich selbst. „Man hätte eine Stecknadel fallen hören können, und das war eigentlich bei Nirvana-Konzerten nicht unbedingt üblich", sagt Finnerty. Da die *Unplugged*-Konzerte vor der Ausstrahlung aufgezeichnet wurden, spielten viele Bands eine zweite oder dritte Version einzelner Songs ein, um Fehler zu korrigieren oder das Arrangement noch etwas zu verändern, aber der Gig von Nirvana wurde live mitgeschnitten und kam ohne Neuaufnahmen aus. Vor dem Cover von David Bowies „The Man Who Sold The World" sagte Kurt dem Publikum: „Den Song werde ich jetzt garantiert versauen", aber das tat er natürlich nicht.

Der Auftritt endete mit Nirvanas Interpretation von Leadbellys „Where Did You Sleep Last Night?". Einige Jahre zuvor hatten Kurt und Krist bereits an der Version mitgewirkt, die ihr Freund Mark Lanegan, der Sänger der aus Seattle stammenden Band The Screaming Trees, von diesem Titel eingespielt hatte. Litt war auf den Song überhaupt nicht vorbereitet, da Nirvana ihn bei den Proben nicht gespielt hatten, aber es gelang ihm trotzdem, Kurts außergewöhnlichen Gesang perfekt einzufangen. Andrew Wallace Chamings schrieb in *The Atlantic*:

> Der Titel zählt zu den größten Rock-Performances aller Zeiten. Cobain ist es zwar den ganzen Abend über nicht gelungen, seine Nervosität zu verbergen, was sich daran ablesen lässt, dass er seine Bandkollegen aufzieht, Grimassen schneidet und sich an halb aufgerauchten Zigaretten festhält, aber dennoch hat er in jedem Augenblick alles im Griff. Bis ganz zum Schluss jedenfalls, als er plötzlich ganz kurz die Kontrolle verliert. Die letzte Zeile, „I would shiver the whole night through" singt er plötzlich eine Oktave höher, und durch diese Anstrengung bricht ihm die Stimme. Das Wort „shiver" stößt er so hart hervor, dass die Band zu spielen aufhört, als sei in einer Fernsehserie bei einer Hochzeit eine Schlägerei ausgebrochen. Das Wort „whole" klingt wie ein Heulen, und in der kurzen Stille, die darauf folgt, tut er etwas, das sich kaum beschreiben lässt: Er

öffnet seine durchdringend blauen Augen so plötzlich, dass man das Gefühl bekommt, jemand anderer schaue mit seltsamer Klarheit unter dem blondierten, strähnigen Pony hervor. Dann beendet er den Song.

Als Neil Young diesen Auftritt zum ersten Mal sah, beschrieb er Cobains letzten Ton als „nicht von dieser Welt, wie ein Werwolf, unglaublich". Ein MTV-Mitarbeiter fragte, ob die Band eine Zugabe geben würde, aber Kurt lehnte das ab.

Direkt danach, als Janet ihm sagte, dass er phantastisch gewesen sei, erklärte Kurt hingegen: „Wir waren so was von scheiße. Ich bin ein beschissener Gitarrist." Er fragte Finnerty, wieso das Publikum so still gewesen sei, und jammerte: „Ich glaube nicht, dass es irgendwem gefallen hat." Janet und Finnerty versuchten ihm klar zu machen, wie falsch er damit lag: Die Stille war auf die Intimität dieses Auftritts zurückzuführen gewesen. Einige Zuschauer hatten Tränen in den Augen gehabt.

Als Kurt mich am nächsten Tag anrief, war auch ihm klargeworden, dass das Konzert wirklich funktioniert hatte, und nun war er in Hochstimmung. „Ich kann es nicht erwarten, dass du es dir ansiehst. Nach dieser Show werden die Leute einen ganz anderen Eindruck von uns haben." Es war so typisch für Kurt, dass er noch immer das Gefühl hatte, etwas beweisen zu müssen.

Der *Unplugged*-Auftritt war in vieler Hinsicht ein Meisterstück. Er zeigte deutlich, welche herausragenden Qualitäten Kurt als Sänger und Songwriter hatte (acht der vierzehn Songs stammten aus seiner Feder). Zudem hatte er auch diese Plattform wieder einmal genutzt, um weniger bekannte Künstler, die er mochte, einer größeren Öffentlichkeit vorzustellen. Neben den eher obskuren Songs der Meat Puppets spielte er noch einen anderen alten Lieblingstitel, Eugene Kellys „Jesus Don't Want Me For A Sunbeam", der ursprünglich von den Vaselines stammte.

Für Litt war das eigentliche Highlight Kurts Version des Bowie-Songs „The Man Who Sold The World": „Es berührt mich noch immer auf ganz eigentümliche Weise. Ich bekam eine Gänsehaut, als ich hörte, wie Nirvana es spielten. Da wusste ich, dass wir etwas ganz Besonderes erlebten." Mein persönlicher Lieblingssong ist „Pennyroyal Tea", bei dem sich Kurt allein auf der Akustikgitarre begleitete. Die Sendung wurde am 16. Dezember 1993 von MTV erstmals ausgestrahlt, und in der Woche davor war bereits die *Unplugged*-Version von „All Apologies" in die normale Rotation aufgenommen worden.

Als Ausgleich dafür, dass sie noch immer kein neues Musikvideo drehen wollten, und um Fans an Nirvanas aggressive Seite zu erinnern, drängte Kurt die Band, einen weiteren Auftritt von MTV aufzeichnen zu lassen: Am 13. Dezember wurde bei einem Gig in Seattle das Programm der *In-Utero*-Tour mitgeschnitten.

Zwar erschien das *Unplugged*-Album letztlich sieben Monate nach Kurts Tod, aber er hatte schon von Anfang an gewusst, welches Konzept ihm für die Veröffentlichung vorschwebte. Eine Weile dachte er darüber nach, das Material in einem Studio komplett neu aufzunehmen – allerdings nicht, weil er in kreativer Hinsicht unzufrieden war, sondern lediglich, um Geld zu sparen. Litt berichtet: „Als er herausfand, dass MTV von den *Unplugged*-Alben Tantiemen kassierte, sagte er mir: ‚Gehen wir doch einfach in ein Studio und machen alles noch einmal. Jetzt, wo wir wissen, wie es geht, wäre das doch kein Problem.'" Zu dieser Aufnahme kam es jedoch nie.

Kurz nach der *Unplugged*-Show fragte mich Kurt, was ich von einer Beteiligung Nirvanas an der Lollapalooza-Tour im folgenden Sommer hielt. Tatsächlich glaubte ich nicht, dass es für die Band eine gute Idee gewesen wäre – nicht, weil ich Lollapaloozas kulturelle Relevanz nicht respektiert hätte, sondern vielmehr, weil Nirvana damit ein Teil einer anderen musikalischen Vision geworden wäre, und das passte meiner Meinung nach nicht zum einzigartigen Status der Band. Ich hatte aber noch weitere Bedenken: Zwar waren Nirvana 6 Mio. Dollar für die Lollapalooza-Gigs geboten worden, und das war mehr, als sie auf einer eigenen Tour eingenommen hätten, aber es war mit Sicherheit ein höherer Schadenersatz zu zahlen, falls einmal ein Gig abgesagt werden musste. Und wenn man bedachte, wie viele Konzerte Kurt in den letzten Jahren gecancelt hatte, lag hier ein hohes finanzielles Risiko. Er klang erleichtert, als ich ihm das erklärte, und fragte: „Kannst du das auch Courtney sagen?"

Nachdem Hole die Aufnahmen von *Live Through This* abgeschlossen hatten, reisten einige DGC-Manager nach Seattle, um mit Courtney über die Promotion für das Album zu sprechen. Unter ihnen war auch Jim Merlis, der sich erinnert: „Bei diesem Meeting sah ich Kurt zum letzten Mal. Er hatte Frances auf dem Arm, guckte mich völlig überrascht an und fragte: ‚Was machst du denn hier?' Er war unglaublich freundlich und führte mich in den Keller, wo Frances sofort auf einem Schlagzeug herumzutrommeln begann. Es war wunderschön. Wenn es schon ein Augenblick des Abschieds war, dann war es zumindest ein wirklich guter." Anschließend unternahmen Kurt und Courtney erneut einen Versuch, sich zu erholen, und verbrachten die Weihnachtstage auf einer Canyon Ranch in Tucson, die für ihre Wellness- und Gesundheitsprogramme bekannt war.

Im Februar 1994 gingen Nirvana wieder auf Europa-Tournee. Courtney verpasste den ersten Monat, weil sie das Hole-Album vorbereitete und daher erst kurz vor Schluss mit Frances dazu stieß. Der französische Promoter Gerard Drouot berichtet, dass Kurt nirgendwo auffindbar war, als die Band im ausverkauften Zénith in Paris auf die Bühne gehen sollte. „Er hatte in der Limo Streit mit Courtney gehabt und war einfach ausgestiegen. Damals hatte in Frankreich kaum jemand ein Mobiltelefon. Als ich schon befürchtete, gleich sechstausend Fans erklären zu müssen, dass Nirvana heute nicht spielen würden, fuhr Kurt in einem stinknormalen Taxi vor, ging auf die Bühne und gab ein richtig gutes Konzert." Die letzte Show in Frankreich fand in Toulon statt. „Wir hatten etwa viertausend Tickets verkauft", sagt Drouot, „und das war für ein Konzert in der französischen Provinz eine ganze Menge. Ich stand oben auf dem Rang und sah mir den ganzen Gig an. Es war wieder ein phantastischer Auftritt."

Anschließend reisten sie weiter nach Italien. Dort stießen die Melvins als Support-Band für sieben weitere Europa-Konzerte zu ihnen. Es sollten die letzten sein, die Nirvana überhaupt gaben.

Sechzehntes Kapitel

ABWÄRTS

Am 4. März 1994 rief mich Courtney aus Rom an und erzählte mir, dass Kurt eine Überdosis Rohypnol genommen hatte. Er war bewusstlos ins Krankenhaus gebracht worden und rang mit dem Tod. Sie weinte, und wir beide beteten gemeinsam am Telefon für ihn. Ich war entsetzt, aber ich glaubte nicht – oder wollte es einfach nicht glauben –, dass er sterben würde. Schon bald bekamen die Presseagenturen Wind von diesem Vorfall, und in den folgenden Stunden riefen zahlreiche besorgte Freunde bei mir an. Janet, die in engem Kontakt zu Courtney stand, hielt mich in regelmäßigen Abständen auf dem Laufenden. Dann endlich kam die Nachricht, dass er das Bewusstsein wiedererlangt hatte. Kurt würde es schaffen.

Weil er nur einen Monat später starb, ist diese Überdosis in der Betrachtung seiner Lebensgeschichte heute stark mit seinem tatsächlichen Selbstmord verwoben, aber damals war ich einfach nur erleichtert. Es ging ihm wieder besser! Ganz naiv glaubte ich, die Tatsache, dass er dem Tod so knapp von der Schippe gesprungen war, würde vielleicht sogar dazu führen, dass er sich änderte. Während ich noch versuchte, mir das selbst einzureden, rief David Geffen mich an. Er war sehr ernst, und seine ersten Worte lauteten: „Es gibt Leute, denen kann man nicht helfen, egal, was man tut." Ich antwortete ihm genau das, was ich auch schon allen anderen gesagt hatte, dass Courtney bei Kurt sei und dass er höchstwahrscheinlich wieder gesund würde, aber David unterbrach mich und sagte in einem Ton, als ob er fürchtete, dass ich nur der Wahrheit nicht ins Auge sehen wollte: „Danny, er ist tot. Courtney hat mich gerade angerufen und es mir gesagt.“ Ein kalter Schauer lief mir über den Rücken, gefolgt von einem Hauch des Zweifels. Ich sagte ihm, natürlich könnte es sein, dass Kurt gestorben war und es mir nur noch niemand gesagt hatte, aber es sei ganz genauso möglich, dass es sich bei dem Anruf um eine Ente handelte. Mir kam es unwahrscheinlich vor, dass Courtney David Geffen angerufen hätte, ohne eine solche Nachricht auch Janet, Rosemary oder mir mitzuteilen, obwohl das in dieser irrwitzigen Situation und angesichts der Tatsache, dass Geffen bei Courtney einen gewissen Kultstatus innehatte, auch nicht völlig ausgeschlossen war. Der Labelchef war verständlicherweise ziemlich verärgert über die unklare Situation und die Vorstellung, dass ihm jemand unter derartigen Umständen einen Streich gespielt haben sollte, und er bat mich, ihn zu benachrichtigen, sobald ich mehr wüsste.

Es dauerte zwanzig nervenaufreibende Minuten, bis Janet Courtney zu fassen bekam, die ihr bestätigte, dass Kurt tatsächlich noch lebte, und ich rief Geffen an und erzählte ihm, dass ihn irgendjemand hinters Licht geführt hatte. Wer dieses Arschloch war oder warum er so etwas getan hatte, bekamen wir nie heraus. Seltsame Dinge dieser Art passieren manchmal einfach in der Nähe großer Stars.

Als ich ein paar Tage später endlich selbst mit Kurt telefonieren konnte, klang er zwar schwach, war aber offenbar guter Dinge. Zwei Wochen später kam es in Seattle zu einem weiteren Vorfall, von dem ich zunächst nichts erfuhr; Courtney rief die Polizei, nachdem sich Kurt in ihrem Haus mit ein paar Waffen in ein Zimmer eingeschlossen hatte und sie große Angst hatte, er könnte sich etwas antun. Die Beamten konfiszierten vier Gewehre und mehrere Schachteln Munition.

Am 24. März rief mich Courtney schließlich an und beschwor mich, nach Seattle zu kommen und zusammen mit einigen anderen Leuten ein Interventionsgespräch mit Kurt zu führen. Es ginge ihm so schlecht, wie sie es noch nie erlebt hätte, und zum ersten Mal seit Frances' Geburt war offenbar auch seine Tochter nicht mehr in der Lage, ihm zumindest ein Lächeln abzuringen. In den Jahren zuvor hatte ich mit Courtney einige harte Zeiten durchgestanden.

Ich hatte sie erlebt, als sie verzweifelt war und auf Drogen, aber in diesem Augenblick hörte ich zum ersten Mal Angst in ihrer Stimme.

Am nächsten Morgen traf ich mich am Kennedy Airport mit Janet und einem Drogenberater namens David Burr, den sie auf die Schnelle engagiert hatte, und wir stiegen in das Flugzeug nach Seattle. Burr hatte einen Bart und eine onkelhafte Art, war aber wohl erst Ende dreißig. Er versuchte nicht, cool zu wirken oder uns mit seinen bisherigen Klienten zu beeindrucken, so wie der Typ, mit dem wir es einige Jahre zuvor versucht hatten, aber ich zweifelte daran, dass ein Fremder so viel Zugang zu Kurt finden würde, dass er ihn wirklich erreichen konnte. Allerdings begriff ich, dass Burrs Gegenwart der bevorstehenden Konfrontation mehr Gewicht verleihen würde, und das war sicher auch der Grund, weshalb Courtney Janet gebeten hatte, jemanden zur Unterstützung mitzubringen.

Gegen Mittag erreichten wir das große Haus, das Kurt und Courtney sich am Lake Washington Boulevard 171 gekauft hatten. Weitere Leute aus Los Angeles kamen zur gleichen Zeit dort an. Kurt saß in dem großen Wohnzimmer auf dem Boden neben seinem langjährigen Freund Dylan Carlson, dem Gitarristen und Sänger einer Indie-Band namens Earth, mit dem er einst in Olympia eine Weile zusammengewohnt hatte. Sie hatten beide glasige Augen und verströmten eine ätzend selbstgefällige Junkie-Attitüde, als seien sie die einzigen beiden Mitglieder eines total exklusiven Clubs.

Kurt ging sofort in die Defensive, was mich nicht weiter überraschte – niemand kommt gut damit zurecht, wenn er in seinem eigenen Haus plötzlich ohne Vorwarnung einer ganzen Gruppe von Menschen gegenübersteht. Einige der Anwesenden haben diesen Nachmittag als eine ganz typische Interventionssitzung beschrieben, bei der wir alle Kurt gegenübertraten und ihm sagten, dass wir nicht länger mit ihm Kontakt halten wollten, wenn er nicht mit den Drogen aufhörte. Aber so war es nicht. Nach meiner Erinnerung flehten wir ihn einfach nur an, zu seinem eigenen Besten endlich aufzuhören. Dennoch muss es auf Kurt wie eine Invasion gewirkt haben, und ich verstehe gut, wieso es Courtney später leidtat, das Ganze initiiert zu haben, und dass „Kurt sich in die Enge getrieben fühlte".

Meine Botschaft an ihn lautete schlicht: Ich sehe dir an, dass du sehr unglücklich bist. Was auch immer dir auf der Seele liegt, du kannst dich erst dann richtig damit auseinandersetzen, wenn du clean bist. Kurt hielt mir daraufhin einen Vortrag, dass er sich gefangen fühlte, weil man ihn überall erkannte, wohin er auch ging, und Dylan bekräftigte all das mit einem zustimmenden Nicken. Mir schien das eine sehr zweifelhafte Ausrede für sein Junkie-Dasein zu sein, und es beleidigte mich auch gewissermaßen, dass er mir eine so abgedroschene Antwort präsentierte, aber ich wusste, dass er sich bedrängt fühlte, also atmete ich tief durch und versuchte, seine Worte zunächst einmal einfach hinzunehmen. Ich erinnerte ihn daran, dass er schon seit einigen Jahren berühmt war und dass es ihm bisher immer gelungen war, in der Menge unterzutauchen, wenn er sein Aussehen nur geringfügig änderte. Was sollte also der Ruhm damit zu tun haben, ob er vom Heroin wegkommen konnte oder nicht?

Nun wechselte Kurt die Taktik und fragte mich unwirsch: „Wieso erzählst du *mir* das? Erzähl das Courtney!" Immerhin, dachte ich, ließ er nun etwas mehr Gefühle zu, und ich antwortete, dass ich tatsächlich auch mit Courtney darüber geredet hatte, die mir versichert hätte, sie sei bereit für einen Entzug.

Ich fühlte mich total machtlos. Nur einige Monate zuvor hatte Kurt einem Journalisten in wirklich liebevollem Ton erklärt, ich sei „wie ein zweiter Vater" für ihn. Jetzt drang ich kaum noch zu ihm durch. Irgendwann ging Janet nach oben in Kurts Badezimmer und fing an, Tabletten im Klo hinunterzuspülen. Kurt begriff schnell, was sie da tat, und rannte hinterher; er brüllte, dass Janet kein Recht hätte, sich an seinen persönlichen Sachen zu vergreifen, und verlangte in seiner Wut, dass ich ihn unterstützte. Also folgte ich den beiden ins Bad. Janet stand da wie ein begossener Pudel. Mir taten sie beide leid. Natürlich empfand Kurt Janets Aktion als fürchterlich übergriffig, aber andererseits versuchte sie nur, das Richtige zu tun. Nach der Sache in Rom hatte sie schlicht Angst vor einer neuerlichen

Überdosis durch Medikamente. Außerdem zeigte es auf dramatische Weise, wie viel Sorgen sie sich um ihn machte. Ich sagte Kurt, dass ich verstand, wieso er über unser Eindringen so außer sich sei, aber bat ihn einzusehen, dass wir alle Angst davor hatten, dass er sich etwas antat.

Als wir wieder nach unten kamen, hatte offenbar der Drogenberater Burr beschlossen, es sei an der Zeit, auch etwas dazu zu sagen, von seinem eigenen Kampf gegen Drogen zu berichten und aus väterlicher Sicht an Kurt zu appellieren. Dass ihm ein Fremder Vorträge hielt, erzürnte Kurt aufs Neue, und er stieß erbittert hervor: „Sie wissen doch überhaupt nichts von mir." Völlig außer sich erklärte er nun, er bräuchte keinen Entzug, er bräuchte einen Therapeuten. Und weil er nicht sicher sein könnte, welche Motive die Menschen um ihn herum verfolgten, würde er sich einen ohne unsere Hilfe in den Gelben Seiten suchen. Dann schnappte er sich tatsächlich eines dieser dicken Bücher, die damals noch von den Telefongesellschaften ausgegeben wurden, und begann es manisch durchzublättern, als ob sich so ein geeigneter Psychologe finden ließe.

Vergebens versuchte ich, auf ihn einzugehen, und sagte, auch wenn er jetzt einen Therapeuten fände, würde der ihm doch nur helfen können, wenn er clean sei. Ich hatte keine Ahnung, was Kurts Verzweiflung in den letzten Wochen ausgelöst hatte. Vielleicht war es eine Zuspitzung der Depressionen, unter denen er schon so lange litt. Vielleicht war es etwas in seinem Privatleben. Vielleicht hatte es mit seiner Karriere zu tun. (Kurt, der durchaus musikalische Ideen entwickelte, die seiner Meinung nach nicht für Nirvana geeignet waren, hatte mich in den vergangenen Monaten des Öfteren gefragt, ob ich mir vorstellen könnte, dass er auch außerhalb der Band erfolgreich sein könnte. Ich hatte ihm daraufhin gesagt, das könne er sicherlich, und er müsse sich dafür weder für das Eine noch für das Andere entscheiden – Neil Young hatte schließlich auch Soloalben eingespielt und trotzdem immer mal wieder mit Crosby, Stills und Nash zusammengearbeitet, aber eben nur, wenn er wollte.)

Ein weiteres Mal sagte ich ihm, egal, was für Probleme er gerade mit der Band oder vielleicht auch mit Courtney hätte – oder mit den Dämonen in seinem Kopf, an die ich nicht herankam – und egal, was ihn künstlerisch oder auch privat umtrieb, er würde insgesamt klarer denken und bessere Entscheidungen treffen, wenn er einen Entzug hinter sich hätte. Etwas anderes wollte mir einfach nicht einfallen.

Kurt sah das überhaupt nicht so. Er betonte, William Burroughs hätte jahrzehntelang als Junkie perfekt funktioniert, und er wüsste nicht, weshalb ihm das nicht auch gelingen sollte. Aus irgendeinem Grund regte mich das mehr auf als alles andere, was er bis dahin von sich gegeben hatte, und das war meinem Ton anzumerken. Kurz angebunden erklärte ich ihm, dass ich nun nach Hause wollte, um meine eigenen Kinder zu sehen. Ich sei nur gekommen, weil ich mir Sorgen um ihn gemacht hatte, aber jetzt müsste ich mich beeilen, um meinen Flieger noch zu bekommen. Noch einmal beschwor ich ihn, einen Entzug zu machen, damit er einen klaren Kopf bekäme. Gerne sei ich bereit, ihn in jeder Hinsicht zu unterstützen, egal, was er vorhätte, aber jetzt müsste ich zum Flughafen.

Als ich einige Stunden später in Los Angeles landete, fühlte ich mich schrecklich, weil ich bei meinen letzten Worten so genervt geklungen hatte, und daher rief ich Kurt sofort an und bat ihn um Entschuldigung. Ich sagte ihm, dass ich ihn respektierte und liebte und einfach nur völlig neben mir stand, weil ich mir solche Sorgen um ihn machte. Er klang deprimiert und war vermutlich drauf, aber selbst in diesem Zustand war er sanft und freundlich und sagte nur: „Weiß ich doch."

Katie kam ins Zimmer, während wir noch sprachen, und erklärte, dass sie ihm etwas sagen müsste. Da ich hoffte, dass ihre Stimme ihn vielleicht aufheitern würde, gab ich ihr den Hörer. Sie sprach ein oder zwei Minuten mit Kurt und berichtete ihm empört, dass Frances sie bei ihrem letzten Treffen gekniffen hatte. Dann lauschte sie seiner Antwort und sagte dann: „Kurt, du hörst dich ein bisschen brummig an. Sei nicht brummig!" Nachdem sie ihm noch einmal versichert hatte, wie gern sie ihn hatte, gab sie mir den Hörer zurück, und ich sagte es ihm auch noch einmal. Als Kurt und ich uns voneinander verabschiedeten, klang er noch genauso verzweifelt wie zuvor. Ich kam mir so hilflos vor. Es war unser letztes Gespräch.

In den nächsten Tagen reisten Kurt und Courtney beide nach Los Angeles, um dort mit einem Entzug zu beginnen, und ich hoffte, dass die Behandlung dieses Mal etwas mehr Wirkung zeigen würde. Es gab zahllose Geschichten über Süchtige, denen es erst nach mehreren Versuchen gelungen war, ihr Leben umzukrempeln. Vielleicht, dachte ich, war es bei ihm ja jetzt soweit.

Zwei Wochen später, am Freitag, den 8. April, war ich wieder in New York und saß in einem Meeting mit dem Atlantic-Geschäftsführer Val Azzoli und Stevie Nicks, die gerade eine neue Platte für das Label aufnehmen wollte, als meine Assistentin mir mitteilte, dass Rosemary am Telefon war; es sei dringend. Rosemary rief vom Auto aus an und erklärte, sie führe jetzt zu Courtney, die noch in der Entzugsklinik war, weil sie ihr sagen müsste, was passiert sei. Verblüfft erklärte ich, dass ich keine Ahnung hätte, wovon sie sprach, und sie sagte: „Oh Gott, natürlich, du weißt es ja noch gar nicht. Kurt hat sich umgebracht." Die Traurigkeit und den Schmerz, den ich in diesem Augenblick fühlte, werde ich nie wirklich überwinden.

Auf den Schmerz folgten der Schock und das Gefühl, funktionieren zu müssen. Ich flog zurück nach L.A., und am Tag danach reisten Rosemary, Katie, der viereinhalb Monate alte Max und ich weiter nach Seattle. Am Flughafen wartete eine Limousine auf uns. Die Fahrerin erkannte schnell, dass wir wegen Kurts Beerdigung in der Stadt waren, und sie sagte: „Wissen Sie, ich habe ihn selbst vor ein paar Monaten mal gefahren. Er war so nett. Als ich ihm sagte, dass mein vierzehnjähriger Sohn ein großer Fan von ihm sei, fragte er, wo wir wohnten, und als er dann hörte, dass unser Haus auf seinem Nachhauseweg lag, schlug er vor, kurz dort anzuhalten, und Hallo zu sagen." Sie fuhr fort, und ein Schluchzen schlich sich in ihre Worte: „Kurt schüttelte meinem Sohn die Hand, sah ihm in die Augen und erklärte: ‚Weißt du, deine Mutter ist eine echt gute Fahrerin.'" Auch wir kämpften mit den Tränen. Als sie sich wieder gefasst hatte, sagte die Chauffeurin: „Mein Sohn regt sich so über die Leute auf, die jetzt auf Kurt herumhacken. Er sagt, sie würden einfach nicht verstehen, was er durchgemacht hat."

Janet hatte die Aufgabe übernommen, sich um einen Ort für die Trauerfeier zu kümmern. Da Kurt Selbstmord begangen hatte, weigerten sich die meisten Kirchen, ihre Räumlichkeiten zur Verfügung zu stellen. „Ich saß im Four Seasons, hatte die Gelben Seiten vor mir liegen und rief einfach überall an. Irgendwann schlug mir die Soundgarden-Managerin Susan Silver vor, ich sollte es einmal bei den Unitariern versuchen."

Irgendwann später trafen wir uns alle bei Courtney. Es waren Dutzende von Leuten im Haus, aber wir saßen in kleiner Runde mit Courtney und Kurts Mutter Wendy in einem der Schlafzimmer. Kat Bjelland von Babes In Toyland schaute ebenfalls herein. Zwar hatte Courtney mit ihr in der Presse jede Menge Streit gehabt, aber dennoch bestand eine enge Verbindung zwischen den beiden.

Schließlich erzählte Courtney uns, dass sie einen Abschiedsbrief gefunden hatte. Ich weiß nicht, ob sie ihn erst kurz zuvor entdeckt hatte oder aber erst jetzt damit herauskam. In den folgenden Jahren ist dieser Brief zahllose Male abgedruckt und interpretiert worden, aber dennoch weiß ich noch wie heute, dass es uns alle bis ins Mark erschütterte, als sie ihn vorlas. Sie begann: „An Boddah: Gesprochen mit der Stimme eines erfahrenen Dummkopfs, der viel lieber ein verweichlichter, infantiler Jammerlappen wäre ..." Sie unterbrach sich und sagte: „Der verdammte Typ konnte nicht mal Buddha richtig schreiben." Wendy zog hart die Luft ein und erklärte uns, dass Boddah der Name eines eingebildeten Freundes aus Kurts Kindheit gewesen war. Betroffen schwiegen wir alle.

Später am Abend nahm Courtney mich beiseite und sagte unter Tränen: „Kurt und ich wollten so sein wie Danny und Rosemary, da gab es nur ein Problem – wir wollten beide Rosemary sein."

Sie fragte mich, ob ich bei der Trauerfeier ein paar Worte sagen wollte, und ich sah mich im Haus nach einer Bibel um. Erst vor kurzem war ich auf einer Beerdigung gewesen, bei der ein Rabbi aus dem Buch Kohelet vorgelesen hatte („Für jedes Geschehen unter dem Himmel gibt es eine bestimmte Zeit: eine Zeit zum Gebären und eine Zeit zum Sterben …“), und diese Worte hatten mich sehr bewegt. Courtney wollte zudem, dass im Anschluss an die Trauerfeier ein Lied gespielt würde, und ich schlug John Lennons „In My Life“ vor.

In der Unity Church Of Truth, der Kirche, die Janet für uns aufgetan hatte, sprachen einige Leute, die Kurt in seiner Kindheit und Jugend gekannt hatten, und dann war ich an der Reihe. Ich hatte mir nichts aufgeschrieben, und soweit ich weiß, existiert auch keine Aufnahme, von daher erinnere ich mich nur noch ungefähr daran, was ich damals sagte. Ich weiß, dass ich den Vers aus dem Buch Kohelet zitierte und von der Vorstellung sprach, dass Kurt eine besondere Seele gewesen war, die Licht auf die Erde brachte, eben das, worüber sich Everett True in seinem Buch echauffierte. Damals glaubte ich daran, und das tue ich noch heute.

Ich wollte den Menschen, die ihn erst in seinen letzten Lebensjahren kennengelernt hatten, nicht das Gefühl geben, ausgeschlossen zu sein. Eddie Rosenblatt hatte gesagt, dass nur Geffen-Mitarbeiter kommen sollten, die Kurt persönlich gekannt hatten, aber damit waren schon einmal er, Gary Gersh, Mark Kates, John Rosenfelder, Ray Farrell und Robin Sloan mit uns unter den Trauergästen. Ich konzentrierte mich auf sie und auf Silva und die anderen Mitarbeiter von Gold Mountain. Ich sprach darüber, wie die Zusammenarbeit mit Kurt gewesen war, nachdem er nach Los Angeles gezogen war, dass er seine künstlerische Integrität aufrechterhalten und dennoch viele Menschen erreichen wollte. Ich dachte an Rosemary, und deshalb erzählte ich die Geschichte, wie wir Kurt dazu überredet hatten, bei den MTV Video Music Awards aufzutreten. Und ich dachte an Kurts Ehefrau. Der *Rolling Stone* druckte ein Zitat aus meiner Rede, das einzige, das verbrieft ist: „Ich glaube, dass er die Welt schon vor Jahren verlassen hätte, wenn Courtney nicht gewesen wäre.“

An die Momente danach, während der Lennon-Song lief, habe ich nur noch bruchstückhafte Erinnerungen. Als ich Eddie Rosenblatt sah, umarmte ich ihn und begann dann in seinen Armen unkontrolliert zu schluchzen. Einige Minuten später kam ein Mann auf mich zu, schüttelte mir die Hand und stellte sich als Don Cobain vor. Später erzählte ich Krist davon und erwähnte, dass ich Kurts Vater vorher nie kennengelernt hatte. „Ja, Kurt fiel es schwer, ihm zu vergeben", erwiderte Krist und setzte nachdenklich hinzu: „Ich glaube an Vergebung."

Die Berichterstattung über Kurts Tod war enorm. Jeder Sender brachte es in seinen Nachrichten, und Judy McGrath von MTV sagte mir: „Ich habe meine Leute angewiesen, jede Minute rauszusuchen, die wir mit ihm haben, und zu senden." Die *New York Times* setzte Kurt auf den Titel und bezeichnete ihn in der Überschrift als den „zögerlichen Poeten des Grunge Rock". Natürlich war Kurt weder besonders zögerlich gewesen, hatte sich nie als „Poet" betrachtet und die Bezeichnung „Grunge" kaum jemals verwendet, aber aus dem Artikel sprach eine Würde, die mir sehr angemessen schien.

Das sah nicht jeder so. In der CBS-Sendung *60 Minutes* zeigte sich der Kommentator Andy Rooney erzürnt über die massive öffentliche Trauer, die der Selbstmord eines Drogensüchtigen ausgelöst hatte. Er fragte sich, was Künstler wie Kurt betraf: „Geben sie der Welt, von der sie so viel nehmen, auch irgendetwas zurück?"

Einige Tage darauf schrieb der Kolumnist Frank Rich in der *New York Times* von der wütenden Reaktion seiner Teenager-Söhne auf Rooneys Worte und auf die Klischeevorstellung der Medien, Kurt sei die Stimme seiner Generation gewesen. „Mr. Cobain als symbolisches Opfer darzustellen, dem der Erfolg oder die Drogen oder der Nihilismus in der Rock-Szene zum Verhängnis wurden, ist viel zu einfach. Seine Urschreie, die von echtem Schmerz kündeten und weder von Showgebaren noch von Sentimentalität gemildert wurden, verlangten eine direktere und leidenschaftlichere Antwort. Auch ganz ohne den Hype der Medien hatten Millionen von Amerikanern diese intime Verbindung gespürt."

Am nächsten Tag kursierte ein satirisches Fax in der Punk-Rock-Szene. Es handelte sich um ein fiktives Memo, das ich Silva im Jahr nach Kurts Tod schickte und in dem ich mich makaber darüber freute, wie viel Geld wir mit seinem Ableben inzwischen verdient hatten. Abgesehen von den ekelhaften und unfairen Spekulationen über unsere Motivation ist es ein Ammenmärchen, dass ein toter Künstler mehr einbringt als ein lebendiger. Damals wie heute nehmen Rock-Bands das meiste Geld auf Tourneen ein. Sicher steigen die Plattenverkäufe nach einem Todesfall erst einmal sprunghaft an, aber die Tatsache, dass nie wieder neue Alben erscheinen werden, schlägt langfristig wesentlich negativer zu Buche. Niemand, der auch nur ein bisschen Erfahrung im Musikgeschäft hat, egal, wie korrupt oder blöd er sein mag, würde einen toten Künstler für wertvoller halten als einen lebendigen. Vor allem aber waren wir natürlich ebenso erschüttert von Kurts Tod wie jeder andere im Bundesstaat Washington. Der satirische „Brief" endete mit „meinen" Worten: „Ohne Kurts ständiges Dazwischenfunken konnten wir uns jetzt endlich die Karriere aufbauen, von der wir immer geträumt haben."

Aus Gründen, die sich mir nie erschlossen, glaubte Courtney anfangs, dass Slim Moon hinter dem Fax steckte. Sie griff Moon auf einem AOL-Messageboard namens The Velvet Rope, einem Vorläufer sozialer Netzwerke, öffentlich an: „ICH KANN NICHT GLAUBEN, DASS DU DIESES FAX ÜBER DANNYS REDE BEI DER BEERDIGUNG VERFASST HAST. Kurt war *in* dieser Kirche, und alles, was er aus Danny Goldbergs Mund gehört hat, war Liebe, Aufrichtigkeit, Mitgefühl und EMPATHIE, genau die Empathie, die ihn umgebracht hat, die schmerzerfüllte, wahrhaftige Schönheit, mit der er nicht leben konnte und von der du niemals ein verdammtes Stück haben wirst." Moon stritt vehement ab, das Fax geschrieben zu haben, und er und ich pflegten im Anschluss an diese ungute Geschichte einen höflichen E-Mail-Kontakt.

Als ich jüngst wieder einmal mit Moon sprach, versicherte er mir erneut, nichts über die Herkunft des Faxes zu wissen, erklärte mir aber, dass es bei ihm und seinen Indie-Freunden sehr schlecht angekommen war, wie ich das Gespräch geschildert hatte, bei dem Rosemary und ich Kurt zu dem Auftritt bei den MTV-Awards überredeten. „Auf die Leute aus Olympia wirkte es sehr geschmacklos, so ausführlich darauf einzugehen, wie sehr Kurt daran gezweifelt hatte, ob die Zusammenarbeit mit den Major-Labels richtig gewesen war, und dann damit zu prahlen, wie man ihn manipuliert hatte, wo doch einige Leute sowieso das Gefühl hatten, dass er genau deshalb gestorben war."

Carrie Brownstein schrieb in ihren Memoiren, Kurts Tod habe dazu geführt, dass sie mit ihrer Band Sleater-Kinney zu Moons Label Kill Rock Stars ging und nicht zu einem großen Unternehmen. „Schließlich konnte man seine ganze Geschichte darauf reduzieren, dass da ein Typ bei einem Major unterschrieben hatte, so berühmt wurde, dass er den Kontakt zu seinem eigentlichen Publikum verlor und sich dann umbrachte. Diese Tragödie diente uns als Lehre und Warnung."

Mir erschien das damals ziemlich lahm, dass Leute Kurts Tod nutzten, um die angebliche moralische Überlegenheit ihrer eigenen Entscheidungen zu untermauern. Die einzige Lehre, die sich für mich aus seiner Geschichte ergibt, ist diese: Nehmt kein Heroin. Werdet kein verdammter Junkie. Und falls ihr doch abhängig seid, dann unternehmt alles, um clean zu werden. Aber selbst der Junkie-Faktor ist nicht alleinentscheidend. Seele und Geist lassen sich nicht vollständig ergründen. Menschen sind nicht dazu gemacht, alles, was das Leben und den Tod betrifft, zu begreifen.

Ich erkannte selbst damals, dass der Verfasser des ominösen Faxes und alle, die sich darüber amüsierten, von Kurts Tod schwer betroffen waren. Sie wollten auf jemanden einprügeln, eine Erklärung für die schreckliche Tragödie finden. Sie hatten ihn geliebt, oder zumindest den Teil, den sie von ihm kannten, so wie wir und die anderen aus L.A. den Teil von ihm liebten, den wir kannten. Ich hatte für Albert Grossman gearbeitet, als Janis Joplin an einer Überdosis starb, und obwohl er mein Boss war, fragte ich mich damals doch ein bisschen, ob er nicht irgendetwas hätte tun können, um ihren Tod zu verhindern. Es war kein rationaler Gedanke, und rückblickend erkenne ich auch, wie unfair er war, aber ich verstehe den Impuls, dass man jemanden zum Sündenbock machen will, der mit dem Künstler zu tun hatte, der sich umgebracht hat. Zu dem Glück, mit Kurt arbeiten zu dürfen, gehörte eben auch, dass ich zur Zielscheibe der Wut anderer wurde, die ihn geliebt hatten.

Wochenlang las ich auf dem Messageboard Velvet Rope die Kommentare zu Kurts Tod. Wenn Fans mich oder meine Kollegen dafür verantwortlich machten, dann erwiderte ich, dass wir jemanden verloren hatten, den wir liebten, und dass wir so gern einen Weg gefunden hätten, um ihn aufzuhalten. Die meisten entschuldigten sich für ihre Bemerkungen, nachdem sie gemerkt hatten, dass auch wir echte Menschen waren, die ebenso trauerten wie sie.

Weniger Geduld hatte ich mit den wenigen Rock-Journalisten, die in selbstgerechten Artikeln andeuteten, dass es auf wundersame Weise sicherlich sein Leben gerettet hätte, wenn Kurts geschäftliches Umfeld der Presse gegenüber hinsichtlich seiner Drogenprobleme mit offeneren Karten gespielt hätte. Zum einen waren wir ihm gegenüber zu Vertraulichkeit verpflichtet gewesen. Zum anderen gibt es meines Wissens keine erprobte Theorie, dass Medienberichte über Drogenabhängigkeit einem Süchtigen helfen.

Einige Wochen nach der Beerdigung berichtete mir Rosemary davon, dass Courtney einen Privatdetektiv eingeschaltet hatte, als Kurt die Entzugsklinik verließ. Generell hatte mir meine Frau nie etwas von ihren Besprechungen mit Kurt oder Courtney erzählt, da sie als Rechtsanwältin der Schweigepflicht unterlag, aber nun machte sie eine Ausnahme, weil der Detektiv, ein gewisser Tom Grant, ausgesprochen viel Staub aufwirbelte.

Offenbar war auch Courtney der Meinung gewesen, der beste Weg, sich ohne Manipulation von außen Unterstützung zu suchen, sei ein Blick in die Gelben Seiten – jedenfalls hatte sie so Grants Nummer gefunden. Nachdem Kurt die Exodus-Entzugsklinik in Marina del Rey verlassen hatte und Courtney ihn ein oder zwei Tage nicht erreichen konnte, quälten sie offenbar böse Vorahnungen, und sie beauftragte den Detektiv damit, Kurt über seine Kreditkarte oder andere Tricks und Kniffe der Branche ausfindig zu machen. „Sie bat mich, vollständig mit ihm zu kooperieren und seinen Anweisungen zu folgen", erinnert sich Rosemary.

Grant hatte sich sofort auf den Weg nach Seattle gemacht und dort Dylan Carlson aufgespürt, der offenbar der letzte war, der Kurt lebend gesehen hatte. Dylan war mit Kurt zum Waffengeschäft Stan Baker Sports gegangen und hatte dort ein Gewehr für ihn gekauft, da Kurt nach den jüngsten Auseinandersetzungen mit Courtney, bei denen sie die Polizei gerufen hatte, keine Waffen erwerben durfte.

Nachdem Kurt Tods ein solches Medienecho hervorgerufen hatte, beschloss Grant, seine „Ermittlungen" auf eigene Faust weiterzuführen. Rosemary bat mich nun, mich mit dem Detektiv zu treffen und für sie herauszufinden, zu welchen Schlüssen er inzwischen gelangt war. Also suchte ich Grant in seinem Büro auf, das stark auf ein Ein-Mann-Unternehmen schließen ließ und in einem ziemlich heruntergekommenen Teil von Hollywood lag. Er unterbreitete mir einige seiner Überlegungen, die er später in einer Reihe von Interviews und Dokumentationen auch öffentlich darlegte. Grant sagte, man habe in Kurts Körper eine so große Menge Heroin nachgewiesen, dass sie bei den meisten Menschen zu Bewusstlosigkeit geführt hätte. Wenn er aber ohnmächtig gewesen sei, führte der Detektiv weiter aus, dann hätte er das Gewehr nicht selbst abfeuern können. Ich erklärte das zunächst einmal nur damit, dass Kurt als Rockstar über eine lange Zeit Zugang zu sehr hochwertigem Heroin gehabt hatte und daher vermutlich eine wesentlich höhere Toleranz aufgebaut hatte als ein durchschnittlicher Süchtiger.

Dann fragte mich Grant, ob ich der Meinung sei, dass es sich bei dem Abschiedsbrief wirklich um Kurts Handschrift handelte. Nun hatte ich diesen Brief nur einmal kurz gesehen und war zudem kein Experte, aber ich sagte ihm, die Schrift hätte so ähnlich ausgesehen wie die von anderen handschriftlichen Notizen, die ich von Kurt bekommen hatte.

Allmählich dämmerte es mir, dass der Detektiv damit andeuten wollte, Kurt sei ermordet worden. Als ich ihn fragte, welches Motiv jemand dafür hätte haben sollen, lächelte Grant hintersinnig und sagte: „Er wäre tot schließlich mehr wert als lebendig" – dasselbe Märchen, das auch der Autor der anonymen Faxnachricht bemüht hatte. Ich erklärte ihm daraufhin, dass das Gegenteil der Fall war.

Und wenn ein Selbstmord so zweifelhaft erschien, fuhr ich fort, wieso hatte die Polizei in Seattle keine Ermittlungen aufgenommen? Verfügte sie nicht über die nötigen forensischen Methoden, und hatte sie nicht den gesetzlichen Auftrag herauszufinden, was wirklich passiert war? Wäre es für sie nicht eine große Sache gewesen, in einer derart aufsehenerregenden Angelegenheit Licht ins Dunkel zu bringen? Grant erklärte mir in verächtlichem Ton, er hätte für die Polizeibehörden in Los Angeles gearbeitet und wüsste nur zu gut, wie man Beamte bestechen könnte. Nachdem ich ihm zunächst hatte zugestehen wollen, dass er vielleicht nur ein ehrlicher, wenn auch irregeleiteter Mensch auf der Suche nach der Wahrheit war, kam ich nun zu einem anderen Schluss: Entweder war er ein Verrückter oder ein Scharlatan oder beides.

Es war und ist für mich unvorstellbar, dass Courtney irgendetwas mit einem Mord an ihrem Ehemann hätte zu tun haben können. Nichts, was Grant damals oder in den Jahren danach vorbrachte, hat mich je daran zweifeln lassen, dass seine Theorie reiner Unsinn ist. Und dass Courtney, die damals genug eigene Drogenprobleme hatte, eine große Verschwörung innerhalb der Polizeibehörde von Seattle hätte planen und in die Wege leiten können, ist eine lachhafte Vorstellung.

Als ich nach Hause zurückkehrte, berichtete ich Rosemary ohne Umschweife, dass ich Grant für ein Großmaul und einen Märchenerzähler hielt, der nun, da er auf einen derartig schlagzeilenträchtigen Fall gestoßen war, lediglich Aufmerksamkeit suchte. Sie verbot ihm daraufhin, sie weiter zu kontaktieren, woraufhin Grant sie unter Druck zu setzen versuchte, indem er durchblicken ließ, dass sie, wenn sie nicht mit ihm zusammenarbeitete, ihre Karriere aufs Spiel setzte.

Später kam heraus, dass Grant viele seiner Gespräche mit Rosemary ohne ihre Erlaubnis aufgezeichnet hatte, und er verwendete immer wieder Ausschnitte aus diesen Bändern, um seine Behauptungen zu untermauern. Noch heute, zwanzig Jahre später, betreibt er eine Webseite, auf der er seine sogenannten Erkenntnisse verbreitet, und seine Verschwörungstheorien stießen so auf das Interesse einiger schlecht beratener Journalisten und Filmemacher, die dann später zu belegen versuchten, dass Kurt keine Depressionen gehabt hatte, nie drogenabhängig gewesen war und keine Magenschmerzen mehr gehabt hatte. Laut einer anderen Theorie waren es „Regierungsbeamte" gewesen, die Kurt ermordet hatten.

Von Zeit zu Zeit hat die Polizei in Seattle neue Einzelheiten bekanntgegeben, um der winzigen, aber aktiven Zelle von Verschwörungstheoretikern, die noch immer an der Mordgeschichte festhalten, den Wind aus den Segeln zu nehmen.

Krist ist wie ich der Meinung, dass diese Vorstellungen absurd sind. Er hatte das Gefühl, sein Freund sei seit der Überdosis in Rom nicht mehr derselbe gewesen, und meint, es sei dort „etwas mit seinem Gehirn passiert". Er erkennt ein großes Maß an Planung in dem, was Kurt in seinen letzten Tagen tat, beispielsweise, dass er sich für ein kleinkalibriges Gewehr entschied. „Das war keine Knarre, die man sich zur Selbstverteidigung kaufte, sondern eher, um auf Vögel zu schießen. Er wollte keine große Sauerei machen." Und mit einem Satz, den er sonst stets benutzte, um Kurt bei seiner künstlerischen Arbeit zu beschreiben, schloss Krist bitter: „Kurt war jemand, der stets alles genau plante."

Siebzehntes Kapitel

NACHSPIEL

Höchstwahrscheinlich hätte Kurt, wenn er am Leben geblieben wäre, sein nächstes Projekt auch mit anderen Musikern realisiert und sich stärker an akustischen Sounds orientiert. Er dachte über eine Zusammenarbeit mit einem seiner Helden nach, Michael Stipe von R.E.M. Stipe schrieb mir, dass er seit vielen Jahren daran festgehalten habe, mit niemandem außer Frances über Kurt zu sprechen, wies mich aber auf ein Interview hin, das er kurz nach Kurts Tod gegeben hatte, in dem er berichtete, dass der Nirvana-Sänger kurz vor seinem Tod mit ihm darüber gesprochen habe, „welche Richtung er jetzt einschlagen wollte". Stipe sagte damals: „Ich weiß, wie sich die nächste Nirvana-Aufnahme angehört hätte. Sie wäre sehr ruhig und akustisch ausgefallen und mit vielen Streichinstrumenten umgesetzt worden. Er und ich wollten eine Testversion dieses Albums einspielen – ein Demo-Tape. Es war schon alles vorbereitet. Er hatte ein Flugticket. Es war schon ein Wagen bestellt, der ihn abholen sollte. Doch dann rief er in letzter Minute an und sagte: ‚Ich kann nicht kommen.'"

Trotz meiner fatalistischen Einstellung zu Kurts Selbstmord frage ich mich doch von Zeit zu Zeit, ob die Dinge anders gekommen wären, wenn ich in den letzten Monaten seines Lebens mehr Zeit mit Kurt verbracht hätte, wenn ich bei dem Interventionsgespräch einen anderen Ton angeschlagen hätte, wenn ich ihn gebeten hätte, ein paar Tage zu uns zu kommen oder wenn mir bessere Ideen gekommen wären, wer ihm hätte helfen können.

2016 wurden in den USA 44.965 Selbstmorde registriert. Mehr als drei Viertel davon waren Männer, und die Hälfte von ihnen tötete sich mit einer Schusswaffe. Der Freitod ist aber ein globales Phänomen. Im Jahr 2015 begingen weltweit 800.000 Menschen Selbstmord.

Eric Erlandson stellte für sein Buch *Letters To Kurt* einige Recherchen zu diesem Thema an, nicht zuletzt, weil er nach Kurts Tod weitere Schicksalsschläge hinnehmen musste, als beispielsweise die Hole-Bassistin Kristen Pfaff an einer Überdosis starb. Zu den Risikofaktoren, die seiner Meinung nach die Selbstmordgefahr erhöhen, zählen für ihn ein mangelndes Zugehörigkeitsgefühl, Isolation und das Bedürfnis nach Schmerzbetäubung.

Anderen Theorien zufolge könnte auch eine genetische Veranlagung eine Rolle spielen. Kurt sprach oft davon, „Selbstmörder-Gene" zu haben. Ihm zufolge hatten sich sein Großonkel Burle und sein Großonkel Kenneth beide erschossen, und er glaubte zudem, dass einer seiner Urgroßväter sich mit einem Messer getötet hatte.

Eric schrieb mir in einer E-Mail: „Ich bin nicht überzeugt davon, dass es Selbstmörder-Gene gibt. Vielleicht gibt es eine Veranlagung, die Depressionen begünstigt, aber ich glaube eher, wenn man weiß, dass jemand Selbstmord als Ausweg gewählt hat, und man selbst psychisch krank ist, dann zieht man das vielleicht eher in Betracht. Es gibt Familien, in denen psychische Krankheiten über Generationen hinweg weitergegeben werden, sicher, aber ein Gen, das Menschen dazu bringt, gegen die eigenen Überlebensinstinkte zu handeln, kann ich mir nicht vorstellen. Wie viele, die an Depressionen leiden, nutzte auch Kurt jede Möglichkeit, Ausreden für seine Probleme zu finden, anstatt sich auf die eigene Verantwortung zu besinnen, aus dem Teufelskreis auszubrechen."

Eric ist nicht der einzige von Kurts alten Freunden, der wegen seines Selbstmords wütend auf ihn ist. Krist ist auch nach all den Jahren immer noch stinksauer. „Er hat einfach aufgegeben! Wie konnte er seiner Tochter das antun? Und dann noch Dylan losziehen lassen, um die Knarre zu kaufen. Wie konnte er Dylan das antun? Er hätte alles tun können, was er wollte. Er war der Herr der Welt, und dann kroch er davon und machte so was! Wieso zur

Hölle hat er das gemacht? Schon allein wegen seiner Tochter hätte er durchhalten sollen."

Ich respektiere diese Einstellung, sehe es aber anders. Moralisch ist es notwendig, alles Menschenmögliche zu tun, um einen Selbstmord zu verhindern, aber ich denke immer noch, dass Kurt eine Krankheit hatte, die niemand zu heilen wusste, und an der er mit 27 Jahren starb. Es ist die einzige Formulierung, die sich für mich richtig anfühlt, aber natürlich kennt niemand die Wahrheit.

Kurts letzte Worte an Courtney lauteten: „Was auch immer passiert, vergiss nie, dass du ein gutes Album gemacht hast." Holes *Live Through This* erschien am 12. April, eine Woche nach Kurts Tod. Der Titel erschien in dieser Situation beinahe wie Hohn. Allerdings war er schon lange vorher festgelegt worden und bezog sich auf die vielen Hürden, die Courtney in ihrem Leben hatte überwinden müssen. Nun klang er wie ein unheimlicher Kommentar zu Kurts Selbstmord.

Wie es Courtney damals gelang, mit dem innerlichen Druck umzugehen, als es nach der Albumveröffentlichung mit Hole auf Tournee ging, kann ich mir nicht einmal vorstellen. Sie sagt heute: „Ich trauerte jeden Abend in aller Öffentlichkeit vor zehntausend Menschen. Damals war ich überzeugt, keine andere Möglichkeit zu haben – von wegen, *the show must go on*. Ich musste mich um meine Band und um mein Baby kümmern."

Live Through This wurde von den Kritikern des *Spin*-Magazins und denen des *Rolling Stone* zum Album des Jahres gewählt, und Courtney wurde in den Bestenlisten beider Magazine als beste Rock-Sängerin gefeiert. Hole hatten ein Platinalbum und viele Frauen wurden von Courtneys Erfolg dazu inspiriert, selbst Musik zu machen.

Abgesehen davon, dass Kurt wohl jeden nachfolgenden Rockmusiker beeinflusst hat, hinterließ er auch im HipHop seine Spuren. Lil Wayne sagte 2011 in den *MTV News*, dass er „Smells Like Teen Spirit" als Jugendlicher großartig gefunden habe. „Damals hatte ich das Gefühl, ich bin ein Rebell, ich kann mich darin wiederfinden, ich weiß, wovon der spricht." Der New Yorker Rapper A$AP Rocky erklärte: „Als ich aufwuchs, hatte ich durchaus von Kurt Cobain gehört und kannte Nirvanas ‚Smells Like Teen Spirit', nicht nur das übliche Zeug, das man in Harlem erwartet."

2011 besuchte Kid Cudi Kurts Haus und veröffentlichte später das Video „Kid Cudi Pays His Respects To Kurt Cobain", in dem der Rapper und seine Freunde über Cobains Tod und Musik diskutierten, während „Smells Like Teen Spirit" im Hintergrund lief. 2018 sampelten Cudi und Kanye West Kurts Song „Burn The Rain" für „Cudi Montage", den letzten Song ihrer Gemeinschaftsproduktion *Kids See Ghosts.*

In HipHop-Texten spielt Selbstmord eine große Rolle. In „Holy Grail" von Jay-Z und Justin Timberlake heißt es: „I know nobody to blame / Kurt Cobain, I did it to myself". Auch Eminem bezieht sich in seinem Song „Cum On Everybody" auf „Kurt Cobain's head when he shot himself dead".

Dennoch besteht Kurts Vermächtnis überwiegend nicht in seinem Tod, sondern in seiner Musik. In *May it Last*, einer HBO-Dokumentation über die Avett Brothers aus dem Jahr 2017, erklärte Seth Avett, seine zwei größten Vorbilder seien Doc Watson und Kurt Cobain. 2013 coverte Lana Del Rey „Heart-Shaped Box", das in ihrer Version auf Youtube über 7 Millionen Mal angesehen wurde. Im März 2018 veröffentlichte HBO den Trailer zur zweiten Staffel der Serie *Westworld*, dessen Musik aus einem instrumentalen Klavierarrangement desselben Songs bestand. Der Komponist des Soundtracks, Ramin Djawadi, sagte: „Selbst ohne den Text, nur mit dieser Melodie … ist es tatsächlich ziemlich unglaublich."

2018 sprach Michael Watson, der Autor der preisgekrönten Lyrik-Anthologie *This American Ghost*, mit dem Online-Magazin *Literary Hub* über seine Kindheit: „Damals war ich völlig durcheinander und begann, mich für Nirvana zu interessieren. Ich entdeckte das Instinktive an der Musik, die Skizzen in den Tagebüchern und die literarischen Gegenüberstellungen. Kurt zeichnete anatomische Schaubilder und Schildkröten. Ich liebte ‚I Drain You.' Darin spricht ein Baby ganz ohne Scheu mit einem anderen Baby über Dankbarkeit, als wollte es sagen: *Ich bin so froh, dass ich am Leben war, um dich kennenzulernen.*"

Kurts Leben und Tod sind inzwischen auch in mehreren Filmen bearbeitet worden. Ich habe einen kurzen Gastauftritt am Schluss von Nick Broomfields 1998 entstandener Dokumentation *Kurt & Courtney – Wie starb Kurt Cobain wirklich?*, in der Courtney eher negativ porträtiert wird. Als Courtney 1997 bei einem Dinner der Bürgerrechtsorganisation ACLU dem Regisseur Miloš Forman eine Auszeichnung für freie Meinungsäußerung überreichte, die er aufgrund seines Films *Larry Flint – die nackte Wahrheit* erhielt, in dem sie als Schauspielerin mitgewirkt hatte, sprang Broomfield auf die Bühne und erging sich in einer Hetzrede gegen Courtney, weil sie sich verständlicherweise geweigert hatte, sich für seinen Film, der den Verschwörungstheoretikern viel Platz einräumte, interviewen zu lassen. Ich forderte Broomfield auf, die Bühne zu verlassen, was er sofort tat – in dem sicheren Wissen, dass jemand aus seinem Kamerateam diese Szene filmte und sie später als Beispiel für unsere „Zensurversuche" herhalten konnte.

Nick Hornbys wundervoller Roman *About A Boy* handelt unter anderem von einem jugendlichen Außenseiter, der über seine Leidenschaft für Nirvana endlich eine eigene Identität und Freunde findet und der am Boden zerstört ist, als Kurt sich umbringt. Die Produzenten der Verfilmung mit Hugh Grant hatten offensichtlich nicht das Geld, Nirvanas Songs für den Soundtrack einzukaufen, aber Kurts Geist durchdringt diese Story trotzdem.

2005 erschien Gus Van Sants *Last Days*, eine fiktionale Geschichte, für die sich Van Sant, der hier Regie führte und auch das Drehbuch schrieb, deutlich von Kurts Leben hatte inspirieren lassen. Der von Michael Pitt gespielte „Blake" erinnerte jedoch vor allem äußerlich an Kurt, weitere Ähnlichkeiten bestanden nicht. Van Sant sagte mir, dass der Film auch nicht als Doku-Drama gedacht gewesen war, sondern eher „eine Antwort auf die Medienreaktion rund um Kurts Tod" sein sollte.

Blake lebt in einem großen Haus in Seattle. Wie Van Sant mir erklärte, spiegelte vieles, was dort vor sich geht, eher seine eigenen Erfahrungen mit frühem Ruhm wieder, und nicht etwa Kurts: „Ich hatte früher ein großes, viktorianisches Haus in Portland, und manchmal waren dort Leute, denen ich aus dem Weg zu gehen versuchte." Tatsächlich kommt auch ein Detektiv vor, und Kim Gordon spielt eine Labelmanagerin, die vergebens versucht, Blake von seinem selbstzerstörerischen Weg abzubringen. In ihrer Autobiografie *Girl In A Band* schreibt Gordon, dass sie sich für ihre Darstellung einer mitfühlenden Geschäftsfrau Rosemary zum Vorbild genommen hatte. Trotz dieser oberflächlichen Anklänge an die wahren Geschehnisse hatte die Geschichte an sich mit dem, was in Kurts letzten Lebenstagen geschah, wenig zu tun.

An der Dokumentation *Montage Of Heck*, die HBO 2015 ausstrahlte, war ich nicht beteiligt, und ich betrachte diesen Film mit gemischten Gefühlen. Es ist das subjektive Porträt des Filmemachers Brett Morgen, der Kurt nicht kannte, und das düstere Bild, das er darin zeichnet, deckt sich nicht mit meinen Erinnerungen. Es ist sicherlich eine bemerkenswerte künstlerische Arbeit, die immerhin von Courtney und Frances abgesegnet wurde, aber den Kurt, den ich kannte, finde ich darin nicht so recht wieder.

Abgesehen von den zahlreichen hervorragenden Konzertmitschnitten, die inzwischen veröffentlicht wurden, ist mein persönlicher Lieblingsfilm der 2006 von A.J. Schnack gedrehte *Kurt Cobain: About A Son*, der auf den Audio-Mitschnitten basiert, die Michael Azerrad von seinen Interviews mit Kurt machte.

Es gibt eine Handvoll verrückter Fans, beispielsweise einen Typ aus Australien, der Nachrichten auf meinem Anrufbeantworter hinterließ, in denen er behauptete, er sei die Reinkarnation von Kurt, aber die überwiegende Zahl jener, die sich mit Kurt tief verbunden fühlen, sind leidenschaftliche Bewunderer seiner Musik, mit denen Kurt, wie ich glaube, sehr einverstanden wäre.

Kurt hasste Bootlegs – nicht so sehr, weil sie finanzielle Einbußen für die Band bedeuteten, sondern vielmehr, weil er es hasste, kein Mitspracherecht über eine Veröffentlichung zu haben und sie nicht kontrollieren zu können, aber nun, aus dem Grab heraus, kann er ohnehin nichts mehr entscheiden. Ich habe großen Respekt vor den

Fans, die Bootlegs wie *Outcesticide* zusammenstellten, eine Sammlung von Demos, Outtakes, Live-Aufnahmen und Radio-Mitschnitten, die sonst nirgendwo erhältlich waren. Auf dem Cover von *Outcesticide 2* vermerkte jemand, der an der Produktion beteiligt war: „Das Genie Kurt Cobains sollte nicht in den Tresoren der Plattenfirmen verrotten", eine Aussage, die jedoch auf völlig falschen Vorstellungen beruht. Weder Krist, Dave, Courtney noch irgendjemand bei einer Plattenfirma hätte Interesse daran, von Kurt erschaffenes Songmaterial zurückzuhalten. Im Gegenteil. Es existieren schlicht und einfach keine weiteren großen oder auch nur guten Kurt-Cobain-Songs mehr. In der kurzen Zeit, die er unter uns war, hat er uns sehr viel gegeben. John Lennon hatte 17 Jahre lang Zugang zu Plattenstudios, Prince 38 und David Bowie 49. Kurt hatte nur fünf.

Im Juli 2018, als der Abgabetermin für dieses Buch bereits näher rückte, eröffnete im irischen Newbridge eine Ausstellung, bei der viele Dinge aus Kurts Besitz gezeigt wurden. Jeff Gold von Recordmecca, der führenden Handelsplattform für Rock-Memorabilien im Internet, erklärte: „Kurt Cobain ist der Jimi Hendrix oder Bob Dylan der Generation X. Keine andere Band der Neunziger ist so interessant für Sammler wie Nirvana, und es gibt eine enorme Nachfrage nach Kurt-Cobain-Souvenirs." Beispielsweise war 2017, wie er sagte, der MTV Video Music Award für das Video zu „Heart-Shaped Box" für 40.000 Dollar verkauft worden, und 2015 hatte der Pullover, den Kurt bei der *Unplugged*-Aufnahme getragen hatte, 140.000 Dollar eingebracht.

Solche Dinge können sich die meisten Fans natürlich nicht leisten, aber viele tausend Menschen haben in den letzten 25 Jahren mit Postings auf den Webseiten NirvanaClub.com und LiveNirvana.com dokumentiert, wie viel ihnen die Band bedeutet.

> Einer meiner Lieblingseinträge ist dieser: „Für mich ist Kurt Cobain der größte Mensch, der je gelebt hat. Wegen ihm bin ich so, wie ich bin. Er hat mich dazu inspiriert, das zu tun, was ich will, und nicht das, was andere von mir verlangen. Ich

bin fest davon überzeugt, dass er noch bei uns und dass er nie gestorben ist."

Ein anderer Fan schrieb: „Als ich noch jünger war, hatte ich immer sehr viel Angst. Ich wollte Rache, weil ich mein ganzes Leben lang von anderen herumgeschubst worden bin und nie als ein Mensch, sondern nur als Witz wahrgenommen wurde. Ich hatte Depressionen und Selbstmordgedanken und war mit den Nerven am Ende. Kurt war der einzige Mensch, der mir half, mich sicher zu fühlen, jemand, der mir nie weh tun würde, der immer da war, um sich meine Probleme anzuhören, und der über seine Texte eine Verbindung zu mir schuf. Er gab mir das Gefühl, dass alles in Ordnung sei, selbst wenn ich kurz davorstand, durchzudrehen."

Auf einem Reddit-Board schrieb ein Fan, was er von Kurt gelernt hatte: „Lass die Mädchen zu dir kommen. Kurt war nicht der typische Alpha-Mann. Außerdem war er arm gewesen und kam aus einem kaputten Elternhaus. Nicht unbedingt der ideale Traummann. Er war zu sehr Feminist, als dass er dauernd darüber nachgedacht hätte, wie man Mädchen ins Bett kriegt. Dazu war er auch viel zu sehr mit seinen Hobbys beschäftigt, und er versuchte einfach nur zu überleben, aber er lernte trotzdem Frauen kennen, und sie mochten ihn. Was Frauen an Männern fasziniert, ist ziemlich komplex, und es geht nicht immer nur ums Äußere. Sie wissen einen Typen zu schätzen, der wirklich ehrlich ist und dem sie vertrauen können, eher als einem Kerl, der nur auf einem Foto gut aussieht."

Thurston überlegt: „Kurt wollte Neil Young sein. Und auf gewisse Weise war er das auch. Es gelang ihm nicht, lange genug am Leben zu bleiben, um das durchzuziehen. Es ist eine verdammte Schande." Es ist wirklich eine verdammte Schande, dass Kurt so jung starb, vor allem für Courtney und Frances. Aber es ist *keine* Schande, dass er gelebt hat. Sein Selbstmord warf einen dunklen Schatten, und ein großer Teil der Geschehnisse, die durch den Drogenmissbrauch bedingt waren, ist entsetzlich. Die Traurigkeit und der Zorn, den viele Menschen an ihm wahrnahmen, war echt. Aber das traf auch auf sein Lächeln zu, auf seine Freundlichkeit und vor allem auf seine einzigartige Musik. Er war der letzte Rockmusiker, der gleichzeitig auch ein Popstar war. Der Songwriter, der 1991 davon sang, „stupid and contagious“, also blöd und ansteckend zu sein, war damals so berühmt wie 25 Jahre später Drake oder Rihanna. Er hat der Welt in seinen 27 Jahren so viel gegeben.

Einige Wochen nach der Veröffentlichung von *Nevermind* sagte Kurt in einem Interview: „Die Leute betrachten das Leben immer als etwas so Heiliges, sie haben das Gefühl, als sei dies ihre einzige Chance, und sie müssten irgendetwas leisten, das einen Eindruck hinterlässt. Meiner Meinung nach ist das hier nur ein Boxenstopp für ein Leben nach dem Tod. Nur ein kleiner Test, um herauszufinden, wie gut man mit der Realität zurechtkommt.“

Everett True sagte mir, von den vielen Texten, die er über die Band verfasst hätte, fände er seine Einleitung zu einem Fotoband am besten, der 2001 unter dem Titel *Nirvana* erschien. Darin schrieb er: „Hier könnt ihr lesen, was ich von Geschichtsbüchern halte. Ich hasse sie. Verdammt noch mal, ich hasse sie. Ich hasse alles, was bedeutet, dass etwas anderes aufgehört hat zu existieren. Ich will nicht loslassen. Ich mag die Vorstellung nicht, dass ein Augenblick in der Zeit eingefangen, sozusagen gebannt wird – mit anderen Worten, zu einem begrenzten Augenblick verkommt. Was war Nirvana? Eine Feier von vielem, was an unserem Leben schön war.“

So sehr Kurt andere inspirierte und so viel er auch hinterließ, ich bin mir sicher, dass ein großer Teil seines Ichs selbst jenen ein Geheimnis blieb, die ihm sehr nahestanden. Ich bin sehr froh, dass ich einige Einblicke erhaschen konnte, und ich freue mich zu sehen, dass sein Vermächtnis noch immer so viele Menschen inspiriert.

Kurt hatte sicherlich auch eine dunkle Seite, aber ich höre in meinem Kopf noch immer den letzten Refrain von „All Apologies“, in dem Kurt singt: „In the sun I feel as one / all in all is what we are“, und ich muss an einen seiner Tagebucheinträge denken: „Kein echtes Talent ist ausschließlich organisch, aber dennoch haben die offensichtlich überlegenen Talente nicht nur mit großer Konzentration gelernt, sondern besaßen schon bei ihrer Geburt dieses besondere Etwas, das von ihrer Leidenschaft weiter angefacht wurde. Eine eingebaute, völlig unerklärliche, New-Age-mäßige, vor kosmischer Energie überfließende Liebe."

QUELLENNACHWEISE

Um meinem Gedächtnis auf die Sprünge zu helfen, habe ich vor allem auf Michael Azerrads Bücher *Come As You Are: Die wahre Kurt Cobain Story* (Hannibal ISBN 978-3-85445-099-3) und *Our Band Could Be Your Life* zurückgegriffen.

Ebenso unverzichtbar waren: *Nirvana – Die wahre Geschichte* (Hannibal ISBN 978-3-85445-289-8) von Everett True, *Der Himmel über Nirvana* (Hannibal ISBN 978-3-85445-222-5) sowie *Here We Are Now: The Lasting Impact Of Kurt Cobain* von Charles Cross, *Dark Slivers: Seeing Nirvana In The Shards Of Incesticide* sowie *Cobain On Cobain: Interviews And Encounters* von Nick Soulsby und *Kurt Cobain und Nirvana Chronik: Tagebuch einer Karriere* von Carrie Borzillo (Hannibal, vergriffen).

Weitere hilfreiche Titel waren: *Nirvana: A Tour Diary* von Andy Bollen, *Journals* von Kurt Cobain, *Cobain* von den Herausgebern des *Rolling Stone, California über alles – Dead Kennedys, wie alles begann* von Alex Ogg, *Get In The Van: On The Road With Black Flag* von Henry Rollins, *Girls To The Front: The True Story Of The Riot Grrrl Revolution* von Sara Marcus, *Hit So Hard* von Patty Schemel, *Letters To Kurt* von Eric Erlandson, *Love Rock Revolution: K Records And The Rise Of Independent Music* von Mark Baumgarten, *Of Grunge And Government: Let's Fix This Broken Democracy!* von Krist Novoselic sowie *Spray Paint The Walls: The Story Of Black Flag* von Stevie Chick.

Artikel der folgenden Print- und Onlinemedien waren ebenfalls höchst wertvoll: *The Advocate, Bay Area Music, Discogs, GQ, Los Angeles Times, Melody Maker, New Musical Express, New Yorker, New York Times, Newsweek, Pitchfork, Rolling Stone* und *Spin*, sowie die Webseiten Live-Nirvana.com, NirvanaFanClub.com und MyBackPages.com.

Als hilfreich erwiesen sich zahlreiche YouTube-Clips sowie die Filme *1991: The Year Punk Broke* von Dave Markey, *Kurt & Courtney – Wie starb Kurt Cobain wirklich?* von Nick Broomfield, *Soaked In Bleach* von Benjamin Statler, *Hype!* von Doug Pray, *Last Days* von Gus Van Sant sowie *Kurt Cobain: About A Son* von A.J. Schnack.

DANKSAGUNG

Mein Dank gilt meiner Lektorin Denise Oswald bei Ecco Books, die an dieses Buch glaubte und mich mit klarem Blick unterstützte und beim Schreiben begleitete. Vielen Dank auch an Emma Janskie und Trina Hunn bei Ecco, der Korrektorin Aja Pollock und Anna Valentine von Trapeze in Großbritannien.

Meine Agentin Laura Nolan von Aevitas hielt mir in jeder Phase dieses Projekts weise und geduldig die Hand, und dafür bin ich sehr dankbar. Ebenso Chelsey Heller bei Aevitas, die sich um die internationalen Rechte kümmerte.

Courtney Love ist in den letzten 25 Jahren in mein Leben hinein- und wieder hinausgewandert wie der Mond in seinen Phasen. Ihre Ermutigung und Hilfe während der Arbeit an diesem Buch bedeuten mir unendlich viel.

Rosemary Carroll und ich haben viele der geschilderten Vorkommnisse zusammen erlebt, und ich kann ihr nicht genug dafür danken, dass sie ihre Erinnerungen großzügig mit mir teilte. Unsere Kinder Katie und Max waren noch sehr jung, als Kurt starb, aber sie wuchsen in einer Welt auf, die er maßgeblich mitgestaltet hat, und ich weiß ihre emotionale Unterstützung sehr zu schätzen.

Krist Novoselics offenherzige Bereitschaft, noch einmal seine Erinnerungen zu durchforsten, war inspirierend und unverzichtbar.

Michael Azerrad zählte zu den ersten, denen ich von dieser Unternehmung erzählte, und er war immer wieder eine große Hilfe; seine Freundschaft während der Arbeit an diesem Projekt war für mich von unschätzbarem Wert.

Davon abgesehen möchte ich den folgenden Menschen danken, die mir bereitwillig Auskunft gaben: Jello Biafra, Jennie Boddy, Derrick Bostrom, Anton Brookes, Gerard Drouot, Eric Erlandson, Ray Farrell, Amy Finnerty, Robert Fisher, Leslie Fram, Jeff Gold, Steve Greenberg, Dirk-Jan Haanraadts, Mark Kates, Kenny Laguna, Scott Litt, Craig Marks, Ben Merlis, Jim Merlis, Chris Monlus, Thurston Moore, Scot Nakagawa, Andrew Loog Oldham, Ann Powers, Janet Billig Rich, John Rosenfelder, Robin Sloan Seibert, Al Smith, Robert Smith, Tim Sommer, Mark Spector, Susie Tennant, Everett True, Kaz Utsunomiya, Gus Van Sant, Butch Vig und Greg Werckman.

Für das Feedback in verschiedenen Phasen dieses Buches bedanke ich mich bei Eric Alterman, Michael Azerrad, Eric Erlandson und Michael Simmons.

Vielen Dank an Benjamin Hafetz für die Recherche und an Stuart Cope, Tim Sommer, Adam Sticklor und Cyndy Villano für ihren wertvollen Rat.

Ich danke meinen Kollegen bei Gold Village, Jesse Bauer und Shelby McElrath, dass sie im letzten Jahr so viel Geduld mit mir hatten, Steve Earle für seine Großartigkeit und seine Freundschaft, meiner früheren Assistentin Robin Klein für das sorgfältige Ordnen meiner Unterlagen und Warren Grant und Lori Ichimura, meinen langjährigen Businessmanagern, für ihre unerschütterliche Unterstützung.

Wie schon bei meinem letzten Buch las Karen Greenberg auch bei diesem jede Version, und sie half mir, baute mich auf und inspirierte mich auf so vielfältige Weise, dass es sich mit Worten nicht beschreiben lässt.